U0919434

【盛世风华系列】

威服四海

说说武帝之治那些事儿

姜正成◎主编

中国财富出版社

图书在版编目（CIP）数据

威服四海：说说武帝之治那些事儿 / 姜正成主编. —北京：中国财富出版社，2014.6

（盛世风华系列）

ISBN 978-7-5047-5002-0

Ⅰ. ①威…　Ⅱ. ①姜…　Ⅲ. ①中国历史-汉代-通俗读物
Ⅳ. ①K234.09

中国版本图书馆 CIP 数据核字（2013）第281644号

策划编辑　王秋萍　　**责任印制**　方朋远
责任编辑　康书民　宋　宇　　**责任校对**　饶莉莉

出版发行　中国财富出版社
社　　址　北京市丰台区南四环西路188号5区20楼　　**邮政编码**　100070
电　　话　010-52227568（发行部）　010-52227588转307（总编室）
010-68589540（读者服务部）　010-52227588转305（质检部）
网　　址　http：// www. cfpress. com . cn
经　　销　新华书店
印　　刷　北京柯蓝博泰印务有限公司
书　　号　ISBN 978-7-5047-5002-0 / K · 0129
开　　本　710mm × 1000mm　1/16　　**版　　次**　2014 年 6 月第 1 版
印　　张　16.25　　**印　　次**　2014 年 6 月第 1 次印刷
字　　数　225千字　　**定　　价**　33.00元

前言

汉武帝刘彻（公元前156—公元前87年），西汉的第7位皇帝，杰出的政治家、战略家、文学家。生于汉景帝前元元年（公元前156年），16岁登基。为巩固皇权，汉武帝建立了中朝，在地方设置刺史，开创察举制选拔人才。采纳主父偃的建议，颁行"推恩令"，限制和削弱诸侯王势力，并将盐铁和铸币权收归中央。文化上采纳了董仲舒的建议，"罢黜百家，独尊儒术"，结束先秦以来"师异道，人异论，百家殊方"的局面。汉武帝时期开疆拓土，击溃匈奴、东并朝鲜、南诛百越、西御葱岭，征服大宛，奠定了中华疆域版图，首开丝绸之路、首创年号，兴太学。他开拓汉朝最大版图，功业辉煌。汉武盛世是中国历史上的三大盛世之一。晚年的汉武帝穷兵黩武，征和二年（公元前91年）巫蛊之祸，征和四年（公元前89年）下罪己诏。公元前87年崩于五柞宫，享年70岁，谥号孝武皇帝，庙号世宗，葬于茂陵。

汉武帝即位初，一方面，政治形势比较稳定，国家经济状况也比较好；另一方面，诸侯王国的分裂因素依然存在，边境匈奴袭扰不断，而封建统治思想尚待确立。

所以，汉武帝一方面加强中央集权，颁布推恩令；另一方面，设立中朝，改变了以前总是由贵族来做丞相的惯例。而且为了进一步加强君主权力，汉武帝用派御史的方式对地方的豪强、官吏进行监督。

在用人方面，汉武帝时任用官吏是多元化的。正因为如此，汉武帝时人才济济，班固就惊叹地说："汉之得人，于此为盛！"这种现象的出现是值得认真研究的。

在思想方面，汉武帝时采纳董仲舒"罢黜百家，独尊儒术"的建议，为儒学教育在中国古代社会的特殊地位铺平了道路。汉武帝在长安设太学，大力推行儒学。使儒家学说成为中国封建统治正统思想，且一直延续了2000多年，对后世中国政治、社会、文化产生了深远的影响。

最难能可贵的是，在征和四年（公元前89年），汉武帝向天下人昭告：自己给百姓造成了痛苦，从此不再穷兵黩武、劳民伤财，甚至表白内心悔意。这就是《轮台罪己诏》，这份诏书，是中国历史上第一份帝王罪己诏。

汉武帝开创了西汉王朝最鼎盛繁荣的时期，那一时期亦是中国封建王朝的第一个发展高峰。汉武帝以自己的雄才大略、文治武功，使汉朝成为当时世界上最强大的国家，他也因此成为中国历史上伟大的皇帝之一。

本书尊重事实，详细讲述了汉武帝传奇的一生，重点讲述了汉武帝在政治、经济、外交、民族关系上的功绩。希望能让读者在了解汉武帝的一生时，有所助益。

编　者

2014年1月

目录

武帝与他的父亲、祖父所主张的“无为而治”的态度不同，他以有为之心建奇功、立大业，既是尚武之王，又是“守文之君”。同时也要求下属臣子，无才不备，所谓“天文地理，人事之纪，子大夫习焉”，说的是士大夫不仅要有天文、地理知识，也要精通朝纲制度。

第四章 罢黜百家，独尊儒术

“罢黜百家，独尊儒术”由董仲舒于元光元年（公元前134年）提出。该思想已非春秋战国时期儒家思想的原貌，而是掺杂道家、法家、阴阳五行家的一些思想，是一种与时俱进的新思想。它维护了封建统治秩序，神化了专制王权。

第五章 中央集权，巩固内政

自田蚡死后，武帝接连任用许昌、薛泽两位平庸宰相和一位世故圆滑的公孙相，相权的削弱与君权的强盛已成为明显趋势。武帝能够很好地掌控权力，制约相权，还在于他从制度上着手，建立了一套完整的中朝官（内官）制度，并通过内官与外官在朝堂上辩论的方式，把握一种权力的平衡，使君主意志凌驾于朝堂之上。

第六章　出击匈奴，整顿边防

武帝一边颁布一道道改革内政的法令，另一边也不忘改革兵制，派卫青、霍去病出击匈奴，使北部边郡得以安定，派张骞出使西域，开拓了西北边疆，开通了西汉联系西域以至中亚等地的通道。

第七章　经济改革，恢复生产

汉朝连年对匈奴用兵，耗资甚巨，造成国库空虚。因此，武帝开始实施经济改革，采取重农轻商，整顿财政，颁布“算缗”“告缗”令，征收商人资产税，大力打击奸商；又采取桑弘羊建议，将冶铁、煮盐收归官营，禁止郡国铸钱，统一铸造五铢钱；设置平准官、均输官，由官府经营运输和贸易，大大增强了国家经济实力。同时，兴修水利，移民西北屯田，实行“代田法”，有力地促进了农业生产的发展。在经济方面还有一条重要的举措，就是将当时的货币进行统一。

第八章 征讨四方，盛世空前

广涞四夷，教通四海，是武帝即位后就确定的既定方针和目标。这个方针和目标，是通过帝国频繁的军事行动和外交、政治及文化活动来实践与实现的。最终的结果是戡定边患，开拓疆域，建立了大一统的多民族的汉帝国。这是武帝一代的赫赫武功，史称“外事四夷之功”。

第九章　与民生息，苦心立嗣

武帝晚年杀戮太过，又因巫蛊之祸造成父子相残、太子刘据自杀，种种打击使武帝心灰意懒，对自己过去的所作所为颇有悔意。在登泰山、祀明堂之后，武帝下《轮台罪己诏》："朕即位以来，所为狂悖，使天下愁苦，不可追悔。自今事有伤害百姓，靡费天下者，悉罢之！"以表示承认自己的错误。天下也因此又逐渐归于和谐，为昭宣中兴的盛世奠定了基础。

第一章 储位之争，胜者为王

汉世宗孝武皇帝刘彻，生于公元前156年，公元前141年登基。他是汉景帝第十子，母亲王娡是景帝第二任皇后。刘彻4岁被册立为胶东王，7岁时被册立为皇太子。

景帝即位，稚儿降临

阴历的七月七日，是中国传统的佳节——“七夕节”。而公元前156年的七月初七却有些不同寻常。在长安城汉宫中的漪兰殿里，灯火通明，宫女们往来穿梭，忙忙碌碌，脸上都有一种期盼的神情。

不多时，从漪兰殿里传出婴儿出世的第一声啼哭。“王夫人生了一位皇子。”这好消息由内侍们飞也似的通报到这个新生儿的父亲——汉景帝那里。

闻听佳节得子，汉景帝的兴奋溢于言表。这是他继承皇位的第一年，而这个新生儿一出生就名正言顺地做了一位皇子。

漪兰殿里，新生儿已被裹进襁褓，宫女们仍在忙碌。汉景帝就着宫灯仔细地端详着他的第十个儿子。

“这孩子刚生下来就长得很壮实，啼声又洪亮，将来必定是个英才，这真是应该向皇上祝贺。”在榻前替王夫人接生的老宫人高兴地对景帝说。王夫人也在榻上欠起身对汉景帝说：“请皇上为皇子赐个名吧。”

汉景帝心中早已有了主意，昨夜他曾做一梦，有一只红色的猪从天而降直落宫中，紧接着汉高祖刘邦又在梦里吩咐他，王夫人所生之子，应起名叫彘。彘的意思就是“猪”。

当时宫内众人一听皇上给小皇子起了这么个贱名，都觉得十分奇怪，她们觉得皇家子弟都是龙种在世，这样的贱名实在太少见了，但大家又不敢多言，只是互相交换着疑惑不解的目光。

由于生了这个皇子，汉景帝对于王夫人更是恩宠有加，他即刻下令给王夫人大量的赏赐。而这位王夫人，是一个具有传奇色彩的女性，她的血缘关系可以上溯到汉初的燕王臧荼。

王夫人的母亲臧儿是臧荼的孙女。臧儿先是嫁给了一个名叫王仲的人，生下一子二女。但天有不测风云，王仲因病早死，撇下孤儿寡母。臧儿和三个孩子生活无靠，度日如年。后来，臧儿只好改嫁到长陵附近的一个姓田的人家。臧儿又给田家生了两个儿子，这就是田蚡和田胜。而王夫人则是臧儿与前夫所生的长女。

臧儿原是大家闺秀，只是时运不济，燕王臧荼因为谋反，被汉高祖无情地镇压了，战争的铁蹄踏破了臧儿富贵享乐的生活。家道败落，她只好沦为村野鄙夫之妻，臧儿无时不在幻想着有一天能重温旧时的富贵之梦。她一心等待着机会，把希望寄托在她所生的两个女儿身上。

时间不饶人，大女儿王娡没等到太好的主儿，只好嫁给了一个家境一般的金王孙，王娡给金家生了个女儿叫金俗。

后来不知臧儿采用了何种手段，竟蒙骗了选秀女的内监，王娡顺利地被选入太子刘启的宫中。进入王宫后，王娡靠着自己的手段，使太子刘启陷入她的迷魂阵中，一年后，王娡为太子刘启生了一个女儿。王娡既为太子诞下孩子，宫中的人便改口称她为王美人。

王美人一连给刘启生了四个孩子，头三胎都是千金，分别是后来的平阳公主、南宫公主和隆虑公主，而第四个男孩就是刘彘。生刘彘的时候，太子刘启已经即位为皇帝了，史称汉景帝。

争夺皇位，刘荣之死

在王夫人生刘彘的时候，景帝早已奉薄太皇太后之命，娶了薄氏的内侄孙女为皇后。薄皇后有薄太皇太后撑腰入主后宫，倒也没有人胆敢动摇她的地位。

但薄皇后命有不济，一直没能给汉景帝生个一儿半女。公元前155年的早春，薄太皇太后死去，薄皇后失去了靠山，不久就被废掉了皇后的称号。皇后位置出现空缺，且又一直没有设立太子，于是皇储争夺战和后位争夺战又交织在一起，形成了一种微妙的关系。

当时景帝宫中配有大量的妃嫔，虽然人数众多，却大多不是王夫人的对手，唯独薄皇后和栗妃是王夫人的眼中钉、肉中刺。因为薄皇后被废，所以王夫人少了一个强劲的对手，而在废掉薄皇后的过程中，栗妃一直起着很大的作用。

栗妃是景帝做太子时的妃子，非常貌美，而且又给景帝生了三个儿子，其中刘荣又是长子，所以栗妃很受景帝的宠爱。

王夫人工于心计，能揣摩景帝的心思。有一次她对汉景帝说："妾在怀上彘儿的时候，梦见一轮红日直入怀中。"景帝也觉得刘彘出生有贵征，心里便有想立刘彘为太子的意思。王夫人又把这番话通过自己身边的宫女传遍宫中，使得刘彘的出生套上了一轮神秘的光环。

王夫人的这番鬼话居然起了很大的作用。本来栗妃最受景帝宠爱，而且栗妃生了长子刘荣，所以景帝受不住栗妃的软磨硬泡，私下里答应栗妃将来立刘荣为皇太子。后来景帝因为听了王夫人编造的祥瑞，他又想改立刘彘为皇太子。但景帝又不敢得罪栗妃，这样在两难之中，时间过去了两个春秋，景帝一直没有立储。

栗妃看景帝犹豫不决，怕夜长梦多，常在枕边逼景帝兑现他曾许下的诺言。景帝一方面禁不住栗妃的屡屡絮聒，另一方面内心感觉，立幼废长有违祖训，所以他这才下了决心，于前元四年（公元前153年）立刘荣为皇太子。

王夫人此时先败了一场，心中自然郁郁。但景帝在立刘荣为皇太子的同时，立三岁的刘彘为胶东王，总算是给了王夫人一点面子。

按常理，到这个时候名分已定，刘彘注定一辈子要做他的王爷了。

但是命运却没有最后决定。

搅动这已平静下来的争储战场的，是馆陶公主刘嫖，她的介入使得争储的局势一下子向有利于王夫人的方向倾斜。

馆陶公主刘嫖与景帝刘启同是窦太后所生，刘嫖是景帝的同母姐姐，刘彘的姑母。她下嫁到功臣陈婴家，做了陈婴的孙子堂邑侯陈午的妻子。

长公主刘嫖是窦太后的独生女儿，所以窦太后对她特别宠爱，长公主可自由出入宫闱，与景帝关系很密切，她说的话对景帝很有影响力。

长公主刘嫖在宫内宫外都有势力，所以后宫的姬妾们都巴结她，企求她在景帝面前为自己美言引荐。长公主看她们这样奉承自己，心中很是得意，所以常常帮助这些姬妾去接近景帝。

长公主刘嫖和堂邑侯陈午只生有一个女儿，取名阿娇，长公主对阿娇宠爱异常，一心想让阿娇做皇后。长公主见景帝已经立刘荣为太子，想到如果将阿娇许配给刘荣，这样阿娇将来便可顺理成章地做皇后了。因此，长公主托人去向栗妃提亲。

栗妃生性心胸狭窄，总是记恨长公主帮助后宫诸妃来瓜分自己的恩宠，这次长公主为了自己的女儿托人来做媒，栗妃一肚子气借着这件事全发泄出来了，她干脆地一口回绝，还把前来提亲的人羞辱了一顿。

长公主哪里吃过这种亏，她恼羞成怒，从此与栗妃结下了冤仇。

王夫人闻听此事，就去竭力劝慰长公主。长公主恨恨地说："我将阿娇许配给彘儿也是一样的。"

王夫人一听此话，心中暗喜，她知道长公主在宫中的地位。但她嘴上却谦逊地说："彘儿不是太子，恐怕这样会委屈了阿娇。"

长公主冷笑一声慢慢地说："这倒不然，废立皇太子的事经常发生，你就等着看好戏吧。"就这样，王夫人和长公主就自作主张，做了两亲家。

王夫人回头把这件喜事告诉了景帝，景帝皱皱眉，不大同意。他说："阿娇比彘儿大，不合适。"

王夫人怎能让到嘴的肥肉溜走，她马上装出愁眉苦脸的样子去向长公主诉委屈。长公主听罢就带上阿娇来到宫里见景帝，景帝高兴地接待了她们，王夫人也带上小刘彘过来给长公主请安。

长公主把小刘彘抱过来，放在自己的膝上，摸着他的小脑袋，笑嘻嘻地问他说："彘儿要不要媳妇儿？"小刘彘笑一笑，并不说话。正好有一班宫娥在殿内侍立，长公主指着她们开玩笑地又问道："这些人做你的媳妇你愿不愿意呀？"小刘彘摇摇头都说不喜欢。最后长公主指着自己的爱女问他："阿娇好不好？"刘彘咧开嘴乐了，他马上说："要是阿娇给我做媳妇，将来我一定盖一间金屋给她住。"大家都笑了起来。

长公主大为高兴，坚持要求景帝答应这门亲事，景帝当下就命王夫人把头上的金钗赐给小阿娇，算做是定亲的信物。王夫人心中大喜过望。

王夫人自从结下长公主这门亲后，想把刘彘立为太子的欲望又膨胀起来。从此之后，长公主积极活动，一心推动景帝立王夫人为皇后、立刘彘为皇太子。

景帝废了薄皇后，原来打算立栗妃为皇后。

一天，景帝身体不太舒服，心中烦闷，为了考察栗妃的脾气，故意说："朕百岁千秋之后，请你照顾所有的皇子，行不行？"这本来是暗示着将来由栗妃入主后宫之意，但栗妃生性刁钻，一听要她照顾那些个妃子所生的孩子，就对景帝的问话不加理睬。

景帝又逼问她一句："怎么样？"栗妃就不客气地回答说："不怎么样，我没那么多闲工夫。"景帝被噎在那里，心里气得够呛。

这事传到长公主刘嫖的耳里，她马上赶到宫里，对景帝说："栗妃肚量狭窄，背地里总是在咒骂别人，特别是对王夫人更是厉害，要是她做了皇后，恐怕又要有'人彘'的悲惨事情发生了。"

长公主所说的"人彘"事件，是讲高后吕雉虐杀戚夫人的事。由于汉高祖刘邦喜欢戚夫人和她所生的儿子赵王如意，吕雉一直怀恨在心，等到刘邦一死，吕雉大权在握，她叫人把戚夫人的四肢砍断，又挖去她的双眼，给她吞服哑药，包上草席，扔在粪池里，最后凄惨地死去。戚夫人所生的儿子也被活活害死。长公主拿此事做例子，使得景帝听得心惊胆战，他下定决心不立栗妃为后。

长公主看到争夺后位和储位的斗争已经到了白热化的程度，就经常往返宫闱，不断地在景帝面前讲王夫人和小刘彘的好话。景帝也认为王夫人很贤惠，而且小刘彘又聪明可爱，他很自然地记起了王夫人所讲的一些"贵征"，心中便有了废太子刘荣的念头。同时，他也想到立王夫人为皇后。

这时，宫内美人众多，受景帝宠爱的还有贾妃等人，况且立皇后又要

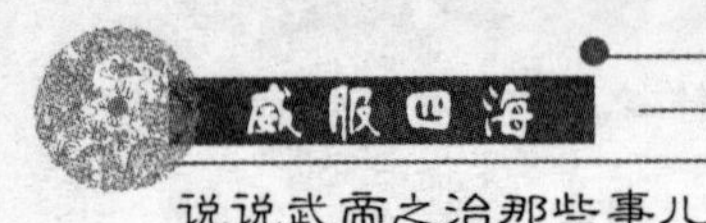

涉及皇太子的问题。这皇太子是不能轻易更动的，景帝心中也有顾忌。而且皇太子刘荣的老师是窦婴，他是窦太后的内侄，一心想做佐命大臣，坚决反对更换皇太子。这样，究竟立谁为皇后，仍然没法决定下来。

为了争位中宫，王夫人便使人去挑唆大行向景帝建议，册立栗妃为皇后。

大行是负责掌管宾客之礼的官员，他以为此事责无旁贷，就去奏请景帝说："'子以母贵，母以子荣'，现在刘荣被立为皇太子，他的母亲栗妃应该封为皇后。"

汉景帝心中正为不能废掉刘荣而生气，他一听大行又要他册立栗妃为皇后，心中勃然大怒，他厉声斥责大行说："这是你应该说的话吗？"景帝喝令手下将大行拉出去斩首。

公元前150年春正月，景帝不顾太尉周亚夫和太子太傅窦婴的谏争，废太子刘荣为临江王。

栗妃的兄弟栗卿出来反对，结果被景帝送到监狱里办成死罪，之后再也没人敢反对了。栗妃不仅没有得到皇后的位置，反而砸了儿子的储位，送了兄弟的性命，自己也被景帝打入冷宫。她心中凄苦异常，终于在冷宫里恚恨而死。

在争储位的宫闱斗争中，刘荣由于生母栗妃的过失而丢掉了储位，如今储位空缺，刘彘争储有了很大的希望。

临江王刘荣丢了太子的地位，死了母亲和舅舅，心里当然十分难受。可是他还算仁厚，在临江的都城江陵还能爱护百姓。刘荣在长安城住惯了，嫌临江的宫殿太小，想扩建宫殿。但苦于宫外没有余地，只有文帝的太庙近在咫尺，于是他占用了太庙空地边上的一面墙。宫殿还没建成，就有人上京告发了。景帝听了之后勃然大怒，把这个案子交给了郅都去审问。

刘荣动身去长安的时候，江陵的父老给他送行，甚至于有流眼泪的。他们知道刘荣这一去肯定凶多吉少。

郅都是个有名的酷吏，他最初担任宫廷禁卫官的中郎将一职，因勇于向景帝进言规劝而得到重用。

郅都为人极为严厉，他秉公办事，从不徇私情，以致他自己的亲属也不敢当面求他办事，只好用写信的方式提出来。郅都见亲友用书信托他办事，索性再也不拆阅私人给他的信件。郅都做事廉洁公正，任何馈赠和礼物以及人情慰问等，他都从不接受，更不用说请托谒见了。

后来郅都被任命为中尉后，执法严格甚至到了残酷的程度。不管你是不是皇亲国戚、是不是侯爷和公主，都一视同仁，有罪办罪。权贵们见了郅都都斜着眼睛扫一扫他，不敢和他对面正视，唯恐冒犯了他。当时人给他起了个外号叫“苍鹰”，可见他冷酷的程度，犯人们都怕落到他手里。

刘荣到达长安之后，即被投入大牢。他本想请求狱监借给他一副刀笔，写信恳求景帝的原谅，郅都下令不许这么做。

刘荣的老师魏其侯窦婴前去看望落难的学生，师生抱头痛哭一场，刘荣求老师想办法给他捎副刀笔来，窦婴派人偷送进去。刘荣估计自己已无继续生存的希望，他不愿在公堂上受辱，就给汉景帝写了一封绝命信，在狱中悲切地自杀了。

窦太后得知孙儿刘荣惨死在狱中，哭得死去活来，她对郅都充满了刻骨的怨恨。她把儿子景帝召来，一定要他严厉惩办郅都。

景帝没办法，只好把郅都免了职，把他调到北方做了雁门太守。匈奴人见他厉害，派使者向汉朝抗议，说郅都虐待他们、违背和约。

窦太后趁此机会，又逼景帝把郅都杀了，景帝很是看中郅都，替他辩解说：“郅都是个忠臣。”心里准备赦免不究。

窦太后满脸怒气，斥问景帝说："临江王刘荣就不是忠臣吗？他就不冤枉吗？"这位得罪了窦太后、又得罪了匈奴的郅都，最后被处死了。

争储黑马，梁王刘武

栗妃和刘荣都死了，刘彘的主要对手又去了一个。皇后和皇太子的位置全空了出来，王夫人和刘彘离胜利只有一步之遥了。

不想，半路上又杀出一匹黑马。梁王刘武是景帝的胞弟，是窦太后的宠儿。窦太后对这个最小的儿子是百依百顺，景帝对小弟弟刘武也是至为亲爱。

有一次，梁王刘武到京城拜见母亲窦太后和哥哥景帝，母子、兄弟相见都很高兴，景帝吩咐手下人摆下宴席。

酒过三巡，菜过五味，大家都有些醉意，互相也比较亲近。窦太后见他们兄弟之间这么融洽，心里也高兴，就夸景帝说："皇儿对待你弟弟真是不错。"

景帝因为多喝了点酒，又是确实喜欢他的这个唯一的同胞弟弟。他知道母亲喜欢刘武，为了讨母亲的欢心，景帝对窦太后说："将来儿百年之后，把皇位就传给弟弟吧。"

梁王刘武很聪明，知道这不过是他哥哥想让母亲高兴高兴。可是听了这番话，刘武也感到很称心了，窦太后一听此话反倒当了真，她想如果两个儿子都能当皇帝那该多好。

这时在一边陪酒的窦太后的侄儿窦婴斟了一杯酒，端给景帝，对他说：“天下是皇帝的天下。皇位传给皇子是天经地义，不能更改，怎么能传位给梁王呢，皇上说错了话，请罚一杯。”

景帝也正有点反悔自己感情用事，一听此话，正好借机遮掩过去。他干笑几声，真的把那杯罚酒端起来一饮而尽，然后扭转话题，不再提立储这回事了。

梁王刘武觉得十分扫兴，窦太后心中更是不满，拂袖退席而去。窦婴知道得罪了他的姑母窦太后，第二天窦婴上疏请求辞职，托病回家去了。

正当宫内为争夺储位而闹得不可开交的时候，诸侯王又起来造反了。原来景帝因为担心诸侯王势力强大不好控制，就听取了晁错的建议，找些理由削减诸侯国的封地。

吴王刘濞心中不满，早就有造反的心意。文帝在位时，他让他的太子刘贤到长安充当人质，留在宫中生活。当时还是皇太子的刘启与刘贤下棋，为了一个棋子儿，互相争执起来，皇太子刘启拿起棋盘砸过去，吴太子刘贤当场死亡。

这次听说汉景帝刘启又要削他的地盘，新仇旧恨一齐涌上心头。吴王刘濞联络楚、赵、胶西、胶东、菑川和济南六国，发动了“七国之乱”。

梁国正好挡在吴楚两国进军长安的路上，所以首当其冲遭到攻击，梁王刘武除派人向景帝求救外，坚守不降。景帝当初之所以说要传位给梁王也是为了笼络亲兄弟的心，拱卫京城。

景帝派周亚夫率兵讨伐，进驻荥阳。周亚夫命将士们“只守不攻”吴楚军队离开故土作战，军粮运输不济，周亚夫用的是疲敌战术，他还派精兵劫夺吴楚军队的粮草。吴楚军队军心动摇，全线崩溃，这时周亚夫才令将士们迅速出击。七国叛军被逐个击破，叛乱的诸侯王也都被消灭，这仅仅用了不到三个月的时间。

梁王刘武在周亚夫不派一兵一卒的情况下，死守城垣，损失惨重，总算熬到了胜利，他对周亚夫见死不救很是痛恨。景帝对于胞弟刘武忠心不二和孤军阻击吴楚军队的战功很感激，给予了他特别的赏赐，准许刘武使用天子的旌旗，并拨出战车1000辆，骑兵10000人给刘武做警卫之用。

刘武恃功自傲，他的奢侈放纵就连景帝都赶不上。他自己修建了一个大花园，叫兔园，后人又称之为梁园。梁园里面楼台轩榭和曲径流水相互辉映。园中的花木都是从各地搜罗来的珍奇品种，梁王刘武成天不是跟侍女们斗鸡、钓鱼，就是与门客们喝酒吟赋。

刘武身边养有一大群食客，其中有齐人公孙诡、羊胜、邹阳，吴人枚乘、严忌，蜀人司马相如等当时的名人。

刘荣被废去太子的消息一传到梁国，羊胜和公孙诡就怂恿刘武谋取皇帝继承人的位置。羊胜和公孙诡两人诡计多端，他们催促梁王刘武去见窦太后，请求她从中帮助。

窦太后对她这个小儿子的要求总是尽量满足，她叫景帝和刘武到她宫里来赴宴。宴席上窦太后对景帝说："你是兄长，只希望你能好好照顾你弟弟。"景帝心里明白母亲的意思，当即跪下说："这个儿一定谨记在心。"

第二天，景帝召集几个心腹大臣，秘密地商议一下可不可以传位给梁王，大臣们都表示反对。退职养病的大臣袁盎听说此事，急忙赶到长安进言劝阻。

袁盎对景帝说："陛下千万不能传位给梁王。从前宋国国君子力，不传位给儿子，而传位给弟弟，这两个人的儿子们互相争斗，宋国大乱，三个国君连续死于非命。小小仁心，会伤及大义，皇上应以大义为重才是。"景帝深受震动，把窦太后的事搁下了。

刘武见一计不成，心中又生一计，他请求准许他从睢阳修一条甬道直达长安长乐宫皇太后的住处，以便随时能朝觐太后。他的目的是，如果时机成熟，他可以在这条道上迅速进兵长安夺取政权。袁盎这次又带头反对，刘武的计划又失败了。

刘武手下有很多亡命之徒，他就与羊胜、公孙诡商量，秘密派出刺客，把袁盎和十余位坚持异议的大臣都给暗杀了。

十多位高级官员一夜之间都横尸皇城，这个血腥的大案震动了长安城，景帝马上下令追捕凶手，可是凶手却早已逃得无影无踪了。

景帝静下心一想，袁盎和这些被杀的官员都是得罪了梁王刘武，可能这件案子与梁国有关，追查下来，果真是这样。景帝气急败坏，马上派田叔、吕季主前往梁国调查，逮捕主犯，但羊胜和公孙诡却安全地躲在刘武的王宫里，调查工作毫无进展。

梁国的内史韩安国和相轩丘豹追查了一个多月，仍没有抓到主犯。最后韩安国断定两人一定躲在梁王宫内，于是韩安国紧急求见梁王刘武。

韩安国流着眼泪对梁王刘武说："主人受辱，臣下该死。而今我们已竭尽全力，仍找不到羊胜、公孙诡，请大王将我处决。"

梁王刘武故作镇定，他问道："怎么会严重到这种地步？"

韩安国泣不成声地说："大王，你自认为与皇帝的关系，比起临江王刘荣，哪个更亲？"

刘武回答说："他们是父子，我当然不能与之相比。"

韩安国抹把泪接着说："刘荣本是皇太子，只因为被人说了一句话，就贬为临江王。后因假借祭庙外空地护墙，又被逼死在中尉府。为什么？治理国家不能因私害公。现在大王只不过是封国诸王中的一个，而你却相信佞臣的邪说，轻视法律的尊严，冒犯了皇帝的禁令。皇上因为太后的缘故，才不忍心用法律来处罚你。太后日夜啼哭，希望你能改过自新，大王却始终不知道觉悟，你有没有想到，一旦太后千秋之后，你又能靠谁？"

刘武听了也是悔恨交加，他知道事情已经败露，为了活命，他勒令羊胜和公孙诡两人自杀，把他们的尸体交了出来。

窦太后心疼小儿子刘武，担心他这次会大祸临头，所以饮食不能下咽，日夜啼哭，景帝无计可施，心中烦闷。去调查这次暗杀事件的田叔从梁国返回，他比较有心计，在驿站里把在梁国取到的口供笔录全部烧掉了，然后空着两手求见景帝。

景帝忙问道："梁王有没有罪？"

田叔马上回答说："有死罪。"他又接着说："皇上最好不要再追究了。"

景帝不得其解，田叔接下话头说："如果梁王不伏法，则汉家法律就无法执行下去了。如果梁王伏法，而皇太后食卧不安，皇上你又将怎么办呢？所以臣冒昧地将有关这件案子涉及梁王的材料都烧掉了。"景帝舒了一口气，夸奖田叔这事做得很周到。

景帝带上田叔一行人去见窦太后。田叔报告说："臣调查的结果表明，梁王根本什么都不知道，肇事的只是他所宠信的羊胜和公孙诡之辈，臣已将他们处决了。梁王仍好好的，跟往常一样。"

窦太后一听，大为欣慰，一颗悬着的心这才放下来，她马上起床吃饭，心情也归平静。景帝的心情也松弛了一下。

尽管交出了两个替死鬼，梁王刘武也知道如果不亲自前去京城请罪，这事也不好交代，他就上疏景帝请求朝觐。景帝为了让他母亲窦太后放心，就同意了梁王的请求。

刘武带上侍卫和随从往京城而来。护送的卫队到函谷关外时，突然发现梁王刘武失踪。景帝跟过去一样，派出天子仪队，前往迎接。接待的人一看刘武不见踪影，不禁大吃一惊，马上派人火速回宫中奏报。

窦太后听到这个消息后，两眼一黑，昏倒在地，半天才缓过气来。她拍床大哭说："皇帝果真杀了我儿。"

景帝刘启解释不清，心中既忧愁又恐惧，他害怕刘武真的丧命，后面可就更没法解释了。

刘武到哪里去了呢？原来刘武多了个心眼，他害怕景帝还要治他的罪，所以听了大夫茅蔺的计策，到函谷关后，抛下自己的车队，换乘民间的小车，只带两个贴身侍卫，投奔到姐姐长公主刘嫖的府上去了。

刘武在长公主刘嫖的陪同下，身背刑具砧板，跪在未央宫北门请罪。听到这个消息，窦太后喜出望外，景帝长长地松了一口气，与弟弟抱头痛哭。

经过这次风波，景帝与刘武的关系大不如前，景帝从此不再请刘武与他共坐一车。窦太后也不敢再提让刘武继承皇位这件事了，刘武争储已属不可能之事了。

大皇子刘荣和梁王刘武都在争储战场上败下阵来，景帝就把目光转向了小刘彘。

也许是王夫人工于心计的遗传，刘彘也是早熟早慧。他虽然年龄不大，但很聪明壮实，做事也讲究计谋。他的童年是无忧无虑的，尽管王夫人和长公主为了他争夺皇储的席位在和栗妃与刘武明争暗斗。

刘彘和几个小兄弟一起玩耍，服侍他们的乳母和宫女有一大群。他们这些小皇子的一哭一笑都会使这些宫女们担忧道喜。可以说，他们分享了皇父的荣华富贵。刘彘并不以此而自傲，做事小心仔细，大人小孩都喜欢他。景帝看望他们时，刘彘恭敬地回答父皇的每一句问话，好像一个小大人一样，景帝十分喜欢他。

刘彘3岁那年，景帝曾把他抱在膝上问他说："儿乐意做天子吗？"小刘彘恭敬地回答说："由天不由人，儿愿每天都居住在宫里，在父皇面前游戏，主要是不敢因为儿的逸豫而导致失去天子的道。"如此机警乖巧，当然讨得景帝的欢心。

由于王夫人的努力、长公主的帮助以及刘彘在景帝心目中的良好形象，就在废栗太子刘荣的当年四月，景帝册立王夫人为皇后。又过了12天，立刘彘为皇太子，当时刘彘刚满7岁。景帝觉得“彘”这个名字似乎有些不雅，恰巧他看到《庄子·外物篇》里有一句“心知为彻”的话。“彘”和“知”又是一音之转。所以景帝将刘彘改名为刘彻，他希望这个皇太子能聪明圣彻。

七岁幼龄，登上储位

7岁的刘彻战胜了对手栗太子和梁王刘武，取得了皇太子的席位，但宫中太子废立之事并不少见。王皇后深深知道宫闱斗争的残酷性，她总是提醒刘彻，他的地位并不巩固，只有不断地谨慎小心，才能坐稳皇太子之位。

刘彻很有悟性，他言行谨慎，深得景帝喜爱。景帝也时常拿一些问题来考他，结果总是令人满意。

一天，廷尉向景帝呈报上来一批凶杀案件，等着景帝手批斩令。景帝为防止草菅人命，每个卷案都细细阅读。最后他的目光在一个叫防年的杀母案卷上停住了。这宗案子记载：

有一个叫防年的小伙子，他早年丧母，后来防年的父亲又续弦娶了一个姓陈的女人。防年的继母陈氏为人品行不端，与邻人勾搭成奸，后来此事被防年的父亲发现。陈氏生性狠毒，她一不做二不休，将防年的父亲用毒酒害死，血气方刚的防年知道内情之后，哪里能忍下这口恶气，他将继母陈氏杀死祭父。按照汉代的刑律，杀母是大逆罪，应该受到最严酷的极刑处罚，主管刑罚的廷尉认为此案应按大逆不道罪论处。

景帝看了这个案子，心里觉得有些疑惑，可又说不出来什么道理，他让人把皇太子刘彻找来，问他对此有什么看法。

刘彻仔细看完此案，侃侃而谈："大家都说继母就像母亲一样，这明明是说继母终不及母亲。只是子女因为对父亲有感情，所以才把继母比之为母亲的。现在这个继母恶毒得毫无妇道，竟然亲手害死了防年的父亲，那么当这个继母从下手杀人之时起，她作为母亲的恩义也就断绝了。因而防年杀的只是一个普通的妇人而不是他的母亲了，甚至连继母也不是。所以这件案子应该与一般的杀人罪一样处理，不应该作为大逆罪判决。"

刘彻这番有理有据的分析把在场的人都震住了，景帝微笑地点头表示赞许。廷尉站在一旁佩服得五体投地。景帝听从了太子刘彻的意见，将防年案以一般杀人罪处理，人们都称赞这样判处比较恰当。这年太子刘彻才14岁，景帝由此更加惊奇他的天性聪颖。

除了在父皇景帝面前表现他的才能之外，皇太子刘彻也利用他父亲的皇权除去不利于自己夺得皇权的大臣，而这里面首当其冲的就是周亚夫了。

周亚夫是周勃的儿子，周勃是平定诸吕的功臣，要是没有周勃的果敢出击，天下恐怕是姓吕不姓刘了。周勃平定诸吕之后，迎立刘邦的庶子刘恒为帝即汉文帝，是汉家头号的功臣。

周亚夫对汉室的功劳不亚于其父，吴王刘濞领七国精兵杀向长安时，是周亚夫沉着应战，以静制动，采用坚守不攻的方法，最后平定了七国之乱，汉室大厦由于有了这根支柱才没有坍塌。

周亚夫由于平定七国之乱立有大功，被封为丞相，他因功自傲，对于宫内的争夺却没能认清方向，得罪了一大批人。

最初，景帝废已立太子刘荣时，周亚夫竭力反对，终因景帝意念已决，所以才没能如愿。景帝厌烦他与自己作对，心里对周亚夫很不满，逐渐地疏远了他。

梁王刘武也和周亚夫有宿怨。当初反叛的吴楚兵马围住他的国都睢阳，他一天几次向周亚夫去求救兵，周亚夫不愿分散兵力，坚持不派一兵一卒去解睢阳之围，只是让刘武死守睢阳。当时刘武内无精兵，外无援军，吃了不少苦头，所以他对周亚夫怀恨在心。

由于周亚夫平定七国之乱功劳大，后来又做了丞相，地位高权势重，梁王拿他没办法。后来梁王又派人暗杀了十多个大臣，景帝疏远了他，梁王刘武无法报复，只好暂时忍了忍。现在刘武和景帝之间关系虽不如前，但也有所缓和，他总是在汉景帝面前指责周亚夫的过错。

王皇后也一心要除去周亚夫。周亚夫和窦婴一起反对废栗太子刘荣不算，后来景帝要立王夫人为皇后时，周亚夫还是认不清形势，再次跳出来反对，好在汉景帝没有听周亚夫的话。

王皇后知道窦太后在宫中有举足轻重的地位，所以她一个劲地奉承着窦太后。窦太后很高兴新皇后对她这么孝敬，就叫汉景帝封王皇后的哥哥王信为侯。

谁知周亚夫又出来反对，他对景帝说："高皇帝有约在先：'没有功劳的人不得封侯'。虽然王信是王皇后的兄长，但他可什么功劳都没有，所以不应该封他。"景帝见他总是不能顺着自己的心思，心里很不痛快。但这话在理，他又不得不听，所以王信和王皇后白忙了一阵，什么也没得到，他们在心里把周亚夫恨得透透的。

窦太后一心想让王信成为侯爷，还有另外的原因。原来梁王刘武杀袁盎闯下大祸之后，由于田叔烧掉了证据而没被追究。当时王信为了讨窦太后的好，竭力在景帝面前替梁王说好话。景帝不追究梁王，王信在其中也出了大力，窦太后对王信十分感激。梁王刘武亲自去向王信致谢，一来二去，这两人倒成了朋友，他们一勾结起来，周亚夫可就要大祸临头了。

这时候，恰好有匈奴王徐卢等六人从匈奴那边投降汉朝，景帝为了鼓励那些已经投降匈奴的汉人回到中原来，决定把徐卢等人都封为侯。

周亚夫又表示反对，他对景帝说："叛逆的人应当办罪，皇上怎能封他们为侯呢？匈奴的臣下背叛了他们的君王过来投降，就是不忠。臣下不忠，投降敌国，皇上给这样的人封侯，将来皇上还怎么能勉励忠臣呢？"

汉景帝一听这话，才知道周亚夫是个不听话的主儿。他觉得周亚夫的话太偏激，就对周亚夫说："丞相这话不合时宜，朕不能接受。"在景帝的执意坚持下，徐卢等六人都被封侯。

周亚夫见自己屡谏不纳，知道自己已经失宠，就推说有病，请求辞职。

窦太后、王皇后和王信等人求之不得，马上在景帝面前说周亚夫的坏话。窦太后说："孝文皇帝在细柳营犒军的时候，周亚夫的态度就很傲慢，让文皇帝听他的指挥，真是狂妄到了极点，这样不听话的人留在朝里早晚是个祸害。"

景帝看这么多人对周亚夫有意见，自己也非常讨厌周亚夫老是与自己顶着干，他乐得耳根清净，就同意了周亚夫的辞职请求。

过了一段时间，景帝念周亚夫过去立有大功，就想再起用他。景帝想先观察一下，看看周亚夫是不是肯听他的话。景帝以为这段时间周亚夫被削去官职，头脑能冷静一些。

景帝令内侍去召周亚夫进宫，随便问了他几句生活近况。寒暄过后，景帝就让他留在宫中用饭。

席上没有别人，只有景帝、周亚夫和作陪的皇太子刘彻。御厨摆上酒菜，搁在周亚夫面前的是一大块煮烂了的肥肉，没有别的菜，连筷子都没有。

景帝笑眯眯地请周亚夫用餐，周亚夫认为这是成心开玩笑，就上火了，他回过头来呵叱一旁的内侍说：“拿筷子来。”

左右内侍早已得了景帝的话，不许乱动。他们当做没有听见，仍然静静地站在一边。周亚夫正想发作，汉景帝仍然笑着说：“怎么这么大脾气呀，朕这样请你，你还不满意吗？”周亚夫听出话外有音，忙摘了帽子，趴在地上，向汉景帝叩头请罪。

皇太子刘彻一直在席上坐着，他知道周亚夫是他将来继承皇位的一大障碍，自己也早想借其父景帝之手除去他。刘彻见周亚夫坐在席上面有怨色，就一直盯着他看。周亚夫被他看得实在受不住了，他起身告辞，头也不回地出了宫门。

景帝不解地问刘彻说：“皇儿为何总是目不转睛地看着他？”

刘彻认为时机已到，就面带愁容地回答说：“这个人在父皇面前都这样嚣张，将来必定会出乱子。”景帝笑着拍拍刘彻的肩膀对他说：“他这样子怏怏不服，朕是不能让他做你的臣子的。”这以后景帝就有除去周亚夫的心思。

不久之后，周亚夫的儿子为了准备老父死后殉葬用的东西，向营造署购买作废处理的盔甲盾牌500件，命人搬运回去。他仗着父亲的权势，不给搬运者工钱，这些人怨恨之至，到官府检举周家私藏兵器。事发之后，自然牵连到周亚夫，景帝一看抓住了周亚夫的把柄，马上来了精神，他下令廷尉审理这个案子。

廷尉先派个小文吏去周亚夫家询问口供，周亚夫愤怒至极，拒不回答。那小文吏羞辱了他几句，周亚夫气得呼呼直喘，当时就要自杀。他夫人哭着劝他耐住性子，安慰他说：“事情总会弄清楚的。”周亚夫这才怒气冲冲地去廷尉府辩理。

廷尉不等周亚夫开口，就逼问他说：“你为什么要造反？”周亚夫粗着脖子吼道：“我买的是殉葬用的器物，怎么说我造反呢？”

廷尉冷笑一声说："这就是说你生前不造反，死后就可以用这些武器造反喽？"

面对廷尉的强词夺理，周亚夫气得一句话也说不上来。他索性闭上嘴，不愿再与这些人讲话。

周亚夫原以为景帝能查明真相放他出去，但看到平常见到他低声下气的廷尉对他如此不客气，周亚夫也明白过来了，自己走进廷尉府就已经落在陷阱之中，无法逃脱了。在监狱里又没有别的自杀方法，他就决定绝食，连着五天水米不进，最后吐血而亡。

景帝听说周亚夫自杀身亡，心中若有所失。他不愿意别人议论他对功臣无情无义、刻薄寡恩，就封周亚夫的兄弟为侯，但周家已失去了往日的权势。

王皇后听说这件事心中自然高兴，因为又一个强敌被除掉了。紧接着，她和窦太后一起要求景帝封王信为侯。这次再也没有人反对了，王信顺利地当上了侯爷。刘彻也遂了心愿，他终于借景帝之手除掉了强悍难驭的功臣周亚夫，稳固了自己的皇太子之位。

第二章

武帝登基，羽翼未丰

景帝后元三年（公元前141年），景帝病故，刘彻即位，是为武帝，尊祖母窦漪房为太皇太后，母亲王娡为皇太后。此时，武帝年仅16岁。

初登帝位，热血沸腾

景帝平定了七国之乱，诸侯王势力大削，再加上几代皇帝的休养生息，汉朝早已摆脱了刘邦时期的一穷二白局面，变得富庶繁荣起来。豪强冒起，匈奴寇边，制度简陋不敷于用，这是武帝初期国家面临的主要问题，而诸侯王也在新皇登基之际虎视眈眈。因此，贾谊、晁错等人提倡的改革和创制又重新提上日程。

武帝刘彻先将父亲的灵柩发葬到长安东北45里的阳陵，接着在高祖刘邦时所建的未央宫正殿里，举行了隆重的登基大典。

当武帝刘彻在未央宫正殿的御座上端坐，接受群臣的祝拜时，群臣的颂贺声使得刘彻真正感到了皇权的威力。

登上皇位之后，武帝最不能忘的是帮助他夺储和继位成功的几位至亲。他的第一份诏书就是几张委任状，他先封母亲为皇太后，窦太后为太皇太后，封长公主刘嫖的女儿阿娇为皇后，入主中宫，实现了他小时候“金屋藏娇”的诺言。

为了稳固自己的位置，武帝又封自己的母舅田蚡为武安侯、田胜为周阳侯，外祖母臧儿被封为平原君。

汉高祖刘邦从泗水亭长起家，趁着兵荒马乱，靠着自己的胆识，拉起了一支反秦的队伍。他结交了不少的朋友，而且为人讲究义气，因而势力发展很快，最后在与项羽争夺全国大权时，以弱胜强夺得天下，建立了汉帝国。

汉建国之初，正是多年战乱之后，可谓民生凋敝、百废待兴、国力薄弱。那时，就连刘邦出门也找不到清一色的四匹马来拉车，那些官至丞相的大臣们上朝时也只能坐上牛拉的车子。平常百姓家的日子更加艰难，家徒四壁，没有隔宿之粮。当时无论是国家还是平民百姓，都十分贫困。

等到天下基本上平定下来之后，刘邦下令采取一些恢复农业的措施，使得农民都回到土地上，农业得到了恢复和发展。同时，对于不务农的商人则采取打击措施，不准他们穿绸缎做的衣服、不准他们乘坐车辆，并且加重了商人的税负，在社会上给商人低贱的地位。

对于北方匈奴的侵扰，刘邦曾做过一次无力的反击，在白登山上被匈奴骑兵围了七天，幸好陈平贿赂匈奴单于的阏氏（妻子）这才侥幸生还。为了不加重百姓负担，刘邦忍辱负重，对匈奴采取了和亲政策，节省精力发展国内经济，以图后报。

到吕后、惠帝时期，社会刚刚步入太平，朝廷仍对商人进行限制，如规定不许工商业者及其子孙做官。官吏的薪俸和政府的开支仍向农民征收，但已减少了巧取豪夺的现象。地税一般保持在15税一左右，农民减轻了负担，有了小块的土地，生活也日渐好起来。上自皇帝、下到诸侯，各人有各人的汤沐邑，这样各自收支平衡，不靠政府拨给经费，减轻了农民的负担。

到文景时期，继续实行与民休息的休养生息政策。统治者勤俭节俭，使全国的百姓免受过分的劳役之苦，以保证他们的耕作时间。如果不遇上大的水灾和旱灾，人民可以家家自足。无论城里还是乡村，官府的仓库里满满地装着粮食和钱财。长安城内国库中的钱堆放在一起，因为时间太长，用来穿钱的绳子都烂断了，铜钱散乱在一起，多得无法计算。粮仓里的粟米，一层一层向上堆，堆得很高，甚至有许多粮食从仓中流到露天之下，因而烂掉不能再吃。

这时候，就连平民百姓都能骑上自己的马匹在大街小巷中往来奔忙。田野里的马牛更是成群结队。要是有人骑着一匹雌马或者小马，人们都会瞧不起他，嫌他太寒酸，因而不愿跟他往来，就连看城门的小官吏也能有好肉、好饭享用，可见当时国家之富。

官位不高的小官吏们，因为生活优裕，直到自己的孙子都已经长大成人了，也不愿图谋升迁。有的人总是在一个官职上工作，时间太长了，人们只记得他的官名，反而忘了他的姓名，他索性就把官名改成了自己的姓。如有些看仓库的人从儿孙起改姓“仓”或者“库”。

衣食足，知礼节，景帝时期人人自爱，把犯法看成是一件严重的事情，互相之间劝勉多做好事，不愿因为做坏事而受到朝廷的羞辱。每年官方处决的犯人只不过有几十人，国家一片太平景象，史称“文景之治”。

也正是这个时候，法网太宽使得浪费奢侈的风气又兴起来了，尤其是一些富人家更是挥霍无度。官员们也竞相展示豪华，他们住的宅子、穿的衣服、坐的车子，简直跟皇帝不相上下，这种僭越也没有得到限制。

武帝面对的是先辈们给他留下来的丰富遗产，因而他要用这笔丰富的遗产，干出一番大事业来，在青史上留下英名。

实施新政，遭到棒喝

建元元年（公元前140年）六月，卫绾被免去丞相一职，回家养老去了。窦太皇太后的侄儿窦婴复出，担任丞相；田蚡被封为主管全国军队的太尉。

窦婴和田蚡也知道要加强儒家人物在朝廷官员中的比例，于是竭力向武帝推荐儒家人物，武帝对于舅舅田蚡的要求总是有求必应。《诗经》方面的专家申公的学生赵绾被拜为御史大夫。武帝的另外一个老师王臧，这时也经窦婴和田蚡的推荐，担任了郎中令一职，掌管皇帝的侍从警位大权。

受儒学教育的武帝掌握了政权，儒家人物相继担任重要职务，整个汉帝国从中央到地方出现了尊儒的趋势。全国各地的儒家学者因感受到自身地位上升而大受鼓舞，各地儒生纷纷活跃起来。

正当儒生们热热闹闹地要实行一系列新政措施的时候，兜头被泼了一盆凉水，窦太皇太后的一记棒喝，打得儒生们晕头转向。

原来太皇太后窦氏是信奉黄老之学的。她听说武帝重用儒生，心里面已经老大不高兴了。别的事情可以任凭武帝随意去办，但要是冒犯黄老思想的，她是怎么也不能容忍，她这一出面，儒生们可要倒霉了。

窦太皇太后从被立为皇后至今已经有41年之久了。她经历了数代皇帝，在宫中地位高、权势大。她是汉初70余年黄老无为而治政策的直接受益者，同时也是武帝时期黄老思想的首席代表。武帝要将尊儒制度化，不就意味着汉代70多年来一直占统治地位的黄老思想要退出历史舞台吗？这是窦太皇太后绝不希望看到的。

“文景之治”使得汉朝强盛起来，黄老无为的思想还有一定的社会阶层支持。一些健在的中兴老臣们都是黄老思想的忠实信徒，他们不希望儒生夺去他们在朝廷中的地位。看到儒生因得势而兴奋异常时，他们感到分外沮丧，只好踉踉跄跄跑到宫中向窦太皇太后哭诉去了。

窦太皇太后本来就不满意武帝和那帮儒生推行他们的那一套东西，加上这些老臣和利益受到威胁的窦家骨肉的凄凄惨惨的哭诉，窦太皇太后就想给这帮狂妄的儒生们一点颜色看看。

窦太皇太后有这个能力给狂妄的儒生们一个教训。她已经做了23年的皇后、16年的皇太后和两年的太皇太后。到这一年，她已在宫中高位上坐了41个春秋，她在宫廷中的权势和影响可想而知。她的权力大到足能干预朝廷政事，甚至对于武帝的私事，她有时也要出面加以管束。

窦太皇太后还是在做文帝的皇后时，就曾命令宫中太子和王子们以及窦家的子弟都要读黄老之书。梁王刘武从小在她的督促和影响下，接受黄老思想的教育，在思想上与窦太皇太后一致，否则就不可能得到她的欢心。

窦婴当时是栗太子刘荣的老师，他是个好儒术的学者，他反对立梁王刘武为皇储，也是想阻止黄老学派的继续得势和为儒家在政治上出头铺上一块垫脚砖。

这一切不能不引起当时还是太后的窦氏警惕，她召来儒家里《诗经》专家辕固生，准备加以责难。

辕固生生性狂傲，瞧不起黄老之学，完全是个酸儒形象。他当着窦氏的面鄙视地说："老子的书写的尽是些宫婢的话。"对黄老之学根本不屑一顾。

窦太后一听辕固生竟胆敢在她面前污辱黄老之学，气得脸色铁青。她怒气冲冲地反唇相讥道："你又是从哪里得到刑徒们所看的儒家的书呢？"窦太后本来出身寒苦、性格温柔，但这一次她实在是忍不住了，因而大发脾气，她决定惩罚这个狂妄的家伙。

为了给辕固生一个教训，窦太后罚他到御苑的兽圈里去打野猪，看他除了会耍嘴皮子吹牛之外还有什么本事。

景帝知道辕固生只是一介书生，手无缚鸡之力，让他到兽圈里打野猪纯粹就是想要他的老命。但此时正值窦太后的气头上，景帝又想不出办法来改变母亲的决定。他在宫中转来转去，实在无计可施，最后只得命人拣一把最好的快刀交给辕固生，让他好自为之。

辕固生没想到窦太后竟用这个法子来治他，心里怕得要死。他看到景帝也没办法救他，只好哆哆嗦嗦拿过快刀，硬着头皮进入关着野猪的兽圈。

那野猪一看有人侵犯它的领地，就想用它的獠牙把这个不速之客撵出去。辕固生被野猪追得狼狈逃窜。眼见得野猪就要顶到他了。辕固生把心一横，向后狠挥一刀，正好扎中野猪心脏部位，杀死了这只野猪。窦太后见到这个情景也就无话可说了。

辕固生总算捡回一条老命，从此以后他再也不敢在窦太后面前诋毁黄老学说了。

窦太后对于儒家很是瞧不上眼，她认为这些人文多质少，只有一些空洞的礼仪架子，但不干实事，她对于儒家的经典也是一律贬斥，认为都是些空洞的理论。她看到景帝朝中儒生势力有抬头的迹象，就想用自己的力量阻挠儒家的发展。

第一个碰上太后阻挠的倒霉鬼就是丞相卫绾。在卫绾做皇太子刘彻的老师时，窦太后就不太满意。但景帝认为卫绾正派持重，窦太后也不好插手这事。

卫绾当上丞相后，招来一批儒生，又把别的学派的贤良、文人都打发回家去了，尽管卫绾并没怎么为难黄老学派的人，但这已经叫窦太皇太后生气的了。她首先拿这个尊儒术退百家的实际推行者开刀。

建元元年（公元前140年）的六月，窦太皇太后以年纪太大为理由，让卫绾回家养老去了。

这是窦太皇太后直接罢免的一个丞相，所以就连正史中也没把这事写在《武帝纪》中，而只是在《卫绾传》中有这么一个罪名："因为景帝生病时，卫绾没有认真检查刑事案件，滥杀了一些官吏，引起许多人的不满。”这样，作为丞相的卫绾就不应该再干下去了。很明显，这是窦太皇太后找的一个借口，“欲加之罪，何患无辞？”

儒家在这次冲突中损失了一员老将，窦太皇太后阻遏了儒家在董仲舒对策之后迅猛发展的势头。

但儒家控制了小皇帝刘彻，所以儒家的又一批替补人物登上历史舞台。窦婴、田蚡、赵绾和王臧等人都被封为公卿，相权、兵权和监察权仍然控制在儒家手里。

赵绾和王臧发起明堂的议论之后，武帝被鼓吹得兴致很高，他请这帮儒生及其支持者在长安城南立明堂以朝诸侯，并让他们起草巡狩、封禅、改历数和易服饰等方面的新政事宜。又用安车驷马将申公接到京城，作为这一揽子计划的总顾问。

儒生们的这个计划一开始就遭到了黄老一派人的抵制，他们依仗着窦太皇太后健在，对儒生的一系列活动进行了牵制。

儒生们劳而无功，心中自然生恼。他们仗着有武帝的支持，就想给黄老这派人一记棒喝。儒生实行了一系列新政措施，其矛头直接指向了仗势欺人的窦家。

窦婴是窦家的叛逆，他是个信儒术的人，因而得不到窦太皇太后的欢心。他和田蚡、赵绾、王臧等人组成儒家集团，对诸窦发动了凌厉的攻势。他们主要实行两项措施：一是检举和贬谪行为不轨的皇亲国戚，二是使留住京城的王侯回封地去。其宗旨还是在于打击黄老势力，尤其是诸窦。

诸窦仗着窦太皇太后在朝中的地位，恃宠怙势，为非作歹，因而遭到检举和贬谪的人很多。居住在长安的列侯们，有的是娶了皇室的公主才被封侯。他们的夫人是公主，而公主又过惯了京城里的豪华生活，她们说什么也不愿意回到那偏远的封地里去。两条新政策惹翻了这些权贵们，他们一齐向窦太皇太后告状。

窦太皇太后看到自家人受了委屈，就把武帝召入宫中，对于他和儒生们的所作所为提出了警告。

斗争到第二年就激化了。建元二年（公元前139年）的冬天，御史大夫赵绾对于窦太皇太后的屡次阻挠感到很不耐烦，他向武帝上奏一本，建议以后政府决定大政方针不要再向东宫报告。东宫是窦太皇太后居住的地方，赵绾建议武帝这样做，无疑是想夺窦太皇太后的权。

窦太皇太后正愁没借口和那帮儒生翻脸，她一听赵绾竟胆敢要夺她的权，气就不打一处来。她大发雷霆地说："这不是想做新垣平第二吗？"她决意借题发挥。

新垣平是文帝时期的一个方士，他靠骗术骗取文帝的信任。他叫人在一只玉杯上刻上"人主延寿"四个字，诡称是一个仙人送给文帝的。文帝想求长生，所以对这些鬼话竟一点也不怀疑。

新垣平靠骗术爬上了大夫的官位。他还请文帝做两件大事，一件是改换年号，一件是进行祭祀天地的封禅大礼。这两件事与武帝的这些儒生们的想法有一定的相似之处，这样窦太皇太后就硬把赵绾和新垣平两人联系到一块儿了。

当新垣平在文帝面前装神弄鬼屡屡得逞，甚至得意扬扬的时候，丞相张苍和廷尉张释之暗地里派人去监视新垣平的行动，还真的查出了那个在玉杯上刻字的工匠。

张苍和张释之让人上疏，告发新垣平所说的话没有一句是实话，有凭有据的罪状不得不令文帝相信。他仔细地想一想，才从迷梦中醒来，他后悔自己的糊涂，痛恨方士的可恶，他立刻革去新垣平的职位，把他交送廷尉张释之审问。

新垣平一见张释之的威严，早已吓得魂飞天外，有人证物证他没法抵赖，只好把前后欺诈的经过和盘托出。张释之判他个大逆不道的重罪，新垣平被灭门三族。

窦太皇太后把赵绾等人比成新垣平，就是表明太皇太后认为赵绾也是想用一些鬼话来欺骗武帝，她把武帝叫到东宫痛骂一顿。

窦太皇太后怒容满面对武帝说："看看你用的什么人，赵绾和王臧是什么东西？他们只懂得挑拨离间，自己目无长辈还不够，还要诱惑你藐视孝道。你这个不孝的东西，还要包庇他们吗？"

武帝连忙跪下说："孙儿不敢。因为窦丞相和田太尉都说他们有才能，所以才用了他们。"

窦太皇太后打断他的话接着说："窦婴、田蚡都不是东西。告诉你，你要是我的子孙，就应该把赵绾、王臧下监狱治罪，将窦婴、田蚡马上免职！"

窦太皇太后怕武帝包庇赵绾和王臧，马上又派人去调查和告发赵绾和王臧的贪污受贿等行为。窦太皇太后亲自将这些证据交到武帝手里。

武帝的母亲王太后一看形势不妙，马上把武帝叫到自己宫中，警告他说："你的皇位是窦太皇太后点头才算坐上的，现在你的皇位并不巩固，窦太皇太后可以随时找个别的人代替你，你可要小心谨慎，千万不能和她把矛盾闹大。"

武帝到底还年轻，祖母势力又大，他只好革去赵绾和王臧的官职，把他们关进了监狱。他还想等到窦太皇太后火气下去之后，再把这两人放出来。

可是窦太皇太后抓住把柄不肯罢休，非要武帝将这两个宣传邪道的"新垣平"砍了不可。赵绾和王臧一看已无活路，就在狱中自杀了。

武帝把窦婴和田蚡免了职。那个申公挺有造化，趁着机会告老还乡。

什么明堂、巡狩等都成了一团泡影。

窦太皇太后可有她自己的主张。她讨厌夸夸其谈的儒生，可是她特别看重少说话多做事的实干家。她对武帝说："儒生专注重外表，写的文章读起来好听，写得天花乱坠，可是没有一个赶得上'万石君'一家子能够为朝廷实实在在做些事。"

"万石君"是河内人石奋的雅号。石奋从15岁时就伺候着汉高祖刘邦打天下，后在惠帝、吕后、文帝、景帝这几朝一直做着官。石奋没有受过什么教育，但是为人忠厚老实，处事谦虚恭敬，无人可比。他有4个儿子，都像石奋一样朴实。景帝在位时，石奋父子5人都做了朝廷的大官，每人的俸禄都是2000石。全家一共10000石，所以景帝给石奋一个雅号叫"万石君"。

石奋一家人是当时忠厚老实的典范。石奋家的子孙担任低级官吏，回到家中时，石奋一定穿上入朝的官服接见，以示互相敬重。他只称呼子孙的官衔，而从不叫他们的名字，子孙们从不敢怠慢。

要是子孙中有人犯了过失，石奋也不责备，只是坐在一旁对着饮食不肯吃一口。儿孙们自己责备自己，由别的长辈们脱去上衣，露出臂膀向他请罪，并保证以后改正错误，这时石奋才原谅他们。

子孙们到了20岁行了冠礼之后，算是正式成人了。石奋只要看见有这些成年的子孙们在旁边，即使是平常日子，也要戴好官帽，不敢有丝毫服饰不整的情况，为子孙们树立了榜样。

由于石奋严格的自我要求和约束，子孙们又遵守教导，所以他们一家都以孝顺谨慎的行为，闻名于所隶属的封国和郡县。

窦太皇太后反对儒家舞文弄墨，但对"万石君"石奋一家那样专心做事、不多说话的老实人比较欣赏，所以总在武帝面前称赞他们这一家子。

这时候，石奋已经告老还乡了，他的大儿子石建都已双鬓飞白，就连小儿子石庆都已是进入壮年。武帝听了窦太皇太后的话，为了讨她的欢心，就任命石建为郎中令，负责宫廷的警卫事宜，石庆为内史，管理长安市。

石建曾在景帝朝中为官，他总是在没有旁人在场的时候，才对一些军国大事谈谈自己的看法。但等百官早朝聚集一堂时，他却表现得很迟钝，好像不善言辞，其实他只不过是不想哗众取宠而已。景帝刘启对他十分信任和器重，主要是因为这个缘故。

石建担任朝中高官之后仍不忘孝道，他每隔五天回家一次去给他的老父亲请安。他总是偷着将老父亲换下来的衣服拿去洗干净，然后再交给仆人，从来不让他父亲知道是他自己洗的。

石建看公文时，仔细到了不能再仔细的程度。有一次公文批下来，他看到属吏写的公文上面的“马”字少了底下一点，不禁大吃一惊，他说：“马有一尾四足，少一点真是死罪。”他连忙恭敬地将那一点补了上去。

内史石庆的那股谨慎劲儿跟他父亲和兄长不相上下。有一次，他替汉武帝套车，武帝问他：“拉车的马一共有几匹？”

石庆当然知道皇帝的车总是六匹马拉的，照一般人，恐怕早就脱口而出回答了。可是石庆恐怕忙中出错，就用马鞭子一匹一匹地把马数一遍，这才回答说：“6匹。”再不多说一个字。石庆在石奋的几个儿子之中，是最为随便的，还是如此慎重。

经过窦太皇太后的阻挠，武帝实行的一系列新政措施被迫中断了。继任的新丞相是许昌，新御史大夫是庄青翟，新郎中令就是上文提到的石建。他们三人全是顺从窦太皇太后的，而且均不是儒家。主管全国军事的太尉一职暂缺，政权基本上操控在窦太皇太后的手中。

武帝看到祖母窦太皇太后干涉朝政，他又无力摆脱这种束缚，所以只好忍气吞声地过日子。

游猎忘形，扩建林苑

武帝当时正是十七八岁的少年，血气方刚，从小身体就很壮实，长大后尤其喜好打猎。他有时亲自搏杀狗熊、野猪，追逐别的野兽和飞禽，这些都是随时可能丧生的冒险活动，而武帝却乐此不疲。

建元三年（公元前138年），19岁的武帝开始私自出游，他为了不让臣下认出来，便改穿平民百姓的衣服。他让手下亲信的年轻侍从们一同出猎，约定好在宫殿的大门外秘密会面，趁天还没亮，这些人就策马驾车奔向夜色之中。他让手下人称他为平阳侯，这本是武帝姊夫曹寿的封号，借用一天无非是想掩人耳目。

天亮以后，这帮年轻人终于抵达终南山麓，他们射鹿逐狐赶兔，乱马在农田里往来驰奔，践踏平民农田里的庄稼。

下地的农夫们老远就看到自己辛辛苦苦种起来的庄稼被践踏得一片狼藉，心疼已极，不禁高声诟骂三字经。武帝这帮人置若罔然，照旧追赶他们的猎物。

户县和杜县两县的县长听到农夫们的报告，马上带领手下一帮人马前去围捕。农夫们见有官方支持，也都操起菜刀和农具，前来助阵。农田里一片喊杀声。

在这么多人的包围下，武帝和手下的侍从们一个也没逃掉，全被围

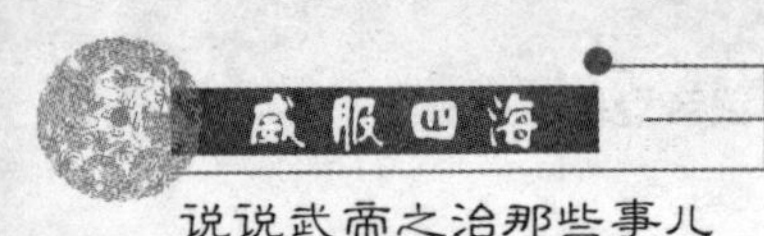

在一小块地里。侍从们看到群情激愤，很担心这次要受皮肉之苦了，没办法，只得亮出皇帝的信物。

刚开始县官们还以为这里面有一个大骗局，但后来他们看到许多东西的确非皇帝不能有，而且此地离京城又不远，这时两位县长才知道包围的是当今皇上。他们心里一紧张，两腿一软，跪在农田里叩头请罪。

武帝挥挥手让县官们马上把人撤下去，并没有追究两位县长的责任。两位县长叩头谢恩，回头把百姓们斥责一顿，这才怏怏地领着手下人退去。农夫们听说被自己包围的是当今皇上，都惊吓得合不拢嘴，被厉声诟骂的几个农夫脸上的冷汗涔涔而下，好在武帝没有追究，他们才侥幸捡了条命。

武帝没把这事放在心上，仍然和这帮侍从们四出游猎，而且越走越远。他们游猎的范围，最北到陕西泾阳县，最西到陕西兴平县黄山宫，最南到陕西周至县的长杨宫，最东到陕西西安东南的宜春宫。有时兴致一来，他们还能突破这个范围。

一次武帝一行人半夜闯入柏谷境内，这是现在河南省灵宝县。柏谷距长安180公里远，这是他们游猎最远的一次。他们玩得太高兴了，一个劲地追逐野兽，不知不觉天色已晚。打听路人才知道这里已是柏谷境内，武帝心想这次也走得太远了。

想要连夜返回皇宫这是不可能的事了，武帝盘算了一阵，就让侍从们去找个客栈暂时住下。

这些年轻人到了一个小客栈里，马嘶人喧，傲慢无礼。他们大声吆喝客栈老板出来，向他索要汤水。

客栈老板脾气挺大，看到这帮人实在不像话，就想撵他们走，所以他气恨地说：“没有汤水，尿倒有。”

侍从们仗着皇帝的威仪一向指手画脚惯了，他们哪里受得了这个气，有的就想上前动手，被武帝用目光制止住了，他不愿暴露自己的身份，生怕手下人把事情闹大了，不好收场。侍从们不好发作，但对客栈老板自然也没有什么好脸色。

客栈主人一看这些人挎刀带箭，怀疑他们不是盗贼就是无赖匪徒，他怕自己动起手来吃亏，就出去悄悄召集镇上的一帮年轻人来帮忙。这些年轻人把这几个“强盗”围了起来，准备一个一个捉住之后送官府。

那客栈的老板娘倒有些眼力，她看见为首的武帝长相与众不同，而且一身平民布衣也盖不住他的富贵之气，所以她断定这些人来头不小。

想到这里，老板娘就劝她丈夫说：“我看那个领头的准是个贵公子，不像是强盗。再说，他那边随从们个个膀大腰圆，而且你看他们手都握在刀柄上，想必是有所准备，你可千万别乱来。”

客栈老板认为这纯是妇人之见，还是要动手。老板娘见来硬的不行，就花言巧语地对丈夫说：“现在这些人有所准备，要动手还不如等到夜深时，那样把握更大。”

客栈老板觉得此话有理，暂时没有动手。老板娘就拿出一壶好酒，说是给她丈夫壮壮胆子。老板娘边陪边劝，把老板灌得烂醉，呼呼睡去。

老板娘怕丈夫酒醒了再闹事，就找条绳子将丈夫绑在床上。然后，又出门把镇上的青年们劝说回家睡觉去了。最后才杀鸡宰鸭，殷勤招待这群不速之客。

本来武帝他们几个人一看此地人多势众，恐怕今晚上要吃亏，心想要是被捆上送到衙门里，可就丢脸了。后来他们看到老板娘灌醉老板，劝走镇上的人，这才放下心来大吃大喝了一顿，饭菜虽不及宫中的讲究，倒也香甜可口。

第二天一早，武帝便返回长安宫城，随即派人去召见这个客栈的老板娘入朝，认为她护驾有功，特赏给她黄金1000斤，这位老板娘一夜之间成了富婆。武帝认为客栈老板警惕性很高，所以把他召到宫中，让他做了宫

廷里的禁卫官。

由于这次冒险经历，武帝便下令建筑供他出猎时歇脚的行宫，从宣曲宫往南一共建立了12处。这以后，他出去游猎晚了，就不再住民家客栈。来不及投宿行宫时，就到长杨宫和五柞宫等处休息。

尽管有这么多方便条件，武帝还是不太满意。首先道路太远，出去游猎一次，好几天解不了乏，十分辛苦。而且游猎的地方大多有农田，尊为皇帝，亲耳听到村野鄙夫对自己的厉声诟骂，武帝心里也说不出是个什么滋味。

武帝苦思冥想之后，想到一个主意。那就是把终南山和皇家御苑之间的农田全部划为御苑，这样既可以直接从皇宫向南出猎，又可以免得四出骚扰农夫。

武帝下令太中大夫吾丘寿王负责这项计划，先让他登记阿城以南、周至以东、宜春以西这个范围之内农田的总亩数，估计价格，准备全部划入御花园上林苑之中，这样御苑就可以直接连着终南山了。

为了解决这个地区百姓的生计，武帝又下令长安市的官吏呈报辖区内的荒田数，准备将户县和杜县的农民全部迁到荒地上去。

这样终南山和临近的山林、河道和农田都被圈了起来，原来的民房一律拆去，然后在四周砌上围墙，修成一个庞大的上林苑。吾丘寿王把这一番计划上奏，并说这样做完全可行，武帝心里很是高兴，心想能在这么大的御苑里打猎，那可痛快多了。

恰好这一年，汉帝国又遇上了特大水灾。黄河大堤决口，齐地的庄稼全被淹了，老百姓饿死的很多，甚至出现人吃人的现象。可是当时武帝只顾着想些新点子去玩，而且皇宫内的仓库还是那么充实，所以大水灾和饿死人的惨事压根没有搁在武帝心上，他还是要修他的上林苑。

当然武帝的计划也遇到了来自大臣的阻力，领头反对的就是有滑稽大王之誉的东方朔。

东方朔是平原厌次人，从小用功读书，喜欢讲些笑话，是个正派人。他知道武帝好动爱玩的脾气，认为跟他一本正经地讲道理是行不通的，他就发挥他爱说笑话的才能，用滑稽的方式讲一些严肃的道理。

最初，他到长安想求得一官半职，很长时间也没有人推荐他。他就毛遂自荐写了一封信给武帝，要求皇上用他。

东方朔在给武帝的信中写道：

我叫东方朔，从小死了父母，靠着兄嫂拉扯大。12岁时开始读书，三年就学好文史足够使用。15岁时学剑法；16岁时读《诗经》和《书经》，能背诵22万字。19岁时又学习孙子和吴起的兵法，又背了22万字。臣东方朔已经能背诵44万字的东西了。臣今年22岁，身长九尺三寸，眼睛像一对夜明珠，牙齿像两排洁白的贝壳。臣的勇敢、灵活、廉洁和信义就像古时候最勇敢的孟贲、最廉洁的鲍叔、最讲信义的尾生和最敏捷的庆忌一样。像臣这样的人可以做皇上的大臣了吧？

武帝一边读这篇自吹自擂的自荐信，一边忍不住大笑。他当时就吩咐下去，叫东方朔暂时住在公车令处，即当时的官方招待所，准备任用他。

谁知此事过后，武帝把这事情忘记了，东方朔等了很长时间也没见到诏书的影子，心里不免着急。

正好同住在公车令处的还有一帮侏儒，准备留着宫中选用。东方朔眼珠一转，来了个鬼点子。他故意对那帮侏儒说：“你们快要死了知道吗？”

这帮侏儒觉得很奇怪，就问为什么。东方朔胡编道：“你们什么用处都没有，成天白穿白吃，皇上要把你们都杀了。朝廷让你们到这里来，就单等你们进了宫中，再慢慢地杀掉你们，这样也好掩人耳目，为的是给国家节省点粮食。”

侏儒们成天不愁吃不愁穿，日子过得悠闲自在。他们哪里受得了这种恐吓，个个眼泪汪汪，他们都怕死，因而恳求东方朔一定要给他们出个主意。

东方朔装着挺有办法的样子，对他们说："你们要等皇上坐着车马出来，就挡在车前面叩头求饶。皇上问你们什么，你们就推到我东方朔身上，剩下的事由我来解决。"

这班侏儒好像见到再生父母一样，对东方朔感恩不尽，他们在宫门外规规矩矩地等着，武帝的车子刚一出宫门，这些侏儒们就齐齐地跪在道边，叩头大哭不已，眼泪鼻涕抹了一脸。

武帝看见侏儒们如丧考妣的模样，觉得很奇怪，就让侍从叫来这些人问话。

武帝拜东方朔为郎中。时常让东方朔随行左右，让他讲些笑话解解闷。时间飞逝，转眼夏天到了，武帝猎获了一头野猪。为了显示皇恩浩荡，武帝传下命令，让大臣们到宫殿里领肉。

大臣们按时来到宫殿里，野猪肉已放在席上，只是主持分肉的太官丞还没来。这些人从早上等起一直等到中午，天越来越热，汗越流越多，只见苍蝇嗡嗡地飞来飞去，还是不见太官丞露面，大家都有怨言在心，但谁也不敢说什么，又不好就这样空手回去。

东方朔忍不住了，他走出队列，拔出剑割了一块野猪肉，回头对同伴们说："这大伏天的太热，应该早点回去睡午觉，还不如自己动手，拿了肉就回家去吧。"他边说边提着那块肉头也不回地走了。

其他官员心里都觉得东方朔做得痛快，可是谁也没有胆量也去这么做。他们耐着性子又等了好长时间，才见那个太官丞晃晃悠悠地从后门踱进殿中。

太官丞按名单往下发肉，可是单单缺了东方朔，他一问才知道东方朔自作主张，已经把肉拿回家了。太官丞气得蹦了起来，他咆哮着说："东方朔这小子没把我放在眼里，也就是不服从皇上的命令，我要告他个欺君之罪。"太官丞拂袖而去，到武帝那里告状去了。

武帝一听东方朔不按规矩办事，就让人把他召来。他倒要看看东方朔这一回又有什么道理可讲。

武帝还没等东方朔站稳，劈头就问道："昨天朕赐肉给你们，你不等太官丞到场，就擅自抽剑割肉回家去了，这又有什么可以辩解的吗？"太官丞得意扬扬地站在一边，等着看东方朔的倒霉下场。

东方朔摘下官帽，趴在地上向武帝赔不是。汉武帝并不想治他的罪，就对他说："你自己就这事认个错吧。"

东方朔又行了个礼，这才说："东方朔呀东方朔，受赐肉不等诏书，这是多么的无规矩呀！拔剑割肉，这是多么的豪壮呀！割下的肉不多，这是多么的廉洁呀！回家后把肉送给老婆这又是多么的仁义呀！"

武帝忍不住又笑了起来，他说："朕让你自己责备自己，你反而恬不知耻地自己夸上自己了，照你这么说，你不但无过反而有功了。"武帝没有再责备东方朔，反而又赐给他一石酒、100斤肉，让他拿回家去送给老婆。

现在，武帝听了吾丘寿王的话，要修一个庞大的上林苑，正巧东方朔也在一边。他在这紧要关头上，不再嘻嘻哈哈逗乐了，他一本正经地劝谏了一番。

东方朔说："圣上千万不要扩建上林御苑。终南山是屏障关中的天险。汉王朝兴起，抛开老都城洛阳，迁居到泾水和渭水之南的长安，这里正是所谓天下富庶之地。秦王朝就是利用了这里的便利条件，西吞西戎蛮夷部落，东吞六国。

"终南山是座宝山，不但出产木材，而且出产金、银、铜铁和玉石，工匠们靠它提供手工业的原材料，百姓也靠它维持生计。而且陛下划定的地区，出产稻米、黍，此处还有梨树、桑树、麻类和竹子。土地里有薯类，水塘里有蛙类和各种鱼。穷苦人家，靠着这些自然的物产就可以维持温饱，而不再忧虑饥寒。所以当地人都把这块地方看做是最好的土地，每亩田价都相当于一斤黄金。

“而今陛下把终南山和附近的土地一股脑地圈在上林苑里，根绝了人民林产渔业的利益，又使百姓离开肥沃的土地，减少了国家的赋税收入，使得人民生活陷入困苦的境地。这是不可以这样做的第一个理由。

“废掉农田，遍地是荆棘、杂草和林木，拼命扩张野兽活动的领域。毁坏人家祖先的坟墓，拆去百姓的房屋，有多少人思念他们的故土，悲泣他们被驱逐的命运。这是不可以这样做的第二个理由。

“这么大的上林苑，先是在四周砌上围墙，工程已经够大的了。这里又没有可以走车马的平道，而且地面上又遍布乱石和深沟，为了一时的快乐忘了有随时倾覆的危险。这是不可以这样做的第三个理由。”

东方朔一气说了这么多，看看武帝还是无动于衷，就加重了语气接着说：“当初，殷朝的君王纣在他的皇宫中设置九市，做起买卖来，最后是各封国都背弃了他；楚灵王盖章华台，盖世豪华，而楚国民心离散；秦王朝兴筑阿房宫，天下大乱。臣东方朔这么随口乱说，违背皇上的心意，真是罪该万死，只是希望皇上能够体察愚臣的一片赤胆忠心。”

武帝觉得东方朔的话说得完全有理，他把东方朔夸奖了一番，提升他为太中大夫，另外又赏给他100金。

可是武帝年轻好胜，当时你说什么他还能听进去，到时候仍是我行我素。他刚打发走东方朔，回头就让人找来吾丘寿王，让他主持上林苑工程，马上动工。

东方朔白费了一番口舌，武帝根本没听他的，他觉得又好气又好笑。

这次他虽然没有劝谏成功，可反倒升了官职、受了厚赏，可见武帝还是挺喜欢他的。东方朔只得自我解嘲地对别人说：“古时候的贤人有逃避人世躲到深山里去的，我就厚着脸皮，暂时隐居在朝廷里吧。”

吾丘寿王寻访上林苑的旧址，拟订出扩建计划和设计出图样，开始迁移居民，正式动工。上林苑扩建工程开始于建元三年（公元前138年），没用多长时间就竣工了。

扩建之后的上林苑周围有300多里长，其中的离宫有70多座，佳木果树茂盛，奇花异草丛生；怪兽杂集，禽鸟群栖；山岭旷野相连，溪涧深池相通，别有一番天地，另具一种风味，使人如入仙境。

从此之后，年轻的武帝在这个属于自己的上林苑里驰骋、休憩、敬神，研读和创作文学作品。

雏鹰展翅，发兵东南

公元前140年，武帝以“建元”为年号，此为中国“年号”之始创。“建元”有“创始”的意思，表明了武帝革新改制的决心。

武帝深知，个人的力量是有限的，尤其他刚刚登基、羽翼未丰，很需要帮手。于是诏令中央和地方的各级行政长官推举人才，“举贤良方正直言极谏之士”。而满朝文武或许在“黄老之说”的气氛里待得太久，毫无奋发的劲头。所以武帝改革的第一步就是换人，换上自己的人，他要“站得稳，行得动”。

景帝死前，留下卫绾做武帝的丞相。卫绾被景帝选中，是因为他是个仁厚的长者，勤恳任劳、从无怨言，与周亚夫形成了鲜明的对比。其实卫绾原来是“代王”刘恒的车夫，因为卫绾膂力惊人，车技高超，很受刘恒的喜爱。后来刘恒被周勃迎立为皇帝，卫绾就跟着他进了长安，做了郎官，不久又升任中郎将。

景帝刘启是个有心计的人，他做太子时，曾多次设宴招待文帝左右近臣，卫绾也在列。然而，每次接到太子的请柬，卫绾总是称病不前，虽然太子是将来的天子，但他现在仍只是太子，忠臣不事二主，卫绾觉得应该小心谨慎一些。

果然，此举得到了文帝的赏识。文帝临终前，对景帝说，要善待卫绾，他是长者，可以信任。不过景帝对卫绾不来赴宴一事始终耿耿于怀，所以一直没有起用他。后来，景帝游幸上林苑时，让卫绾随车侍奉。景帝拍着他的肩膀问道：“从前朕请你赴宴，为什么总是等不到你呢？”卫绾吓得伏地叩头：“当时臣确实是有病在身。”景帝看了一会儿伏在地上的卫绾，不再重提这件旧事，于是召左右来，要赏赐佩剑给他。

谁知卫绾再次拒绝景帝。原来，文帝曾赐给他六把宝剑，卫绾都供奉在家，皇恩浩荡，卫绾不能再接受景帝的赐剑，害怕无福消受。景帝问道：“人们时常更换、买卖佩剑，怎么你却一直留着这些宝剑？”于是命他从家里拿来。景帝看到，六把宝剑剑鞘的颜色尚新，拔将出来，每一把都泛出闪闪寒光！景帝感动至深，从此对卫绾另眼相看。

后来，卫绾受命招纳河间猛士平定七国之乱，因战功升为中尉。三年后，又以军功封侯。卫绾是栗氏的亲戚，景帝废刘荣、栗姬，卫绾因而受到株连，但景帝怜他忠厚，只是将他免官归家。不久，景帝立刘彻为太子，于是任卫绾为太傅，不久又升为御史大夫，掌管刑狱。又过五年，卫绾就做了丞相。

卫绾信奉黄老政治，行事谨慎小心，他任丞相，只起上传下达之作用，“朝奏事如职所奏”，对于朝政大事，他却往往粗略不计。而武帝崇尚儒学，即位后结束了黄老政治的统治，卫绾遂以不称职之名被罢免。

国不可一日无君，国亦不可一日无相。武帝开始考虑新丞相的人选了。

汉初的官员很多是选自功臣贵族子弟，这些人很快就用尽了，到武帝时，可选择的空间就非常小了。最有机会的是两个外戚，窦太后的侄子魏其侯窦婴和王太后的弟弟田蚡，两人都好儒术，是儒家信徒，后来武帝拜窦婴为相，这都出自田蚡的运作。

景帝去世后，武帝封田蚡为武安侯，田蚡一时成为朝中红人。田蚡本想自己做丞相，却让管家籍福劝止。籍福说：“如果皇上拜您为相，您也一定要推辞，把相位让给魏其侯。您现在刚刚发达，还无法与魏其侯相比。魏其侯是窦太后的侄子，显贵已经很久，况且他在平乱中立有大功，天下英才都归附他。魏其侯当上丞相，您至少也会坐上太尉。太尉与丞相同属三公，您也同时得到让贤的谦逊名声。”

田蚡认为籍福说得对，于是入宫向王太后说明心意，太后再把话递给武帝，于是拜窦婴为丞相，拜田蚡为太尉。

但要行儒道，窦婴、田蚡都没有这个学问，于是窦婴向武帝举荐了赵绾和王臧，两人同是当时儒学巨擘鲁申公的弟子，从申公学《诗》。申公当时已有80多岁了。武帝还是太子时，王臧便是他的老师。于是拜赵绾为御史大夫，拜王臧为郎中令。

首先就是立明堂。

上古时政教合一，所谓“明堂”，就是古代帝王宣明政教、举办大典、祭祀祖先的地方。

武帝迷信，对祭祀鬼神之事特别感兴趣。他本是个精力充沛、好奇心强的人，外加少年心性，对立明堂这样的“形象工程”自然是直流口水。

可是明堂太遥远了，赵绾、王臧也不太知道明堂是个什么玩意儿。于是武帝派出使者，“束帛加璧，安车以蒲裹轮”，隆而重之地将申公从鲁地请过来。武帝对申公闻名已久，他见申公大概就像是在困顿迷途之中瞧见了光亮，激动得不得了。

武帝问：“我该怎么做？”

申公满头白发，打呵欠似的说：“少说话，多做事。”

武帝掩住失望的神色，拜申公为太中大夫，“议明堂事”。

接着是令诸侯就国。这就比较难办了，因为各位诸侯都不愿意。原来，诸侯的食邑虽在外地，但他们多数娶了皇家的公主，别说他们自己不愿意回到穷乡僻壤，身娇肉贵的公主也不愿意。其实这件事很让人费解，因为这个“令诸侯就国”的诏令并没有什么实质利益，但它却表明了武帝改革的决心。

此外的各项政令分别是：

1. 除关。武帝之前，各国各有关禁，武帝废除关禁，既是要装出一个“不设防”的盛世气象，更重要的是这对瓦解诸侯国的“占山为王”的状态很有助力。

2. 仿周礼而创汉制。武帝欲行儒道，而儒道的源头在周，故这条诏令的颁布是理之所必然。

3. 贬谪诸窦宗室，其“毋节行者”，削除爵位。这就直接涉及人事的调动、豪族的利益了。这个针对窦氏宗族的法令，是武帝对窦太后的一种挑衅、一种试探，窦氏家族的人果然暗中向太后抱怨。

这时候，闽越攻打东瓯，东瓯遂向汉朝告急。闽越即是今天的福建，东瓯即是今天的浙江、闽南地区，两国同属越人，风俗相近。自秦末大乱之际，闽越东瓯等纷纷独立复国，日益强盛。

原来，吴王刘濞的儿子刘子驹藏在闽越，他怨恨东瓯在父亲刘濞败逃投奔的时候将他杀害，所以总是怂恿闽越国王对东瓯用兵。

消息传到长安，武帝廷议时让群臣商略。太尉田蚡首先发言，他认为越人之间互相攻击，这是自古以来就有的事，根本无须奇怪，更不要说劳民伤财地发兵去救。越地多是蛮荒之地，就算我们打赢了，又有什么实际的好处呢？秦朝时就已经把它放弃了。

武帝正思索田蚡所说的话时，有个人站了出来痛斥田蚡的见死不救。这个人叫做严助。严助是严夫子严忌的儿子，武帝即位之初“举贤良方正”，严助是第一批人选之人，深受武帝赏识，常常替武帝与那帮他看不入眼的老臣当朝辩论，不久武帝擢升他为中大夫。

严助本名庄助，可是后人为了避汉明帝刘庄的讳，替庄助改了姓。严，庄严，二者本来互训。其实刘庄比严助晚生了100多年，是晚得不能再晚的晚辈，庄助死后若地下有灵，知晓自己变成了严助，不知会有什么反应。

严助分析说：“救人这件事，就怕自己的力量不足以救援，恩德无法泽润到东瓯，如果有这个力量和本事，为什么不救？秦人放弃越地，我们就要放弃吗？秦人连咸阳都放弃了，何止区区越地！现在东瓯前来求救，若陛下不能救援，他们还能到哪里求告呢？我们大汉又如何统领万国呢？”

严助言辞犀利，字字铿锵，武帝听了这么热血的议论，立即说：“太尉不足与计。”

于是武帝令严助带兵救援东瓯。战国以来的军制，是发兵必须有虎符作为凭信。虎符分为两半，一半在君主手中，一半在将帅手中，两半合在一起，才能发兵，所以当初信陵君要“窃符救赵”。

也许是因为虎符掌管在太皇太后那里，不在自己手里，也许是为了考验严助，具体的情况很难知晓。总而言之，武帝没把虎符交到严助的手中，这就要看严助的机变智谋了。

严助持着武帝所赐的旌节来到会稽郡。

严助对郡守说：“皇上刚刚登基，不想动用虎符，烦请你发兵。”

“没有虎符就想发兵，这形同谋反。”郡守援引汉朝法律拒绝了严助。

话已至此如果无功而返，就不仅仅是面子的问题了。严助一咬牙，扯过郡守下的一个司马，抬手就是一剑。司马的人头沿着阶梯滚落，血痕斑斑。郡守看得眼珠子都快掉下来了。

严助之后大呼道：“有敢违天子命者，下场如是！”

于是郡守发兵火速救援东瓯，汉兵未至，闽越兵闻风而退。

出兵东瓯这件事，对错很难说清。按着田蚡的意见，闽越攻打东瓯确属越人的内部纠纷，汉朝派兵维和的确是拿自己的银子补别人的窟窿。但世事往往要从长远来看，才能得出一个较为清楚的结论。汉朝出兵，加大了对吴越的影响力，这对以后将之收入中华的版图有着不可忽视的影响。抛却利益的计算，东瓯的危急，本来就是帮助汉朝杀掉刘濞引来的，汉朝不应该对此坐视不理，武帝的心中有个大大的版图，他要凭借自己的意志把它一点一点画出来。

窦婴灌夫，臭味相投

时间斗转星移，玩了一辈子权术的太皇太后窦氏薨，窦氏家族也随之衰落。武帝决心继续改革，遂任命他的舅舅田蚡为丞相，同是外戚的窦婴却闲置在家。

太史公对窦婴的评价是“任侠自喜”，意思是窦婴是一个非常任性的人。七国之乱的时候，景帝想起用窦婴，让他为将勘定叛乱。窦婴却推脱有病，不能胜任。其实，他是因为反对景帝传位梁王，后被窦太后疏远，所以在跟她赌气。景帝劝他："他是国家兴亡的关键时刻，你身为国家重臣，怎么可以推却责任呢？"窦婴才出山，后来与周亚夫一起立了大功，列侯中没有敢跟这两个人平起平坐的。

景帝七年（公元前150年）的时候，栗太子刘荣无罪，景帝却因为其母栗姬的关系想要把他废掉。魏其侯窦婴是刘荣的老师，所以多次为刘荣求情争辩，可是争来争去，景帝就是一个不听，栗太子就这样被废了。窦婴于是再次称病，几个月都不来朝，只躲在蓝田县南山下隐居，许多人来劝他，他都一概不听，继续窝在那里钓鱼散步。有一天，一个叫高遂的人也来劝他。高遂说道："您过去是太子太傅，太子被废不能为他力争挽回，尽了力又没有效果，也不能因此自杀殉职。能使您富贵的是皇上，与您亲近的是太后，您现在这样托病不出，整日拥着美女，岂不是要彰显皇帝的过失？若太后和皇帝都来加害您，那不仅您无法自保，妻子儿女也要株连殆尽。"窦婴听高遂所说，惊出一身冷汗，于是起身回朝，如往常一样侍奉景帝。

丞相刘舍被景帝罢免，窦太后这时想起了自己的侄子窦婴，几次向景帝推荐他。景帝却对太后说，您真以为我舍不得把相位给他吗？只不过窦婴这个人，沾沾自喜草率轻浮，丞相上承天子下领百官，责任重大，不是魏其侯这样的人能够胜任的。景帝说的很对。

天下熙熙，皆为利来；天下攘攘，皆为利往。窦婴"不中用了"。在他身边也没什么机会了，于是窦婴辉煌之时依傍在左右的宾客和朋友一下子走得一干二净，纷纷去投奔正炙手可热的新丞相田蚡，只余窦婴一个人独自发呆，看着萧瑟秋风卷起院子中的枯叶。

现在魏其侯从高高的相位上掉落下来，其失落是不言而喻的。倘若这时候他能静一静，仔细想想自己来时的路，也许就会顿悟，超脱名利等外物的羁绊而立地成佛。可是他偏偏没有这样一个静一静的机会，因为同样失意的将军灌夫来到他的身边，两个失意人很快无话不谈，成了可在对方身上取暖的“患难之交”。然而交上灌夫这个人，实在可以说得上是交友不慎。

灌夫，字仲孺，颍阴人，他本姓张。父亲张孟曾是颍阴侯灌婴的家臣，深得灌婴的信任和宠爱，张孟于是冒充自己姓灌，靠着灌婴的推荐，当上了秩级两千石的高官。灌婴去世后，他的儿子灌何袭任颍阴侯的爵位。吴楚之乱时，灌何归太尉周亚夫调遣，在他麾下做了将军。他向周亚夫推荐灌孟（张孟），周亚夫命他做校尉。那时候，灌孟已年老，身体精神都大不如前，所以儿子灌夫随侍身边，带着1000人跟着父亲一起从军。灌孟虽然力衰，但是仍然不服老，每次作战总是冲到最前面，而且他所进攻的目标都是敌人阵地里最坚实的部分，他最终战死沙场。

当时的制度是，父子俩一同参军，若其中一个战死，则另一个可以退出战场，护送死者的灵柩回家。但是，灌夫继承了父亲的勇猛彪悍，坚决要留在战场，并扬言要亲手砍掉吴王或吴将的头颅，以祭父亲的在天之灵。灌夫豪爽威武，在军中的人缘很好，他披甲执锐召集了几十个勇士，想要冲进敌营厮杀。可是刚刚走出营门，众人你看我我看你都不挪步，只有灌夫和他的奴隶一共十几个骑兵冲杀到吴军军营里，吴军毫无准备，灌夫等人于是一直冲到吴军军旗之下，杀伤了几十人。到终于无法前进的时候，这才策马返回汉营。然而来得容易，要走就难了，跟随灌夫冲杀的十几个奴隶都战死了，唯有他一个人孤零零地回来，身上有十多处重创，叫人看了触目惊心。若不是有名贵药材医治，灌夫必死无疑。灌夫的伤势刚刚有点起色，便向灌何请缨出战。灌何嘉奖他的勇气，却怕他就此一去不返，于是将情况报告给周亚夫，周亚夫按着灌夫，坚决不让他出营。

战乱平定后，灌夫名震天下。颍阴侯灌何向景帝举荐灌夫，景帝于是任命他为中郎将，没过几个月，灌夫便犯法丢官。灌夫是个莽汉，不喜欢读书，平时只爱舞刀弄枪，任侠使气，他也的确颇有侠风，凡是允诺别人的事，没有不办到的。他的财富迅速累积，每天出入门庭的食客少则几十，多则上百。与灌夫交游的，不是名重天下的豪杰，就是大奸大猾之人。

景帝任灌夫做代国国相。武帝即位后，又因他的勇猛而叫他担任淮阳太守，再后来又调他为太仆。灌夫为人直爽刚健，不喜欢奉承人，又好发酒疯。他是家奴所生，出身低贱，所以骨子里有一种自卑的反叛。凡是地位高于他的人，又或是势大财雄的皇亲国戚，灌夫不但不尊敬，反而总是想办法在大庭广众之下当面折辱他们。可是对于地位低下的人，他却尊敬起来，甚至越是地位低贱，他对他们越是恭敬。士人们因此就对他更加的敬重。

灌夫定居在长安，长安城里的显贵个个都对他竖起大拇指。长乐宫的卫尉窦甫是窦太后的兄弟。有一次，灌夫与窦甫喝酒，醉酒发酒疯，因为一些细枝末节的礼数问题，将窦甫给打了。武帝深知窦太后的护短，怕灌夫因此被杀，于是学着景帝调走郅都的办法，将灌夫调到燕地去做国相。几年后不知怎的，灌夫竟然再次犯法，于是再次丢官。灌夫自己任性，也不约束族人和门客。他们在颍川一带垄断利益、横行霸道，弄得天怒人怨。百姓无告，其痛苦和愤怒往往借着儿歌唱出来，于是有“颍水清，灌氏宁；颍水浊，灌氏族”，在颍川四处传唱。

灌夫闲居在家，虽然富有，但失去了权势，周围的人也就渐渐少了。窦婴和他同病相怜。窦婴想借着灌夫的力量报复那些见风转舵、离弃他的人，灌夫也想借着与窦婴这样名震天下的皇亲侯爵交往，来抬高自己的身价。两个人一拍即合，相见恨晚。

田窦之交，不相为谋

田蚡身材五短，相貌丑陋，他能当上丞相，完全是因为他的姐姐王太后。

武帝刚刚即位，诸侯王多是武帝的叔伯，武帝压制不住他们，权位还不十分稳固。田蚡是他的舅舅，所以武帝就把他升为丞相，倚他为心腹。田蚡进宫奏事，武帝与他一聊就是一上午，可见其受宠。

他是个贪鄙之人，受贿索贿无数。武帝对他言听计从，于是他所举荐为2000石高官的人，往往昨天还在家闲坐无人知晓。任免官员是皇帝的大权，田蚡却把它窃在自己手里。武帝对情况有所察觉，只是一直忍着，有一天终于爆发出来，说："你的人把官位都占满了，我也想安排几个自己的人呢！"田蚡恃宠，他的住宅已经逾制，但他仍不满足，还想把考工官署的地盘划给自己做扩建之用。武帝怒道："你怎么不把朕的武库也一并取走？"田蚡这才知道收敛一些。

田蚡在府上举办宴席的时候，认为自己是汉朝丞相、地位尊贵，所以让他的兄长盖侯南向坐，自己却东向坐，并不为了尊敬兄长而委屈自己。可能是因为越过了兄长，由此就突破了某种无形的枷锁，于是田蚡的骄横展开了翅膀，尽情地翱翔。他的府邸，不仅规模盖过了所有贵族的府邸，其豪华程度比之皇宫也不遑多让，他到处置办产业，其名下的田庄土地都极其肥沃。通往长安的大道上载着各地奇珍异宝的人络绎不绝，打听之下才知道这都是奉了丞相之命、为丞相搜集的。而他府里的美女也数以百计，个个体态婀娜、正值青春，诸侯因为他的得宠也竞相巴结他，送他的财货礼物，他自己都懒得去数了。

田蚡得势后，窦婴的那帮宾客都跑到了他那里。而从前窦婴显贵的时候，王娡虽受景帝宠爱，被封为美人，田蚡却只是宫里的一个郎官，加上他较窦婴年轻不少，所以酒宴时，他都是执子侄礼跪到前席，再向窦婴敬酒。当然，风水轮流转，现在轮到田蚡发达了。

但田蚡也并非一无是处，他不仅精通古文，还长有一副伶牙俐齿，往往能无理辩三分。

乃姐去世，灌夫服孝在身。可是他本是个闲不住的人，于是去拜访新丞相田蚡。灌夫蔑视权贵，这是人尽皆知的事，若非窦婴也一样的“任侠”，灌夫恐怕也不会找上他。然则田蚡也是权贵，灌夫去他家拜访就有些怪了。唯一的解释是他是为了窦婴去的，希望借助田蚡和他背后王太后的力量，重新让窦婴走上政治舞台。果然，两人聊着聊着，就聊到了窦婴身上。

田蚡说：“我正想与你一同去拜访魏其侯呢，可是现在你有丧在身，不太方便啊。”

灌夫听到这话，兴奋得差点跳起来，冲口而出道：“原来你竟肯屈尊去看望魏其侯，我身为他的朋友，怎肯因服丧而推辞呢？我这就去通知魏其侯，请他打扫门庭，装饰府邸，置办酒席，您明天一定要早点光临。”

田蚡一点头，灌夫就一溜烟儿似的跑了。其实田蚡哪有半分赴宴的意思？

灌夫赶到窦婴那儿，将情况说了。窦婴得知丞相要来，于是与夫人特地多买了酒肉，半夜就起来打扫房子，一直布置到天亮，兴奋异常。

天亮之后，灌夫也风风火火地赶来，加入了等候的队伍。可是一直等到了中午，还是不见田蚡的人影。

窦婴对灌夫说："丞相不会忘了吧？"

灌夫气呼呼地说："我不管丧服在身，仍然履约赴宴，丞相太过分了。"于是驱车，亲自赶到丞相府去迎接田蚡。

到了相府，问起守门人，才知田蚡仍在睡觉。灌夫忍着气，进门见田蚡，说："昨天我与丞相约好了，说今天一起去魏其侯窦婴府上赴宴。魏其侯夫妇从早晨等到现在，没敢下一筷子，吃一点东西，您却在这里睡觉！"

田蚡揉揉惺忪睡眼，装作大吃一惊的样子说："哎呀，昨晚喝过头了，竟然把此事给忘了！"

于是与灌夫一同驾车前往。灌夫心里惦记着窦婴夫妇，急得胡子一掀一掀的，可是田蚡的车却走得很慢。田蚡坐在车上，看着街道两旁列着的各样小摊和热热闹闹的人群，脸上笑吟吟的，安详如弥勒佛，灌夫看在眼里，心中更加生气。

好不容易到了窦府，酒宴一开，大家都很尽兴。这时候灌夫已有些醉了，他心底积压的不满随着酒气一点点上涌，于是离开席子，手里还拿着酒杯，来到厅中央跳起舞来。一边跳一边喝，还招呼田蚡过来一起跳！灌夫等了半天不见田蚡有起身的意思，他的毛驴蛮劲儿发作了，开始讥讽田蚡。

窦婴看出了灌夫的"不对头"来，于是起身将他扶起，又叫人把他送回家，然后才回来陪田蚡喝酒。

很久不见，窦婴和田蚡在酒桌上自然有很多话要说。窦婴是个任侠的血性汉子，而田蚡只是个阿谀奉承的小人，但别以为这样两人就喝不到一起去，酒是一个非常奇妙的东西，它能让很多不可能的事变为可能，更何况窦婴现在是隐隐地把希望寄托在田蚡身上呢。

田蚡在窦婴府上喝到深夜才起身离去，宾主尽欢。

窦婴和田蚡喝酒，两人算不上朋友，唯一的共同爱好就是儒学，可是田蚡是知道儒学“将有大用”之后才改投儒派的，所以他们两个顶多算是同被太皇太后窦氏一起贬官的难友。既然不是朋友在一起喝酒，为什么还喝得那么开心？窦婴对田蚡是有所求的，田蚡心里十分清楚。窦婴与田蚡交往，是感情诉求和利益诉求二者的混合物。

窦婴想：过去田蚡向他敬酒都要跪着来，虽说如今他当了丞相，但我这样隆而重之地延请他，已算是折节下士。按照“你敬我一尺，我敬你一丈”的君子交往规矩，现在我已敬了你一尺，所以轮到你来敬我一丈了。就算你不向皇帝举荐我，至少也应该多来看看我，让那帮离我而去的门客羞愧自惭。

田蚡却不是这样想的。他觉得窦婴没有东山再起的机会了，因为太皇太后已经不在了，以后都是姐姐王太后和他们这些娘家人的天下！所以他的想法是：既然你有求于我，那么就要拿出足够多的筹码来打动我的心。

窦婴是讲情又讲利，他认为自己“折节”请田蚡吃酒宴，付出的已经足够多了，而这顿酒席在田蚡眼里简直就是笑话。于是他派管家籍福来到窦家。籍福，也就是那个此前劝田蚡把相位让给窦婴的门客。

籍福并非第一次来见窦婴。在窦婴拜相的时候，他就曾劝过窦婴，说：“您天性耿直，喜爱好人而厌恶坏人，您能登上相位，是因为当今的好人推举您，可是从此立于高位，自然也少不了有坏人来诽谤您。若您能够江海不择细流，泥沙俱下，兼容好坏的话，您的相位就能保持长久。”窦婴能当上丞相，籍福是出了力的，此后他又来“教”窦婴为相之道，可见他对窦婴的爱护。

这次他却不是来与窦婴谈论人生的道理的，而是奉了田蚡的命令，来向窦婴索取他城南的土地。窦婴愤愤地说：“田蚡虽然贵为丞相，我虽然废弃在家，但他怎能如此强横地来抢夺我的土地？”当时灌夫也在场，暴躁脾气火药一样被点燃了，大骂籍福狗仗人势！窦婴于是头也不回地拂袖送客了。

籍福却不生气，他心里明镜似的，怕两边人因此结仇，于是自己编造了谎话来回复田蚡，说：“魏其侯年岁大了，没几年就要死了，您还是等等吧。”可是纸包不住火，大概是灌夫跟人说了此事，又借机大骂田蚡，所以话传到了田蚡的耳朵里，他知晓了前因后果，于是非常生气，骂道：“我服侍魏其侯的时候，任劳任怨，他的儿子杀人也是我出了大力才能够挽救，想不到他竟然舍不得这几亩土地！灌夫又算哪根葱，凭什么管我和魏其侯的事？现在就算他来求我收下这块地，我也不敢要了！”从此以后，田蚡心里十分怨恨窦婴、灌夫二人，籍福的努力和委曲求全都白费了。

元光四年（公元前131）春，田蚡向武帝奏事说：“灌夫的族人在颍川一代横行霸道，无法无天，百姓深受其苦，请皇上派人查办。武帝说，这等小事本在丞相职责范围以内，何需请示？”田蚡以为把武帝拉下水，有了皇帝在自己背后撑腰就可以置灌夫于死地。谁想到灌夫并非俎上的鱼肉，他也抓住了田蚡的把柄。

八年前，淮南王刘安入长安朝见天子，同时献上他和手下门客一起编纂的《淮南子》。其实刘安编著《淮南子》并非是简单的“爱好文辞”，热衷学术。而其崇尚黄老之学，也暗暗与窦太后相契合。当时武帝欲行儒术，这就得罪了主掌大权的祖母太皇太后窦氏。窦太后当时极有可能起了废立的心思，这股风从长乐宫吹散了开去，于是把刘安从淮南逗引了过来。田蚡时任太尉，算是武帝一党。可是他本就是个随风拂摆的小人，当他知道武帝的皇位不稳，就开始四处联络，想要为自己留一条后路。于是淮南王初到长安的时候，田蚡亲身到灞上相迎，还拉着他的手，挤眉弄眼地说：“现在皇上还没有太子。大王您是高皇帝的孙子，仁义之名，天下谁人不知？假若皇上突然发生不测，放眼天下，除了大王您，还有谁有这个资格接任大统呢？”于是“刘安大喜，厚遗武安侯金财物，阴结宾客，付循百姓，谋为叛逆事。”

当时，武帝年不过18岁，身体一向强健，常常亲身与熊、野猪等猛兽搏斗，怎么会“突然发生不测”呢？而刘安听了这话，马上兴奋地送金银财物给田蚡，可见他也认同有这种“发生不测”的可能性。因为他们心里都知道窦太后的权力和手段，这种“不测”很可能随时降临到武帝的头顶。

或许是通过宾客和酒友，灌夫知道了这件事，也许是他太忙了，没有时间理那些陈芝麻烂谷子事；又或者灌夫也觉得这种给自己留后路的做法并无什么不妥，总而言之，他一直没有说出去，也没有将此事告诉武帝。这时候田蚡的刀子捅了过来，他也毫不客气，直接把这张王牌亮了出来——这是谋反的大罪啊。田蚡害怕了，但先出手的不是他，他不能就这么服软。好在，这时候双方的宾客也都活动起来，在两家间走动拉劝，于是见好就收，田、灌两人就此握手和解——至少表面上是这样的。

巧使手段，收回大权

元光四年（公元前131年）夏天，丞相娶燕王的女儿做夫人，太后下了诏令，让列侯和皇族都去祝贺。魏其侯拜访灌夫，打算同他一起去。灌夫推辞说：“我多次因为酒醉失礼而得罪了丞相，丞相近来又和我有嫌隙。”魏其侯说：“事情已经和解了。”硬拉他一道去。酒喝到差不多时，武安侯起身敬酒，在座的宾客都离开席位伏在地上，表示不敢当。过了一会儿，魏其侯起身为大家敬酒，只有那些魏其侯的老朋友离开了席位，其余半数的人照常坐在那里，只是稍微欠了欠上身。灌夫不高兴。他起身依次敬酒，敬到武安侯时，武安侯照常坐在那里，只稍欠了一下上身说："不能喝满杯。"灌夫火了，便苦笑着说："您是个贵人，这杯就托付给你了！"当时武安侯不肯答应。敬酒敬到临汝侯，临汝侯正在跟程不识附耳说悄悄话，又不离开席位。灌夫没有地方发泄怒气，便骂临汝侯说："平时诋毁程不识不值一钱，今天长辈给你敬酒祝寿，你却学女孩子一样在那儿同程不识咬耳说话！"武安侯对灌夫说："程将军和李将军都是东西两宫的卫尉，现在当众侮辱程将军，仲孺难道不给你所尊敬的李将军留有余地吗？"灌夫说："今天杀我的头，穿我的胸，我都不在乎，还顾什么程将军、李将军！"座客们便起身上厕所，渐渐离去。魏其侯也离去，挥手示意让灌夫出去。武安侯于是发火道："这是我宠惯灌夫的过错。"便命令骑士扣留灌夫。灌夫想出去又出不去。籍福起身替灌夫道了歉，并按着灌夫的脖子让他道歉。灌夫越发火了，不肯道歉。武安侯便指挥骑士们捆绑灌夫放在客房中，叫来长史说："今天请宗室宾客来参加宴会，是有太后诏令的。"弹劾灌夫，说他在宴席上辱骂宾客，侮辱诏令，犯了"不敬"罪，把他囚禁在特别监狱里。于是追查他以前的事情，派遣差吏分头追捕所有灌氏的分支亲属，都判决为杀头示众的罪名。魏其侯感到非常惭愧。出钱让宾客向田蚡求情，也不能使灌夫获释。武安侯的属吏都是他的耳目，所有灌氏的人都逃跑、躲藏起来了，灌夫被拘禁，于是无法告发武安侯的秘事。

魏其侯挺身而出营救灌夫。他的夫人劝他说："灌将军得罪了丞相，和太后家的人作对，怎么能营救得了呢？"魏其侯说："侯爵是我挣来的，现在由我把它丢掉，没有什么可遗憾的。再说我总不能让灌仲孺自己去死，而我独自活着。”于是就瞒着家人，私自出来上疏给皇帝。皇帝马上把他召进宫去，魏其侯就把灌夫因为喝醉了而失言的情况详细地说了一遍，认为不足以判处死刑。皇上认为他说得对，赏赐魏其侯一同进餐，说道：“到东宫去公开辩论这件事。”

魏其侯到东宫，极力夸赞灌夫的长处，说他酗酒获罪，而丞相却拿别的罪来诬陷灌夫。武安侯接着又竭力诋毁灌夫骄横放纵，犯了大逆不道的罪。魏其侯思忖没有别的办法对付，便攻击丞相的短处。武安侯说：“天下幸而太平无事，我才得以做皇上的心腹，爱好音乐、狗马和田宅。我所喜欢的不过是歌伎艺人、巧匠这一些人，不像魏其侯和灌夫那样，招集天下的豪杰壮士，不分白天黑夜地商量讨论，腹诽心谤深怀对朝廷的不满，不是抬头观天象，就是低头在地上画，窥测于东、西两宫之间，希望天下发生变故，好让他们立功成事。我倒不明白魏其侯他们到底要做些什么？”于是皇上向在朝的大臣问道：“他们两人的话谁的对呢？”御史大夫韩安国说：“魏其侯说灌夫的父亲为国而死，灌夫手持戈戟冲入到强大的吴军中，身受创伤几十处，名声在全军数第一，这是天下的勇士，如果不是有特别大的罪恶，只是因为喝了酒而引起口舌之争，是不值得援引其他的罪状来判处死刑的，魏其侯的话是对的。丞相又说灌夫同大奸巨猾结交，欺压平民百姓，积累家产数万万，横行颍川，凌辱侵犯皇族，这是所谓‘树枝比树干大，小腿比大腿粗’，其后果不是折断，就是分裂。丞相的话也不错。希望英明的主上自己裁决这件事吧。”主爵都尉汲黯认为魏其侯对。内史郑当时也认为魏其侯对，但后来又不敢坚持自己的意见去回答皇上。其余的人都不敢回答。皇上怒斥内史道：“你平日多次说到魏其侯、武安侯的长处和短处，今天当廷辩论，畏首畏尾地像驾在车辕下的马驹，我将一并杀掉你们这些人。”马上起身罢朝，进入宫内侍奉太后进餐。太后也已经派人在朝廷上探听消息，他们把廷辩的情况详细地报告了太后。太后发火了，不吃饭，说：“现在我还活着，别人竟敢都作践我的弟弟，假若我死了以后，都会像宰割鱼肉那样宰割他了。再说皇帝怎么能像石头人一样自己不作主张呢！现在幸亏皇帝还在，这班大臣就随声附和，假设皇帝死了以后，这些人还有可以信赖吗？”皇上道歉说：“都是皇室的外家，所以在朝廷上辩论他们的事。不然的话，只要一个狱吏就可以解决了。”这时郎中令石建向皇上分别陈述了魏其侯、武安侯两个人的事情。

武安侯既已退朝，出了停车门，招呼韩御史大夫同乘一辆车。生气地说：“我和你共同对付一个老秃翁，你为什么还模棱两可，犹豫不定？”韩御史大夫过了好一会儿才对丞相说：“您怎么这样不自爱自重？他魏其侯毁谤您，您应当摘下官帽，解下印绶，归还给皇上，说：‘我以皇帝的心腹，侥幸得此相位，本来是不称职的，魏其侯的话都是对的’。像这样，皇上必定会称赞您有谦让的美德，不会罢免您。魏其侯一定内心惭愧，闭门咬舌自杀。现在别人诋毁您，您也诋毁人家，这样彼此互骂，好像商人、女人吵嘴一般，多么不识大体呢！”武安侯认错说：“争辩时太性急了，没有想到应该这样做。”

于是皇上派御史按照文簿记载的灌夫的罪行进行追查，与魏其侯所说的有很多不相符的地方，犯了欺骗皇上的罪行，被弹劾，拘禁在名叫都司空的特别监狱里。景帝时，魏其侯曾接收过他临死时的诏书，那上面写道：“假如遇到对你有什么不方便的事情，你可以随机应变，把你的意见呈报给皇帝。”等到自己被拘禁，灌夫定罪要灭族，情况一天比一天紧急，大臣们谁也不敢再向皇帝说明这件事。魏其侯便让侄子上疏向皇帝报告接受遗诏的事，希望再次得到皇上的召见，奏书呈送皇上，可是查对尚书保管的档案，却没有景帝临终的这份遗诏。这道诏书只封藏在魏其侯家中，是由魏其侯的家臣盖印加封的，于是便弹劾魏其侯伪造先帝的诏书，应该判处斩首示众的罪。元光五年（公元前130年）十月间，灌夫和他的家属全部被处决了。魏其侯过了许久才听到这个消息，听到后愤慨万分，患了中风病，饭也不吃了，打算一死了之。有人听说皇上没有杀魏其侯的意思，魏其侯又开始吃饭，开始医治疾病。后来，又有流言蜚语，制造了许多诽谤魏其侯的话让皇上听到，因此就在当年十二月的最后一天，汉武帝将魏其侯在渭城大街上斩首示众。

这年的春天，武安侯病了，嘴里老是叫喊，讲的都是服罪谢过的话。让能看见鬼的巫师来诊视他的病，巫师看见魏其侯和灌夫两个人的鬼魂共同监守着武安侯，要杀死他。武安侯终于死了。儿子田恬继承了爵位。元朔三年（公元前126年），武安侯田恬因穿短衣进入宫中，犯了“不敬”之罪，封爵被废除。

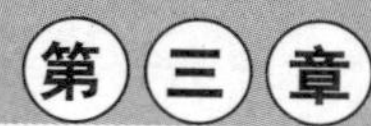

第三章 重视人才，英雄汇聚

武帝与他的父亲、祖父所主张的“无为而治”的态度不同，他以有为之心建奇功、立大业，既是尚武之王，又是“守文之君”，同时也要求下属臣子，无才不备。所谓“天文地理，人事之纪，子大夫习焉”，说的是士大夫不仅要有天文、地理知识，也要精通朝纲制度。

长于治国，公孙丞相

公孙弘（公元前200—公元前12年），字季，武帝时丞相，西汉菑川国（治今寿光南纪台乡）人。家贫寒，在渤海边牧猪为生。早年曾任狱吏，因罪被免职。40岁时开始研究《春秋公羊传》。公元前140年，武帝即位，已经60岁的公孙弘，以贤良被征为博士。

元光五年（公元前130年）天子又诏书征求文学儒士，川国便推举年已70岁的公孙弘应诏，他一再推辞，不肯前去应诏。他说："我出使匈奴，因没有才干被罢归，请大家另举贤者。"但最后，他还是应选。公孙弘到了太常，所征百名儒士各写对策，公孙弘处为下策。后来，上奏天子，天子却拔升公孙弘的对策为第一名，待入见天子时，公孙弘丰仪魄伟，深得天子喜爱，又被拜为博士。

当时，朝廷注重与西南夷的沟通，并在巴蜀设立了郡县，由于赋役酷虐，百姓为之叫苦不迭，天子便派公孙弘去视察。公孙弘归来奏对，又不合皇帝之意，弘大骇。可是，时过事转，皇帝并未深究其事。公孙弘长相恢宏奇伟，美姿容。由于晚年力学，所以广见博识。平时，善于辩论，通晓文书、法律，又能以儒家的学说，对法律进行解释阐述，武帝非常赏识他。公孙弘常说："人主的毛病，一般在于器量不够宏大；而人臣的毛病，一般在于生活不够节俭。"于是，他在家中，能身体力行，"夜寝为布被"，"食一肉脱粟之饭。"后母去世，他视为亲生，服丧三年。

在朝廷议事，他常提出要点，陈明情况，供皇帝自己取舍，从不固执己见和违逆圣意，武帝非常喜欢他这种驯良守礼之德，并认为他口行敦厚、善于言辞、有文采、熟悉法令与各种公务，便升任他为左内史（京畿地方长官，掌治京师）。公孙弘在任时所奏朝事，都一一符合帝意，起因是他巧用“心计”。有一次，他和主爵都尉汲黯商议，为一事二人分别上奏。面见帝君，他等汲黯上奏完后，窥伺上意，据上意再取决自己的立场态度，然后才上奏章。因此，他奏对之事，深合帝意；凡奏陈条，也都采纳。但是公孙弘这种表里不一、前后矛盾的做法，遭到一些王公大臣的非议。主爵都尉汲黯尤其反感。有一次，汲黯当庭诘责公孙弘：“齐人多诈而无情实，始与臣等建此议，今皆倍（背）之，不忠。”武帝随即问公孙弘，弘回答说：“夫知臣者以臣为忠，不知臣者以臣为不忠。”武帝听后，认为公孙弘说得有理，更加“益厚遇之”。元朔三年（公元前126年），张欧免官，武帝任命公孙弘为御史大夫。当时，朝廷方通西南夷，又东置沧海郡（在今朝鲜），北筑朔方城（在今内蒙古杭锦旗北）。公孙弘认为，这样做是“敝中国以奉无用之地”。劳民伤财，得不偿失，屡次谏言停办，武帝不采纳，并领朱买臣等人去贬责公孙弘，当面陈说设朔方郡的好处，一一摆明十条理由。公孙弘无理反驳，心亏词穷，无一言相济，忙低首悔过，改言谢罪说：“我是山东的乡鄙之人，见识短浅，实在不知道设朔方郡的好处，经众位陈明其利害关系，我已明白了。敬望朝廷停止经营西南夷与沧海郡，专力经营朔方郡。”武帝恩准了他的请示。

公孙弘“为人意忌，外宽内深”，凡与他不和的人，他表面上伪装友善，背后却加以报复，如杀主父偃、徙董仲舒于胶西。公孙弘于公元前121年病死，时任丞相职，年80岁。

纵横学说，主父上疏

主父偃（？—公元前126年），汉武帝时大臣。临菑（今山东临淄）人。出身贫寒，早年学长短纵横之术，到中年听汉武帝重视儒术，改学《周易》《春秋》和百家之言。因在齐受到儒生的排挤，于是北游燕、赵、中山等诸侯王国，但都未受到礼遇。元光元年（公元前134年），主父偃抵长安拜见卫青，虽卫青多次向武帝引荐，但久无结果。后其直接上疏武帝当天就被召见，与徐乐、严安同时拜为郎中。因主父偃上疏《推恩令》，尊立卫子夫为皇后，揭发燕王刘定国的不法行为，并向武帝提出了“大一统”的政治主张，很讨武帝的欢心，不久后又迁为谒者、中郎、中大夫，一年中升迁四次，得到武帝的破格任用。

武帝为了加强皇帝的专制权力，在以丞相为首的外朝官僚机构之外，另在宫中设立内朝。主父偃在内朝备武帝顾问，对当时的政治颇有影响。几次上疏，都能切中时弊。他认为：诸侯王连城数十，地方千里，缓则骄奢而为淫乱，急则合纵以反抗朝廷，对加强中央政令的推行不利。因此他向武帝建议，令诸侯得推恩分封子弟为侯，这样王国自析，诸侯王的权力也随之削弱。

他还提出，徙天下豪杰兼并之家于茂陵（今陕西兴平东北），内实京师，外销奸猾，以达到强干弱枝的目的；以及设置朔方郡，以省内地转输戍漕，加强防御匈奴等建议。这些建议迎合了武帝强化专制主义中央集权的需要，因此多被采纳。

刚直不阿，谒者汲黯

汲黯，字长孺，濮阳县人。他的祖先曾受古卫国国君恩宠，到他已是第七代，代代都在朝中荣任卿、大夫之职。靠父亲保举，孝景帝时汲黯当了太子洗马，因为人严正而被人敬畏。景帝死后，太子刘彻继位，遂任命他做谒者之官。

东越的闽越人和瓯越人发生攻战，武帝派汲黯前往视察。他未到达东越，行至吴县便折返而归，禀报说："东越人相攻，是当地民俗本来就如此好斗，不值得烦劳天子的使臣去过问。"

河内郡发生了火灾，绵延烧及1000余户人家，武帝又派汲黯去视察。他回来报告说："那里普通人家不慎失火，由于住房密集，火势便蔓延开去，不必多忧。我路过河南郡时，眼见当地贫民饱受水旱灾害之苦，灾民多达万余家，有的竟至于父子相食，我就趁便凭所持的符节，下令发放了河南郡官仓的储粮，赈济当地灾民。现在我请求缴还符节，承受假传圣旨的罪责。"武帝认为汲黯贤良，免他无罪，调任为荥阳县令。汲黯认为当县令耻辱，便称病辞官还乡。武帝闻讯召汲黯朝任中大夫。由于屡次向武帝直言谏诤，他仍不得久留朝中，被外放当了东海郡太守。

汲黯崇仰道家学说，治理官府和处理民事，喜好清静少事，把事情都交托自己挑选出的得力的郡丞和书史去办。他治理郡务，不过是督察下属按大原则行事罢了，并不苛求小节。他体弱多病，经常躺在卧室内休息不出门。一年多的时间，东海郡便十分清明太平，人们都很称赞他。武帝得知后，召汲黯回京任主爵都尉，比照九卿的待遇。他为政力求无为而治，弘其大要而不拘守法令条文。

汲黯与人相处很傲慢，不讲究礼数，当面顶撞人，容不得别人的过错。与自己心性相投的，他就亲近友善；与自己合不来的，就不耐烦相见，士人也因此不愿依附他。但是汲黯好学，又好仗义行侠，很注重志气节操。他平日居家，品行美好纯正；入朝，喜欢直言劝谏，屡次触犯武帝的面子，时常仰慕傅柏和袁盎的为人。他与灌夫、郑当时和宗正刘弃交好，他们也因为多次直谏而不得久居其官位。

就在汲黯任主爵都尉而位列九卿的时候，王太后的弟弟武安侯田蚡做了宰相。年俸中二千石的高官来谒见时都行跪拜之礼，田蚡竟然不予还礼。

而汲黯求见田蚡时从不下拜，经常向他拱手作揖完事。这时武帝正在招揽文学之士和崇奉儒学的儒生，汲黯便答道："陛下心里欲望很多，只在表面上施行仁义，怎么能真正仿效唐尧虞舜的政绩呢！"武帝沉默不语，心中恼怒，脸一变就罢朝了，公卿大臣都为汲黯惊恐担心。武帝退朝后，对身边的近臣说："太过分了，汲黯太愚直！"群臣中有人责怪汲黯，汲黯说："天子设置公卿百官这些辅佐之臣，难道是让他们一味屈从取容，阿谀奉迎，将君主陷于违背正道的窘境吗？何况我已身居九卿之位，纵然爱惜自己的生命，但要是损害了朝廷大事，那可怎么办！"

汲黯多病，而且已抱病三个月之久，武帝多次恩准他休假养病，他的病体却始终不愈。最后一次病得很厉害，严助替他请假，皇上问道："汲黯这个人怎么样？"严助说："让汲黯当官执事，没有过人之处。然而他能辅佐年少的君主，坚守已成的事业，以利诱之他不会来，以威驱之他不会去，即使有人自称像孟贲、夏育一样勇武非常，也不能撼夺他的志节。”武帝说：“是的。古代有所谓安邦保国的忠臣，像汲黯就很近似他们了。”

大将军卫青入宫侍中，武帝曾坐在床侧接见他；丞相公孙弘平时有事求见，武帝有时连帽子也不戴；至于汲黯觐见，武帝不戴好帽子是不会接见他的。武帝曾经坐在威严的武帐中，适逢汲黯前来启奏公事，武帝没戴帽望见他就连忙躲避到帐内，派近侍代为批准他的奏议，汲黯被武帝尊敬礼遇到了这种程度。

张汤刚以更改制定刑律法令做了廷尉，汲黯就曾多次在武帝面前质问指责张汤，说：“你身为正卿，却对上不能弘扬先帝的功业，对下不能遏止天下人的邪恶欲念。安国富民，使监狱空无罪犯，这两方面你都一事无成。相反，错事你竭力去做，大肆破坏律令，以成就自己的事业，尤为甚者，你怎么竟敢把高祖皇帝定下的规章制度也乱改一气呢？你这样做会断子绝孙的。”汲黯时常和张汤争辩，张汤辩论总爱故意深究条文，苛求细节；汲黯则出言刚直严肃、志气昂奋、不肯屈服，他怒不可遏地骂张汤说：“天下人都说绝不能让刀笔之吏身居公卿之位，果真如此。如果非依张汤之法行事不可，必令天下人恐惧得双足并拢站立而不敢迈步，眼睛也不敢正视了！”

这时，汉朝正在征讨匈奴，招抚各地少数民族。汲黯力求国家少事，常借向武帝进言的机会建议与胡人和亲，不要兴兵打仗。武帝正倾心于儒家学说，尊用公孙弘，对此不以为意。及至国内事端纷起，下层官吏和不法之民都弄巧逞志以逃避法网，武帝这才要分条别律，严明法纪，张汤等人也便不断进奏所审判的要案，以此博取武帝的宠信。而汲黯常常诋毁儒学，当面抨击公孙弘之流内怀奸诈而外逞智巧，以此阿谀主上取得欢心；刀笔吏专门苛究深抠法律条文，巧言加以诋毁，构陷他人有罪，使事实真相不得昭示，并把胜狱作为邀功的资本，于是武帝越发地倚重公孙弘和张汤，公孙弘、张汤则深恨汲黯，就连武帝也不喜欢他，想借故杀死他。公孙弘做了丞相便向武帝建议说："右内史管界内多有达官贵人和皇室宗亲居住，很难管理，不是素来有声望的大臣不能当此重任，请调任汲黯为右内史。"汲黯当了几年右内史，任中政事井井有条，从未废弛荒疏过。

大将军卫青已经越发地尊贵了，他的姐姐卫子夫做了皇后，但是汲黯仍与他行平等之礼。有人劝汲黯说："从天子那里就想让群臣居于大将军之下，大将军如今受到武帝的尊敬和器重，地位更加显贵，你不可不行跪拜之礼。"汲黯答道："因为大将军有拱手行礼的客人，就反倒使他不受敬重了吗？"卫青听到他这么说，更加认为汲黯贤良，多次向他请教国家与朝中的疑难之事，看待他胜过平素所结交的人。

淮南王刘安阴谋反叛，畏惧汲黯，说："汲黯爱直言相谏，固守志节而宁愿为正义捐躯，很难用不正当的事情诱惑他。至于游说丞相公孙弘，就像揭掉盖东西的蒙布或者把快落的树叶震掉那么容易了。"

武帝已经多次征讨匈奴大获战绩，汲黯主张与胡人和亲而不必兴兵征讨的话，他就更加听不进去了。当初汲黯享受九卿待遇时，公孙弘、张汤不过还是一般小吏。等到公孙弘、张汤日渐显贵，和汲黯官位相当时，汲黯又责难诋毁他们。不久，公孙弘升为丞相，封为平津侯；张汤官至御史大夫；昔日汲黯手下的郡丞、书史也都和汲黯同级了，有的被重用，地位甚至还超过了他。汲黯心窄性躁，不可能没有一点儿怨言，朝见武帝时，他走上前说道："陛下使用群臣就像堆柴火一样，后来的堆在上面。"武帝沉默不语。一会儿汲黯退了下去，武帝说："一个人确实不可以没有学识，看汲黯这番话，他的愚直越来越严重了。"

时隔不久，匈奴浑邪王率部众降汉，朝廷征发两万车辆前去接运。官府无钱，便向百姓借马。有的人把马藏起来，马无法凑齐。武帝大怒，要杀长安县令。汲黯说："长安县令没有罪，只要杀了我，百姓就肯献出马匹了。况且匈奴将领背叛他们的君主来投降汉朝，朝廷可以慢慢地让沿途各县准备车马把他们顺序接运过来，何至于让全国骚扰不安，使我国人疲于奔命地去侍奉那些匈奴的降兵降将呢！"武帝听后沉默无言。及待浑邪王率部到来，商人因与匈奴人做买卖，被判处死罪的有500多人。汲黯请得被接见的机会，在未央宫的高门殿见到了武帝，他说："匈奴攻打我们设在往来要路上的关塞，断绝和亲的友好关系，我国发兵征讨他们，战死疆场与负伤的人数不胜数，而且耗费了数以百亿计的巨资。臣愚蠢，以为陛下抓获匈奴人，会把他们都作为奴婢赏给从军而死的家属，并将掳获的财物也就便送给他们，以此告谢天下人付出的辛劳，满足百姓的心愿。这一点现在即使做不到，浑邪王率领几万部众前来归降，也不该倾尽官家府库的财物赏赐他们，征调老实本分的百姓去伺候他们，把他们捧得如同宠儿一般。无知的百姓哪里懂得让匈奴人购买长安城中的货物，就会被死抠法律条文的执法官视为将财物非法走私出关而判罪呢？陛下纵然不能缴获匈奴的物资来慰劳天下人，又要用苛严的法令杀戮五百多无知的老百姓，这就是所谓'保护树叶而损害树枝'的做法，我私下认为陛下此举是不可取的。"武帝听罢沉默，不予赞同，而后说："朕很久没听到汲黯的话了，今日他又一次信口胡说了。"事后数月，汲黯因犯小法被判罪，适逢武帝大赦，他仅遭免官，于是汲黯归隐于田园。

过了几年，遇上国家改铸五铢钱，老百姓很多人私铸钱币，楚地尤其严重。武帝认为淮阳郡是通往楚地的交通要道，就征召汲黯任他为淮阳郡太守。汲黯拜伏于地辞谢圣旨，不肯接印，武帝屡下诏令强迫给他，他才领命。武帝下诏召见汲黯，汲黯哭着对武帝说："我自以为死后尸骨将被弃置沟壑，再也见不到陛下了，想不到陛下又收纳任用我。我常有狗病马病的，体力难以胜任太守之职的烦劳。我希望当中郎，出入宫禁之门，为您纠正过失，补救缺漏，这就是我的愿望。”武帝说：“你看不上淮阳郡太守这个职位吗？过些时候我会召你回来的。只因淮阳地方官民关系紧张，我只好借助你的威望，请你躺在家中去治理吧。”汲黯向武帝告别后，又去探望大行令李息，他说：“我被弃置于外郡，不能参与朝廷的议政了。可是，御史大夫张汤他的智巧足以阻挠他人的批评，奸诈足以文饰自己的过失，他专用机巧谄媚之语，强辩挑剔之词，不肯堂堂正正地替天下人说话，而一心去迎合主上的心思。皇上不想要的，他就顺其心意诋毁；皇上想要的，他就跟着夸赞。他喜欢无事生非，搬弄法令条文，在朝中他深怀奸诈以逢迎皇上的旨意，在朝外挟制为害社会的官吏来加强自己的威势。您位居九卿，若不及早向皇上进言，您和他都会被诛杀的。”李息害怕张汤，始终不敢向武帝进谏。汲黯治理郡务，一如往昔作风，淮阳郡政治清明起来，后来，张汤果然身败名裂。武帝得知汲黯当初对李息说的那番话后，判李息有罪，诏令汲黯享受诸侯国相的俸禄待遇，依旧掌管淮阳郡，七年后汲黯逝世。

汲黯死后，武帝因为汲黯的关系，让他的弟弟汲仁官至九卿，儿子汲偃官至诸侯国相。汲黯姑母的儿子司马安年轻时也与汲黯同为太子洗马，他擅长玩弄法律条文，巧于为官，其官位四次做到九卿，在河南郡太守任上去世。他的弟兄们由于他的缘故，同时官至二千石职位的计10人。濮阳人段宏起初侍奉盖侯王信，王信保举段宏，段宏也两次官至九卿。但是濮阳同乡做官的人都很敬畏汲黯，甘居其下。

严于执法，酷吏张汤

张汤（？—公元前116年），又名张固，因为治陈皇后、淮南、衡山谋反之事，得到汉武帝的赏识，先后晋升为太中大夫、廷尉、御史大夫。与赵禹编定《越宫律》《朝律》等法律著作。用法主张严酷，常以春秋之义加以掩饰，以皇帝意旨为治狱准绳。曾助武帝推行盐铁专卖、告缗算缗、打击富商、剪除豪强，颇受武帝宠信，多行丞相事，权势远在丞相之上。元鼎二年十一月（公元前116年），因为御史中丞李文及丞相长史朱买臣的诬陷，被强令自杀。死后家产不足500金，皆得自俸禄及皇帝赏赐。张汤虽用法严酷，后人常以他作为酷吏的代表人物，但他为官清廉俭朴，不失为古代廉吏。

张汤是杜陵人。他的父亲曾任长安丞，出外，张汤作为儿子守护家舍。父亲回来后，发现家中的肉被老鼠偷吃了，父亲大怒、鞭笞张汤。张汤掘开老鼠洞，抓住了偷肉的老鼠，并找到了吃剩下的肉，然后立案拷打这只老鼠，传布文书再审，彻底追查，并把老鼠和吃剩下的肉都取来，罪名确定，将老鼠在堂下处以磔刑。他的父亲看见后，把他

张汤像

审问老鼠的文辞取来看过，如同办案多年的老狱吏，非常惊奇，于是让他书写治狱的文书。父亲死后，张汤继承父职，为长安吏，任职很久。

周阳侯田胜在任职九卿时，曾因罪被拘押在长安。张汤一心帮助他。他在释放后被封为侯，与张汤交情极深，引见张汤遍见各位贵族。张汤担任给事内史，为宁成掾，因为办事无误、又被推荐给丞相，调任为茂陵尉，在陵中处理事务。

武安侯田蚡担任丞相，征召张汤为丞相史，又推荐给武帝，补任为御史，令他处理诉讼。在处理陈皇后巫蛊的案件时，他深入追查其党羽。因此，武帝认为他很能干，晋升他为太中大夫。他与赵禹共同制定各种律令，务必依法令严峻细密，对任职的官吏尤为严格。不久，赵禹迁升为中尉，调任为少府，而张汤也升为廷尉，两人关系密切，张汤像对兄长一样对待赵禹。赵禹为人廉洁孤傲，自从任官以来，舍第中从未有食客。公卿相继邀请赵禹，赵禹却从不回报，其用心在于杜绝知交、亲友及宾客的邀请，以便坚持自己的主张。他收到法律判决文书都予以通过，也不复查，以便掌握官属们的过错。张汤为人多狡诈，玩弄智谋驾驭他人。开始时担任小吏，虚情假意地与长安的官商大贾田甲、鱼翁叔等人关系密切。及至官达九卿的职位，收纳和交结全国各地的知名士大夫，自己心中虽然并不赞许对方，然而表面上仍表现出敬慕之情。

当时武帝偏爱有文才学问的人，张汤断决大的案件欲图附会古人之义，于是请求以博士弟子中研习《尚书》《春秋》的人补任廷尉史，以解决法令中的疑难之事。上奏的疑难案件，一定预先为武帝区别断案的原委，武帝肯定的，便著为谳决法，作为延尉断案的法律依据，以显示主上的英明。奏事受到斥责，张汤便向武帝拜谢，他还揣摸武帝意图，引证廷尉正、监、掾史的正确言论，说："他们本来曾为臣提出来建议，如果圣上责备臣，认为臣没有采纳他们的建议。臣下愚昧，只及于此。"因而错误常被原谅、有时向武帝奏事，受到称赞，便说：“臣下并不懂得这样向陛下进奏，而是某个廷尉正、监或掾史写的奏章。”他欲推荐某人，常常这样表扬此人的优点，遮掩缺点。他断决的罪犯，若是武帝欲图加罪的，他便让廷尉监或掾史穷治其罪；若是武帝意欲宽免其罪，他便要廷尉或掾史减轻其罪状。所断决的罪犯，若是豪强，定要运用法令予以诋毁治罪；若是贫弱的下等平民，则当即向武帝口头报告，虽然仍用法令条文治罪，武帝的裁决，却往往如张汤所说。张汤对于高官，相处非常小心谨慎，常送给他们的宾客酒饭食物；对于旧友的子弟，不论为官的还是贫穷的，照顾尤其周到。拜见各位公卿大失，更是不避寒暑。他起用那些严酷的官吏像爪牙一样为他所用者，也依附于有文才学问的人。因此，张汤虽然用法严酷深刻不公正，却由于他的这种做法获得了很好的声誉。丞相公孙弘多次称道他的优点。在处理淮南、衡山、江都三王谋反的案件时，都穷追狠治、彻底审理。武帝欲释放严助和伍被，张汤与武帝争论说：“伍被本来就曾谋划反叛之事，而严助亲近交结出入皇宫的陛下近臣，私自交结诸侯亦如此类，不加惩处，以后将无法处治。”武帝因此同意将伍被、严助治罪。张汤多像这样以审理案件排挤大臣作为自己功劳的表现，以迎合武帝的信任。从此，张汤更加受到尊崇信任，晋升为御史大夫。

正巧匈奴浑邪王等人降汉，汉朝廷调动大军讨伐匈奴，崤山以东干旱，贫苦百姓流浪迁徙，都依靠官府供给食物，官府库存空虚。张汤从而秉承武帝的旨意，请求制造白金货币及五铢钱，垄断盐铁的生产和买卖，排挤富商大贾。还公布告缉令，剪除豪强兼并的家族，舞弄文辞，巧言诋毁以辅助法令的施行。张汤每次上朝奏事、谈论国家的财用常至日暮，武帝甚至忘记吃饭。丞相形同虚设，国家大事都听张汤的意见。张汤患病时，武帝还曾亲自前去看望，足以表明武帝对张汤的厚爱。张汤担任御史大夫后，全国被搞得民不聊生纷纷骚动起来，官府所兴起的各项生产，因官吏们从中谋夺渔利，而无法获利，贪官因而又被严厉地依法治罪。因此，公卿以下的官员以至平民百姓，都指斥张汤。

匈奴人前来请求和亲，群臣在武帝面前讨论此事。博士狄山说："和亲对我们有利。"武帝询问有什么好处，狄山说："武器是凶器，不应多次动用。高皇帝欲图征伐匈奴，在平城陷入困境，于是与匈奴结和亲。孝惠帝、高皇后时，天下因此而得以安乐；孝文帝时要对匈奴采取军事行动，北部边境萧然而苦于战事。景帝时，吴、楚七国反叛，景帝往返于两宫之间，胆战心寒了几个月。吴、楚七国之乱被平定后，景帝一朝始终不谈军事，国家富裕充实。如今从陛下开始发兵攻击匈奴，使得我们国家空虚，边境地区的百姓极度贫穷困乏。由此看来，不如和亲。"武帝问张汤，张汤说："他是个愚蠢的儒生，没有知识。"狄山说："臣下的确是愚忠，但像御史大夫张汤那样，却是诈忠。如张汤审理淮南、江都王谋反的案子，以恶毒的文辞肆意诋毁诸侯王，离间宗室的骨肉之亲，使蕃臣内心不安。臣因此知道张汤为诈忠。"于是武帝面带不快对狄山说："朕让你担任一个郡的长官，能不能不使匈奴人入境抢掠？"回答说："不能。"再问"负责一个县呢？"回答说："不能。"又问："负责一个烽障呢？"狄山知道再说不能，便会被治罪，只好说"能"。于是武帝派狄山到边境负责一个烽障。一个多月之后，匈奴人砍了狄山的头以后离去，从此以后，群臣震慑，不敢再谈和亲。

张汤在担任御史大夫第七年的时候，终于被免官治罪。

河东郡人李文曾与张汤有隔阂，不久担任御史中丞。为了泄愤，他多次在上奏的文书中寻找对张汤不利的证据，都没有得逞。张汤有个心爱的属吏名鲁谒居，知道张汤对李文不满，便指使他人上奏影射李文有图谋不轨的奸邪之事，武帝将此事交给张汤处理，张汤将李文处以死罪。实际上他心里明白此事是鲁谒居所为。武帝问起这件事说："告发李文图谋不轨的事是怎么引起的？”张汤假装吃惊地说：“这大概是因李文以前的熟人怨恨引起的。”鲁谒居患病住在里巷的一户人家，张汤亲自去探望，并为鲁谒居按摩双足。赵国靠冶炼铸造营利，赵王刘彭祖多次指控铁官，张汤却每每排斥赵王。赵王因而自己寻查张汤的不可告人之事。鲁谒居曾审理赵王的讼案，赵王对他心怀怨恨，上疏告发说：“张汤是朝廷大臣，掾史鲁谒居有病，张汤却亲自到他那里为其按摩双足，我怀疑他们可能有什么大阴谋。”此事下到廷尉审理，鲁谒居因病而死，事情牵连到他的弟弟，被拘押在导官那里。张汤也到导官的官衙审理其他囚犯，见到了谒居的弟弟，欲暗中帮助他，表面却装作不认识。鲁谒居的弟弟不知道他的用意，因此怨恨张汤，指使人上疏告发张汤与鲁谒居的阴谋，共同以图谋不轨的罪名告发李文之事，武帝将此案交给减宣处理。减宣曾与张汤不和，接手此事后穷追狠治，并且不向武帝进奏。正巧有人盗走了孝文帝陵园的下葬钱，丞相庄青翟上朝，与张汤相约一起谢罪。至武帝面前，张汤暗想，只有丞相在四时到各国陵拜祭，此事只应由丞相请罪，他自己并不参与其事，没有必要承担责任，丞相谢罪后，武帝派御史审查这件事。张汤欲图奏报说丞相知道盗钱之事，丞相庄青翟深感恐惧。丞相府的三位长史因此准备打击张汤，以罪名陷害他。

长史朱买臣，是会稽人，研读《春秋》。严助派人游说朱买臣，朱买臣因为深通《楚辞》，与严助一起受到皇帝的宠幸，授任为侍中、太中大夫，深受信用；张汤当时任小吏，要跪拜者请朱买臣等上前。不久，张汤任廷尉，审理淮南王谋反的案件排挤严助，朱买臣对此心怀不满。及至张汤升任御史大夫，朱买臣以会稽太守升任主爵都尉，处于九卿之位，数年之后，因为触犯法令被免官，降职为守长史。他曾去拜见张汤，张汤高傲地坐在床上，他的府丞和掾史对朱买臣也没有礼貌。朱买臣是楚地的士人，对此深为怨恨，常欲置张汤于死地。王朝，是齐地人，因为懂得

方术，官至右内史。边通，学战国纵横家的说人之术，是个性情刚烈强悍的人，两次任官至济南王国相。他们的地位都曾比张汤高，不久失去官位，任守丞相长史，只好在张汤面前委曲求全。张汤知道这三位长史一向尊贵，所以多次代行丞相职权，常故意凌辱他们。因此，三个长史合伙谋划说：“当初张汤与丞相相约向武帝谢罪，不久却出卖了丞相，如今又欲以宗庙之事弹劾丞相，分明是欲取代丞相的地位。我们知道张汤的不可告人之事。”他们派属吏逮捕审讯了张汤的友人田信等，说张汤向武帝奏报提出建议，田信都事先知道，因此囤积取利，与张汤平分；他们还说张汤有其他奸邪之事。这些话很快传到武帝那里，武帝向张汤说：“朕有什么打算，商人都事先知道，加倍囤积货物，这都是因为有人把朕的计划告诉了他们。”张汤听后没有谢罪，还惊讶地说：“肯定是有人这样做。”减宣又上奏了鲁谒居之事。武帝果然认为张汤心中险诈、当面撒谎，遂派使臣带着簿籍以八项罪名指责张汤。张汤一一予以否认，不服。于是武帝又派赵禹责备张汤。赵禹见到张汤后，责劝张汤说：“阁下怎么不懂分寸，您审讯处死了多少人，如今人们指控你的事情都有根据，圣上很重视你的案子，想让你自己妥善处置，为什么要多次对证呢？”张汤于是上疏谢罪说：“张汤没有尺寸的功劳，从刀笔吏起家，因得到陛下的宠幸而官至三公，没有任何可开脱罪责之处。然而阴谋陷害张汤的，是丞相府的三位长史。”于是自杀身死。

张汤死后，家里的财产不超过500金，都是得自皇上的赏赐，没有其他产业。他的兄弟之子要厚葬张汤。张汤的母亲说：“张汤作为天子的大臣，被恶言污蔑致死，有什么可厚葬的！”遂用牛车装载他的尸体下葬，只有棺木而没有外椁。武帝知道后，说：“没有这样的母亲，不能生下这样的儿子。”因此，将三位长史处以死罪。丞相庄青翟被迫自杀，释放了田信。武帝很为张汤之死惋惜，晋升了他的儿子张安世的官职。

少年弘羊，精于理财

桑弘羊（公元前152—公元前80年），汉武帝时大臣。生于景帝后元三年（公元前141年），洛阳人。出身商人家庭，自幼有心算才能，以此13岁入侍宫中。

自元狩三年（公元前120年）起，终武帝之世，历任大司农中丞、大司农、御史大夫等重要职务，与担任大农丞的大盐铁商东郭咸阳、孔仅二人深得武帝宠信。元狩年间以后，在桑弘羊的参与和主持下，先后实行了盐、铁、酒官营，均输、平准、算缗、告缗和统一铸币等经济政策。此外，还组织了60万人屯田戍边，防御匈奴。这些措施都在不同程度上取得了成功，暂时缓解了经济危机，史称当时“民不益赋而天下用饶”。桑弘羊以此赐爵左庶长。

武帝后元二年（公元前87年），桑弘羊由搜粟都尉迁任御史大夫，与霍光、田千秋、金日磾、上官桀四人同受遗诏辅佐昭帝。始元六年（公元前81年），昭帝召集各地贤良文学至长安，会议盐铁等国家大事。贤良文学反对盐铁官营和均输平准等与民争利的政策，力主改弦更张，桑弘羊与之展开辩论。由于桑弘羊的坚持和封建国家财政方面的需要，当时除废止酒类专卖改为征税外，盐铁官营等各项重要政策仍沿袭不变。次年，桑弘羊因与霍光政见发生分歧，被卷入燕王旦和上官桀父子的谋反事件，结果被处死。

大隐于朝，东方狂人

东方朔，字蔓倩，齐地人。武帝即位之初就下令各地推举贤良茂才，东方朔因此来到长安想要进入仕途。

武帝挑选贤良的方法是对策，就是由贤良们上疏言事，武帝以此来考量他们的才干，再由他们的才干考虑授之以何种官职。东方朔的“策书”非常有意思，它的篇幅非常长。武帝时还没有纸张，人们写书写信都是写在竹简上。当然，最开始是没有毛笔的，要在竹简上留下痕迹只能用刀来刻。有人说，老子的《道德经》用语之所以如此简略，就是因为考虑到刀刻的困难和麻烦。后来虽然有了毛笔，但是人们写书也尽量言简意赅。可是，东方朔倚马千言，他写这篇“策书”竟然用了3000片竹简，堆起来有一人高，要公车府派两个人一起抬才能抬得动。

武帝日理万机，这么长的文章，当然没有一口气读完的工夫，所以每当他停下来，就在停下来的地方记上记号，以便下次接着读。如此“停停走走”，两个月后，武帝才终于读完。可见，东方朔的策书写得很有意思，能够引起武帝的兴趣，让他读下去。这篇策书大致意思如下：

我东方朔自幼失去父母，是兄嫂将我抚养成人。13岁，我开始刻苦读书，整整读了三年，自以为已够平生所用。15岁我学习击剑，16岁学习《诗》《书》，19岁学习孙、吴的兵法，又不满于纸上谈兵，亲自去营阵间实践学习，所读书共有40多万字。今年我22岁，身高九尺，双目有神闪亮如明珠，牙齿整齐洁白如贝壳，我的勇敢直追子路、孟贲，敏捷超过庆忌，廉德如同鲍叔，信义好比尾生。像我这么优秀的人，位列朝堂，不会给天子丢人吧！臣东方朔冒死进言。

这封澎湃自信的自荐书，让武帝读得开怀大笑。武帝想：这家伙真有自己吹得那么好吗？于是任命东方朔做了郎官，他因此可以时常随侍在武帝左右。写了3000片密密麻麻的竹简，却只做了一个郎官，这自然很难让东方朔满意。不过，升迁的机会是自己争取来的，东方朔并不因此消沉。

传说武帝身边有很多侏儒，东方朔便在他们身上动起了脑筋。他骗侏儒们说，皇帝要把他们全部杀光。侏儒们都吓傻了，于是，他设计让侏儒集体拦住御驾，向武帝哭诉。武帝大惊，兜兜转转半天，原来竟然是出自东方朔的谎言，于是武帝把东方朔叫来，责问他为什么这么做。

东方朔装出一副可怜相，说："侏儒们身长不满三尺，臣下我呢，身高九尺有余，可是我们的俸禄薪资都是一样的，侏儒们自然可以吃饱，我这个大汉却难免饿肚子。"

武帝本来是准备发飙的，听他这么一说，转怒为喜，于是任命他待诏金马门，不久又升他为侍郎。相对那些动不动就吹胡子瞪眼的朝臣，年轻的武帝肯定更喜欢东方朔这个诙谐有趣的家伙，因此每次与他谈话聊天，没有一次不是开怀解颐的。

东方朔爱吃肉，武帝常常赐他一起用膳。饭后，东方朔把桌上所剩的肉卷在怀里，衣服弄得油渍不堪，他却似全无所觉。武帝赏给他绫罗绸缎，他不顾形象，肩挑手提，唯恐取之不尽。

不过，东方朔并非是守财奴，他把这些绸缎赏赐全部花在女人身上。每过一年，他便在长安城中挑一个年轻漂亮的女子娶回家中，而把"旧人"赶走抛弃。这么看来，东方朔是个玩世不恭的享乐主义者了？实情又

东方朔像

非如此。

武帝酷爱打猎，于是有了扩建上林苑的念头。他招来董仲舒的弟子吾丘寿王，让他负责扩建事宜。武帝的想法是："新上林"必须直指终南脚下，如果翻看地图，就可以知道这个未来的猎场有多么的辽阔壮观。可是，随扩建而来的是大规模的圈地和移民搬迁，这对世代居住于此、靠山吃山靠水吃水的百姓来说，无疑是一个灾难。

这时，东方朔站了出来，陈言反对。

武帝没想到反对者不是骨鲠的老师汲黯，而是这个整天说笑话的家伙，大感有趣，于是赏了他黄金百斤，又升他为太中大夫给事中。可是武帝转过头来，就对吾丘寿王说："现在动工！"

识趣的东方朔没有顶风力谏，但这足以说明，东方朔与郭舍人不同，至少他没有把自己定位为一个玩物，因为他有自己的立场和政治主张。

武帝的姑姑长公主晚年迷恋上自己的"干儿子"董偃，两人打得火热，天下人没有不知道这桩丑事的。武帝见董偃长得貌美，也对他很有好感。有一次武帝在宣室请姑姑和董偃用膳。就在他们要进入宣室时，人高马大的东方朔执戟将他们一行人拦住，说："董偃可杀其理有三：一为人臣子却与公主勾搭厮混；二为败坏婚姻制度，污染社会风俗；三为教唆诱导陛下游乐玩耍，疏远政事。宣室是先王处理政事的正殿，怎能用来招待这种小人？董偃不除，难弭天下之大害！"武帝见东方朔凛然不可犯，再无平时嬉笑颜色，加之自己确是理亏，一时无言以对，最后宴会终于作罢。东方朔谏言有功，武帝赏赐他黄金30斤。此后董偃渐渐失宠，不到30

岁便病死了。

看来，玩世不恭只是东方朔给自己戴上的一个面具，他的骨子里其实也有满腔的热血，是一位心怀天下的人。不过，他的不合流俗的举止让人很难了解到他的内心，武帝身边的侍臣都把他看作“疯子”，在他身上吃过亏的武帝却有些明白他，于是说道：“假如东方朔不是如此荒唐，你们怎能够比得上他，和他官职相近呢？”

一天东方朔入朝，郎官们都说：“在世人眼里，先生是一位狂人！”东方朔一笑而过，哪里会跟他们一般见识。不过，每当他在酒席中喝得高兴时，就滚倒在地上高唱：“陆沉于俗，避世金马门。宫殿中可以避世全身，何必深山之中，蒿庐之下。”歌声洒脱中有悲凉，这大概就是“失群”之人不被理解的苦闷吧。

东方朔临终之时，曾对武帝说：“《诗》云‘营营青蝇，止于蕃。恺悌君子，无信谗言’，‘谗言罔极，交乱四国’，愿陛下远巧佞，退谗言。”所谓“鸟之将死，其言也哀，人之将死，其言也善”。后来大搜巫蛊，武帝任用了江充、苏文等小人，终于酿成祸事，武帝感慨想到东方朔的临终规劝，感其先见之明，叹道：“如今回想起东方朔，他果真只是善于耍嘴皮子吗？”

一代文豪，司马相如

“武帝时文人，赋莫若司马相如，文莫若司马迁。”这是鲁迅先生《汉文学史纲要》里的一句评述。其实，这只是就文体而言，若论长久的价值，司马相如拍马也追不上司马迁。

王国维先生说："一切文学，吾爱以血书者。"司马迁的文章是沾着血来写的，司马相如的却总是有垂涎的舌头阿谀舔出来的嫌疑，比如《古文观止》里选的那篇《上疏谏猎》，劝汉武帝别总是打起猎来不顾一切，要为了江山社稷爱惜自己的身体，真是肉麻到极致。

当然，这也不能全怪司马相如，文人的独立人格是要靠钱来撑腰的，经济上不独立，人格、文格很难独立。司马相如家里并没有什么钱，所以四处寄食。梁王刘武雅好文学，司马相如就曾做他的宾客，得到他的优待。刘武死后，司马相如失去依靠，于是，离开梁国回到四川临邛老家，清贫度日。

没有男人可以依靠，只好依靠女人。临邛县令王吉是司马相如的好友，他得知蜀地首富卓王孙的女儿卓文君新寡在家，便有心撮合她跟司马相如。文君才貌双全，相如苦无机会，于是王吉与他商议，两人动了一些心思手段。

古时通信不像现在这般发达，因此司马相如虽文名远播在外，但并不显于老家，所以王吉首先要做的就是为司马相如造势。王吉将相如请到临邛都亭住下，每日都去拜访，相如却称病，只是一个闭门不见。这本是两人安排好的戏码，王吉当然不会生气，反而更加恭敬，拜访得更勤了。因此，蜀地所有人都知道这里住了一位贵人，连县令的面子都可以不给。

消息传到卓王孙耳朵里，他也对相如起了好奇心，于是设宴延请相如。做戏做全套，所以相如继续装病，直到好友王吉救火一般赶来相请，相如才一副老大不情愿的样子走出都亭。这一下，所有人都见识到了相如的风采，暗暗为他叫好。相如仿佛没听见，持重地随着王吉到了卓王孙家，人们心里对他愈发敬重了。其实这份持重也是装出来的，因为相如文采虽好，下笔时亦文思泉涌，但却跟韩非子一样有些口吃，所以"一动不如一静”，没想到反收奇效。

县令亲临，酒宴的气氛逐浪而高，喝到差不多的时候，在王吉的强烈要求下，相如鼓琴助兴，人们这才知道原来相如还身怀琴艺。其实，王吉和相如早就打听好了，知道文君也是个爱琴之人。酒宴上女儿家不便见客，要接触美人，只好以琴挑之，将款款情意化作乐符送到她的心坎里。相如弹了一曲《凤求凰》：

凤兮凤兮归故乡，遨游四海求其凰。
时未遇兮无所将，何悟今兮升斯堂！
有艳淑女在闺房，室迩人遐毒我肠。
何缘交颈为鸳鸯，胡颉颃兮共翱翔！
凰兮凰兮从我栖，得托孳尾永为妃。
交情通意心和谐，中夜相从知者谁？
双翼俱起翻高飞，无感我思使余悲。

相如的意思再明白不过了，这是在向心中的伊人示爱。这伊人是谁呢？当然就是躲在帘后的文君，除了她，大概没人能明白相如在唱什么。将帘子轻轻掀开一角，文君看到了伏在琴上的相如，一下子就被他俊朗的外貌所吸引，更见他那闭目鼓琴，陶醉而不自知的样子，心中越发地喜爱。她哪里知道，这一切都是相如的表演呢！不止如此，相如更是通过仆人将自己的爱意传达给文君，文君心里便有了计划。

于是当晚宴席散了，文君就偷偷离家，随着相如私奔了。通过这一举动可以看出来，文君并不是传统的娇小姐，否则哪里会有这么果决、大胆呢？

文君随着相如回到家里，却在他们家只找到了四堵墙和一扇窗，心想：难道相如这个翩翩佳公子就住在这么简陋的小屋里，品行高洁得过分了吧？

这样的日子久了，相信谁也受不了，何况是卓家大小姐。于是她跟司马相如提议，不如回到卓家附近，邀娘家人来扶持一下？于是两人变卖了能卖掉的一切，收拾细软，回到临邛，开起了酒肆，卓文君亲自当垆卖酒，司马相如亲身端茶递水。

自文君跟着相如私奔，卓王孙大感面上无光，遂发出话来，再不认文君是女儿，从此之后父女之情一刀两断。如今女儿当垆卖酒，让他颜面尽失，只能躲在家中，不肯出去见人——他的眼睛受不了别人含笑的目光，他的后背也受不了别人的凌空一点。

亲戚朋友却坐不住了，纷纷来劝卓老：这样僵着，他们是赚足了酒钱，你的面子就能保住了？他们卖的哪里是酒，分明就是你的面子啊！卓王孙听了此番话咬了咬牙，终于认了司马相如这个女婿，补办了婚礼，相如赚了个盆满钵满。

严格说来，司马相如是个吃软饭的。这碗软饭是卓文君心甘情愿给相如吃的。对卓家来说，相如这碗软饭不过是九牛一毛，并没有什么损失，这也算社会财富的再分配。

软饭吃到一定的量，相如开始爆发了。有一天武帝读到《子虚赋》，深为其瑰丽文辞、浪漫想象所打动，读来读去爱不释手，还以为是古人所作，深恨自己生得太晚，不能与之秉烛卧谈。这时为武帝管理猎犬的狗监、蜀人杨得意说："《子虚赋》的作者司马相如，就是臣的老乡。"

武帝没想到《子虚赋》的作者还活着，非常高兴，于是一纸诏书将司马相如从蜀地召了过来，拜为郎官。其实景帝时，相如已经任过此职，不过景帝的生活显然没有武帝那么丰富多彩，他不爱文赋，相如一身文采毫无用武之地，于是投奔了梁王刘武。

现在“文友”武帝当国，相如的春天来了。相信当长安飞来的骏马和诏书来到卓王孙家门口的时候，这位靠着冶铁发家的大商家里定然是别有一番滋味吧。

说来也怪，相如大作流传后世者甚多，但最有名的《长门赋》偏偏很有问题。问题在哪里呢？原来这《长门赋》写的是武帝的第一任皇后陈阿娇被废后的凄楚和无奈。据说这是阿娇奉了百金托相如写的，希望可以以此博回武帝的欢心，武帝读了《长门赋》，果然十分感动，想起了旧时欢愉，于是阿娇复得宠幸。无奈何，历史上的阿娇是没有这等好命的，所以司马迁为相如作传，也没提到《长门赋》的事，所以《长门赋》只可能出自后人的伪托。造假造得比真的还真，或说比真的还好，这位相如的影子理当含笑九泉了。

相如的才华不仅仅限于文学的，他在政治上也不无建树的。“西南夷”是我国古代云贵川西南少数民族的统称，武帝曾拜唐蒙为中郎将，率千余人的战士、万余人的辎重队伍赴西南通夜郎。夜郎等在巴蜀之南，故被称为南夷，而巴蜀以西的邛都等国得知夜郎受了汉朝的货物赏赐，眼红之下也来主动请朝。相如是蜀地人，武帝遂任命他出使西夷，相如归来向武帝汇报说：“邛都等西夷，较之南夷离蜀地更近，更容易开道与之相通，况且秦时已在此设置郡县，后来陈胜发难，天下大乱，西夷遂趁机独立，若我们现在重置郡县加以管理，会非常方便。”

武帝的游戏和兴奋点大多都在地图上，所以看着自己的地图又拓展了一分，就非常高兴，他听从了司马相如的建议。从现在往回看，相如对我们祖国现今格局的形成，是出过力的。然而他为人太过轻浮了，在出使的路上不断收受贿赂，最终给人弹劾，罢官回家。

第四章 罢黜百家，独尊儒术

“罢黜百家，独尊儒术”是董仲舒于元光元年（公元前134年）提出。该思想已非春秋战国时期儒家思想的原貌，而是掺杂道家、法家、阴阳五行家的一些思想，是一种与时俱进的新思想。它维护了封建统治秩序，神化了专制王权。

董家仲舒，百年巨儒

儒家的一个代表就是大名鼎鼎的董仲舒，他是文景气氛熏陶和培育出来的汉代第一位有系统思想体系的经学家、哲学家、教育家及政论家。广川（今河北景县西南广川镇）人，是西汉一位与时俱进的思想家，西汉时期著名的唯心主义哲学家和今文经学大师。景帝时任博士，讲授《公羊春秋》。大约生活在汉文帝前元年（公元前197年）到武帝太初元年（公元前104年）。董仲舒一生经历了文景之治、汉武盛世，这是西汉王朝的极盛时期，政治稳定、经济繁荣、国力空前强盛、人民安居乐业。在思想文化方面，汉初社会也是宽舒自如的。孝惠帝除“挟书之律”，置写书之官；武帝时又广开献书之路。很多因秦始皇焚书坑儒而秘藏起来的儒家典籍，纷纷再现于世间；很多退避于草野的儒学之士，也渐渐走出了山林。民安于太平，士乐于学业。于是，讲学通经之士再聚徒众、复兴儒业，儒学阵营陡然大增。经师们为了经世致用，取悦当道，解经说义，绘声绘色。家有家风，师有师法，形形色色，粲然明备。董仲舒，就是在这样一个社会安定、学术自由的背景下走上仕学之路的。董仲舒的哲学基础是“天人感应”学说。他认为天是至高无上的人格神，不仅创造了万物，也创造了人。因此，他认为天是有意志的，和人一样“有喜怒之气，哀乐之心”，人与天是相合的。这种“天人合一”的思想，继承了思孟学派和阴阳家邹衍的学说，而且将它发展得十分精致。

董仲舒认为：天生万物是有目的的。天意要大一统的，汉皇朝的皇帝是受命于天来进行统治的。各封国的王侯又受命于皇帝，大臣受命于国君。家庭关系上，儿子受命于父亲，妻子受命于丈夫，这一层层的统治关系，都是按照天的意志办的。董仲舒精心构筑的“天人感应”的神学目的论，正是把一切都秩序化、合理化，正是为汉皇朝统治者巩固其中央集权专制制度服务的。

董仲舒利用阴阳五行学说来体现天的意志，用阴阳的流转，与四时相配合，推论出东南西北中的方位和金木水火土五行的关系。而且突出土居中央，为五行之主的地位，认为五行是天道的表现，并进而把这种阳尊阴卑的理论用于社会，从此而推论出“三纲五常”的道德哲学。这里所说的三纲是“君为臣纲，父为子纲，夫为妻纲”。三纲五常为董仲舒提倡之后，成为我国古代维护历代封建王朝统治的工具。

董仲舒像

董仲舒的思想以《春秋》为基础，糅进阴阳五行来发挥阐扬先儒思想，开创并奠定了汉儒思想的规模。他设帐授徒，“下帷讲诵，弟子传以见，以相授业，或莫见其面；盖三年不窥园，其精如此”。他为人严肃，行动言谈必守古礼。由于这三个因素，当时学者都以师礼尊重他，如司马迁就曾师事他，很自然地董仲舒成了汉儒领袖。《汉书·五行志》说：“汉兴，秦灭学之后，景、武之世，董仲舒治《公羊春秋》，始推阴阳为儒者宗。”

《天人三策》，独尊儒术

景帝元年（公元前156年），董仲舒为博士官。武帝这次举贤良文学，连下三《制》，董仲舒也在举中，《制》的总题目又恰是他的擅长，于是就三上《对策》，发挥他的天人感应的学说，史称《天人三策》。在《天人三策》中，他一一对答了武帝的制题。其说大略可归纳为如下内容：

第一策主要是“天命”和“性情”问题。武帝问：“三代受命，其符安在；灾异之变，何缘而起；性命之情，为何有善恶良莠之分？当务之急，何修何饬，才能使百姓和乐，祥瑞普降呢？”董仲舒正告说：“有天命存在，灾异就是天与人的对话，天人相与之际，甚可畏也！国家将有失道之败，而天乃先出灾害以谴告之；不知自省，又出怪异以惊惧之；尚不知变，而伤败乃至。天人之间的关系是十分微妙的。国家政治有失，天就出现灾害来谴责他；如不知道自我反省，又出怪异现象来警告他；如果还不知悔改，天才改变成命，使其丧邦失国。”这就是“天人感应”，天和人可以互相感应，互相影响。他说王者将王天下，天必出现一种非人力所能引起的征兆，此即“受命之符”。如果“天下之民同心归之，若归父母，故天瑞应诚而至”。《尚书》记载：周之文武将兴，兵渡盟津，白鱼跃入王舟；有火覆盖在王屋上，又忽然流动，变成了红羽乌鸦。这就是三代受命之符。祥瑞不是凭空产生的，她是对美德的报答，是王者世世代代“积善累德”的效验。孔子说“德不孤，必有邻”就是这个道理。那么灾异又是怎样产生的呢？他认为这是“废德教而任刑罚”的结果。刑罚不中就生邪气，邪气积于下，怨气聚于上，上下不和，阴阳之气就不会协调，阴阳失调就产生妖孽，于是灾异就出现了。天瑞与灾异虽是天的旨意，但都是根据帝王的所作所为作出的应答。对于人性善恶问题，董仲舒说：命者天之令也，性者生之质也，情者人之欲也。或夭或寿或仁或鄙，陶冶而成之，不能粹美，有治乱之所生，故不齐也。命是上天的指令，性是生命的本质属性，情是人的欲望情感。人的性情有仁与不仁，寿命有长有短，都是造物者（陶冶）和社会环境（治乱）作用的结果。天命无法改变，而社会环境却可以改良。

孔子说：“君子之德风，小人之德草，草上之风必偃（向风而倒）。”因此，尧舜行德政其民就仁厚长寿，桀纣行暴政其民就贪鄙夭折。“上之化下，下之从上，犹泥之在钧，唯甄（塑造）者之所为；犹金之在熔（熔炉），唯冶（铸造）者之所铸。”当务之急该怎么办呢？董仲舒提出“法天”“正始”“教化”“更化”四策。法天的原理本之《春秋》。他说：稽考《春秋》之文，求王道的端绪，找到一个“正”字。《春秋》开篇即说“春王正月”，正字排在王字之后，王字又排在春字之后，春是天体运行方式，正是王的行动方式，这个排列顺序表达的意思就是：王者“上承天之所为（天道），而下正其所为（人事）”。那么王者要有所为就当求之于天道了。天道是什么？他说：天道之大者在阴阳。阳为德，阴为刑；刑主杀而德主生。是故阳常居大夏，而以生育养长为事；阴常居大冬，而积于空虚不用之处，以此见天之任德不任刑也。天道有阴阳，人间有德刑。天以阳气为主，以生养为德；人亦应以德政为生，以生成为意。可是“今废先王德教之官，而独任执法之吏治民，毋乃任刑之意与”？施虐政于天下，而望德教遍于四海，岂不是南辕北辙吗？正始之意亦发自《春秋》。《春秋》第一篇是“鲁隐公元年”，为何谓一为元呢？

他说："一者万物之所始也，元者辞之所谓大也。谓一为元者，视大始而欲正本也。"

《老子》说："道生一，一生二，二生三，三生万物。"可见一是万物的根基，是本，是始。元，为首，为大。称一为元，即是说要重视开始，端正根本。政治之本在百官，百官之本在朝廷，朝廷之本在君主，君主之本在宸衷，"故人君者，正心以正朝廷，正朝廷以正百官，正百官以正万民，正万民以正四方（四裔）。"天下正与不正，就视你君心正与不正。天下四方都正了，没有邪气干扰于天地之间，阴阳调和，风雨得时，五谷丰登，民生幸福，四海来宾，若此，福物祥瑞，莫不毕至。正始是统治者自正，教化则是正民。董仲舒认为当时"美祥莫至"的另一原因是"教化不立而万民不正"。他说："夫万民之从利也，如水之走下，不以教化堤防之，不能止也。"老百姓都是追逐物质利益的，不用教化为堤防就会有作奸犯科之事发生，因此帝王临御天下，"莫不以教化为大务"。他建议武帝："立大学以教于国，设庠序以化于邑，渐（浸润）民以仁，摩（砥砺）民以谊（义），节民以礼。"自古以来，凡是"刑罚甚轻而禁不犯者"，都是由于"教化行而习俗美也"。更化讲革除积弊，改弦更张。圣人继乱世，应当干净彻底地扫除其残风余孽，万象更新，然后再修明教化来美化风纪。可是秦承晚周之敝，非但不改，且有过之而无不及。秦始皇反对习儒雅，禁止民间扶藏诗书，抛弃礼义，尽灭先王之道，独断专横……真是"以乱济乱，大败天下之民"，所以得天下才15年便灭亡了。汉承秦制，无所更改，"其遗毒余烈，至今未灭"，使习俗鄙薄丑恶，人民卑劣嚚顽，好勇斗狠，欺上惘下，低级下流到了极点！于是"法出而奸生，令下而诈起"，恶习不除，有新的法令必有新的奸诈。正如"以汤止沸，抱薪救火"，法令再多也无济于事。孔子说："朽木不可雕也，粪土之墙不可污（粉饰）也。"现在汉承秦之敝，正如朽木粪墙，不加革除，终不可救。他比喻说：“琴瑟不调，甚者必解而更张之，乃可鼓也。”同理，“为政而不行，甚者必变而更化之，乃可理也。”汉家得天下以来，常欲善治却得不到善治，其原因就是“当更化而不更化”所致。临渊羡鱼，不如退而结网；临政愿治，不如退而更化！更化的内容就是励行“仁义礼智信”正常之道，五者修饬，故受天之佑，享鬼神之福。一句话，就是要革除亡秦以法为治的恶政，改变汉初因循守旧的惰习，力行儒家仁义礼智，积极有为的政治风化。

第二策董仲舒在第一策畅言时事，纵论古今。广援儒理而不迂腐，文采焕然而不浮夸，真可谓文美辞丰，理正义严，深得爱好文采、倾心儒学的少年天子喜爱。《论衡》说：“孝武之时，诏百官对策，董仲舒策文最善。”（《佚文》）岂为虚语哉！本传说“天子览而异焉，乃复册之”。欲尽消夙疑而甘心焉。

第二策共四个问题，一是关于黄老无为和孔孟有为的问题。武帝问：尧舜之时，“垂拱无为，而天下太平”；周文武时，勤勉工作，“至于日昃（斜）不暇食，而宇内亦治”。帝王致治之道，难道不同吗，“何劳逸之殊也？”董仲舒说：那是由于“所遇之时异也”。尧在位时，“众圣辅德，贤能佐职，教化大行，天下和洽”；舜又因之，有禹为相，“是以垂拱无为而天下治”。周文武则不然，“当此之时，纣尚在上，尊卑混乱，百姓散亡，故文王悼痛而欲安之，是以日昃而不暇食也”。无为与有为皆有其历史合理性。不过现在是：汉承秦敝，非力行有为不可！

二是黄老尚质与儒学尚文问题。武帝问：“俭者不造玄旗黄旗之饰”；可是周家，却甚其文饰。难道帝王之道旨趣不同吗？有人说“良玉不琢”，又有人说“非文无以辅德”，此二端亦互相矛盾。董仲舒说：制度文章，是用以“明尊卑，异贵贱，劝有德”的，孔子说：过分奢侈太骄矜，过分俭朴又鄙陋（奢则不逊，俭则固？），可见过俭也不是恰当的。

所以《春秋》中，君王受命之先即“改正朔，易服色，所以应天也”。良玉不琢，是因其资质润美，不必刻琢；但常玉不琢，就不成文章。同理可证：“君子不学，不成其德。”

三是任德任刑问题。武帝问：周之成康，刑罚不用，四十余年，囹圄屡空；秦人用严酷之刑，死者甚众，却奸邪不止。其故何也？董仲舒说：周前有武王行大义，有周公制礼乐，到成康时才出现刑措不用的局面，“此亦教化之渐（浸润）而仁义之流（风化），非独伤肌肤之效也。”秦朝则不然。“师申商之法，行韩非之说”，不行五帝三王之道，以贪狠好战为俗，又没有文德教训于下。于是在上者贪得无厌，在下者风俗浇薄。再加之任用“残酷之吏”，聚敛无度，民失其业，“群盗并起”，因此刑虽重而奸不息，此乃“俗化使然也”。

四是现实问题。武帝问：朕注意农本，任用贤人；亲耕籍田，劝孝崇德，问勤恤孤……为了天下真是夙兴夜寐，“尽思极神”了，但“功德休烈”并未实现。“今阴阳错谬，氛气充塞；群生寡遂，黎民未济；廉耻贸乱，贤不肖混淆”。其因何在？董仲舒认为其因有三：一曰“王心未加”，二曰“士素不励”，三曰“长吏不明”。前者说的是指导思想，“王心”即王道，亦即儒学的仁义之道，言武帝虽则兢兢，但未从仁义之道出发，人民未普遍受其恩泽，难以成就“功德休烈”。后二者讲教育和选举问题。他说：皇帝一心求贤固然可嘉，但是，士人未加教育、士行未加砥砺，上哪里去求贤呢？“不素养士而欲求贤，譬犹不琢玉而求文采也。”因此常是朝廷有求贤之诏，而郡国却无贤可荐。于是董仲舒重申：“兴太学，置明师，以养天下之士；数考问以尽其才；则英俊宜可得矣。”郡守和县令是民众的师长表率，起着承德宣化的作用。如果师帅不贤，主上的德就得不到宣扬，恩泽得不到流布。现在的守令不但不能起教育作用，有的还不奉行天子的法令暴虐百姓、与奸人为伍，使贫苦人民流离失所。阴阳错谬，氛气充塞，群生寡遂，黎民未济，都是“长令不明”造成的。董仲舒进而将矛头直指当时的官制：汉代官吏的来源主要有“郎选”“任子”和“赀选”。郎选，即皇帝近卫侍臣到期迁官；任子，二千石（高干）可恩荫子弟为官；赀选，即有钱人以钱买官做。这三种形式的任官都不考虑实际才能和品行。他揭露说：“夫长吏多出于郎中中郎，吏二千石子弟选郎吏，又以富赀，未必贤也！”加之官吏的升擢又是论资排辈，“累日以取贵，积久而致官”，其结果自然是“廉耻贸乱，贤不肖混淆”了。于是他提出“岁贡贤才”“量才授官”两策。要列侯、郡守、二千石，每年荐贤两名以供宿卫；并以此考察大臣的贤否，如果所荐贤能则有赏，不贤则有罚。这就迫使大臣们以求贤识贤为事，天下之奇士就可得而使了，遍得天下之奇士，天下何愁不治！同时，在官员升擢上，董仲舒疾呼：“毋以日月为功，实试贤能为上。量才而授官，录德而定位。”这就使贪与廉、贤与不肖判然两途，皎皎易识了。

第三策与第二策在意识形态上调和孔老，而归宗儒本，这反映黄老思想在西汉流行数十年之后给儒者造成的畏惧心理，因为辕固生下圈斗彘、赵绾王臧下狱至死的殷鉴不远；同时，这也是董仲舒多年潜心研究诸子百家、悉心融合儒道之学的学术成就。他对西汉官制的抨击，也深中时敝。但是，他把西汉社会未臻大治的原因归结为教育和吏制的失误，这未免太简单化了。在武帝看来，其调和孔老似于模棱两可，其论世事又不深不透，自然不能让急刷新政体、力矫时弊、雄心勃勃的少年天子满意。于是三降纶音，重申天问。在策文中，武帝责问董仲舒对策“文采未极”“条贯未尽”，说理囫囵，欲言又止，难道是对“当世之务”有所顾虑，对“王听”有所怀疑吗？要他就“天人之应”“古今之道”与乎“治乱之端”“悉之就之，孰（熟）之复之”，透辟说来，不要有任何顾虑。对于天人问题，董仲舒进一步申明“天人感应”说，认为天是“群物之主”，包润万类，无不容纳。“故圣人法天而立道”：春者天之所以生也，仁者君之所以爱也；夏者天子所以长也，德者君之所以养也；霜者天之所以杀也，刑者君之所以罚也。天有春生夏长冬杀，人也有仁慈德爱刑罚，天有是理，人有此行，这就是“天人之徵”。关于古今之道，武帝问曰：“或谓久而不易者道也”，何“三王之教所祖不同，而皆有失”，是不是道也有不同？道也有弊端呢？言下之意：有没有一个万古不变，百世奉行，而又有利无弊的经常之道呢？对此，董仲舒作了肯定的回答，提出了影响千载同时又是毁誉不一的著名哲学命题：“道之大原出于天，天不变，道亦不变！”对这一命题，学者多认为是形而上学的思想方法。其实董仲舒也强调变化，他曾说：“譬之琴瑟之不调，甚者必解而更张之乃可鼓也；为政而不行，甚者必变而更化之乃可理也。”这就是“更化”。

由上可见，尽管董仲舒的言论中人神糅杂，但其着眼点还是在于现实世界中的人与民。表面上或形式上天贯穿一切，骨子里贯穿的还是儒家传统的人文主义及“民本”思想、道德精神。可以说，董仲舒思想的根本性质是经学而不是神学，不过它“附以天意”，糅杂着神秘主义内容，具有神秘主义形式罢了。他是以“天”为神秘形式，以“人”“民（心）”为真实内容，从“人”与“民（心）”出发，“附以天意”，到“人”与“民（心）”归宿。至于《春秋》，则是他的思想资源、依据与宗趣的经典形式。“天”、《春秋》、“人”与“民（心）”，在《天人三策》中，是合而为一，分而为三，是它天人感应论的思想体系的基本骨架或称基本结构。换言之，它的思想体系是以“天”、《春秋》、“人”与“民（心）”三个支点搭起的三角结构。简化地说，是以“天”与“人”互为表里，“天”与“人”是通过“流通而往来相应”即感应关系结为表里的。如果，我们用天道或天治主义来概称它的思想体系，那么，这个天道或天治主义其实是其形式特征，实际内容是由神秘主义、儒家的人文主义及“民本”思想和道德精神组成的。

至于董仲舒“附以天意”，并非以鼓吹王权“天”授为主要目的，他的本意恰恰是要以此来警戒人君，限制、约束和规范君权。他并不认为居王者之位，就有王者之实，必须正名。所以做人君的，只有先正心，奉行天意，任德而不任刑，宜民宜人而达到德侔天地，才名副其实。他要表达的意思是：受命之符并非凭空而降，即所谓的合法性合理性并非无缘无故地自然产生，而要王者去向“天”，实际上是向“万民”“人心”“民心”去求取。事实上，在至高无上的君权面前，用天意来警戒、谏说君主，限制君权，也许是最有根据的，是比较可行的，容易奏效的。这是天人感应论的一个现实意义所在。董仲舒面对的现实是皇权至高无上的君主集权制度，这个条件他无法选择。他是希望用儒学家的理性，用儒家传统的民本思想和道德精神输入并调整、改造秦汉君主制度的内部结构，限制和规范皇权，从而使社会政治局面长期维持合理的稳定。

总之，董仲舒在《天人三策》中为武帝设计和描绘了一幅天人合一、阴阳调和、君民洽乐的社会均衡图及统治方策，把武帝的施政大纲和远景规划神圣化、理论化、具体化，甚至可以说同时也伦理道德化了。董仲舒的思想可以说代表着武帝一代的思想。

武帝看了董仲舒的对策，还觉得意犹未尽，复下诏问道：“夫三王之教所祖不同，而皆有失，或谓久而不易者道也，意岂异哉？”

董仲舒复对曰：臣闻夫乐而不乱复而不厌者谓之道；道者万世亡弊，弊者道之失也。先王之道必有偏而不起之处，故政有眊而不行，举其偏者以补其弊而已矣。三王之道所祖不同，非其相反，将以救溢扶衰，所遭之变然也。故孔子曰：“亡为而治者，其舜乎！”改正朔，易服色，以顺天命而已；其余尽循尧道，何更为哉！故王者有改制之名，亡变道之实。……

董仲舒像

道之大原出于天，天不变，道亦不变，是以禹继舜，舜继尧，三圣相受而守一道，亡救弊之政也，故不言其所损益也。由是观之，继治世者其道同，继乱世者其道变。

最后，董仲舒向武帝提出了“罢黜百家，独尊儒术”的建议：

《春秋》大一统者，天地之常经，古今之通谊也。今师异道，人异论，百家殊方，指意不同，是以上亡以持一统；法制数变，下不知所守。臣愚以为诸不在六艺之科孔子之术者，皆绝其道，勿使并进。邪辟之说灭息，然后统纪可一而法度可明，民知所从矣。

武帝被董仲舒的高谈阔论说服了，终于下定决心“罢黜百家，独尊儒术”。

尊儒重儒，推广兴学

建元二年（公元前139年），窦婴、田蚡被免职，田蚡是王娡太后之弟，仍然为武帝所亲信，他提的建议多被武帝采纳。窦婴就不同了，他不仅失去了权位，且为窦太后所疏远。趋炎附势之徒纷纷奔走于田蚡门下，而窦婴门可罗雀。建元六年（公元前135年），窦太后去世，丞相许昌、御史大夫庄青翟办丧不力，被免职。武帝重新起用田蚡为丞相，以大司农韩安国为御史大夫。田蚡在这次独尊儒术过程中起了极为重要的作用，《汉书·儒林传》中的一句话透露了这一信息：及窦太后崩，武安君田蚡为丞相，黜黄老、刑名百家之言。

《汉书·儒林传》把“罢黜百家，独尊儒术”一事归功于田蚡，充分证明了田蚡在此事上有举足轻重的作用。

武帝独尊的儒学实乃儒学中的齐学，特别是齐学中的《公羊传》：于是上因尊《公羊》家，诏太子受《公羊春秋》，由是《公羊》大兴。元光元年（公元前134年）十一月，又根据董仲舒建元对策的建议，初令郡国举孝廉各一人。五月，诏举贤良文学，武帝“策诏诸儒”，于是儒家的另一重要代表公孙弘复出。在窦太后驾崩的哀乐声中，儒家庆贺他们的胜利，黄老的主流、主导思想的地位终于被取代。

在中国古代社会读书的目的主要是做官。《论语·子张》：“子夏曰：‘仕而优则学，学而优则仕。”’子夏是孔门高足之一，以通晓文献典籍见长。不过，孔子曾批评他还达不到“贤”的程度，孔子还曾当面训诫他要做个“君子儒”，不要做“小人儒”。子张也曾说他不像个“君子”。看来，在孔门弟子中，子夏是有些特殊性的。在思想上，他既有儒家学派的一般特征，又有法家思想倾向。子夏“仕而优则学，学而优则仕”一语对后世影响最大的是“学而优则仕”，对此，有学者诠释道：“学而优则仕”是中国传统社会知识分子的人生道路，所以“士”和“大夫”（有官职）总连在一起。它是世界文化史上一个重要现象。一方面最早建立了系统的文官政治构架，使行政、教育相连接，社会获得知识者作为主要支柱的撑持。另一方面使知识分子个体的人生价值、终极关怀被导向“济世救民”“同胞物与”的方向，而求在尘世建立“天国”。

学校教育必须与读书人的目的追求相一致。否则，学校教育就没有活力。

汉武帝一方面规定在官办学校中，只允许讲授儒学，另一方面又把儒学作为做官的敲门砖。公孙弘是第一个以通经拜相封侯者。此事对儒生影响极大，“公孙弘以治《春秋》为丞相封侯，天下学士靡然向风矣”。而首倡通经为官者，也是公孙弘。

公孙弘元光元年（公元前134年）为菑川国（治剧县，今山东寿光南）推举为贤良，对策后，被武帝擢为第一，拜为博士，待诏金马门。后为左内史数年，元朔三年（公元前126年）迁御史大夫，元朔五年（公元前124年）十一月代薛泽为丞相。弘虽儒者，但不像董仲舒是个书呆子，他曲学阿世，“习文法吏事，缘饰以儒术”。每逢朝议，他只是开陈其端，让武帝自做选择，不管武帝的选择与他的意见是否一致，从来不肯面折庭争，违迕武帝之意。因此，他很得武帝的信任。这年夏天六月，武帝下《劝学诏》，表示要把天下方正博闻之士悉引进朝廷以振兴礼乐，又命礼官劝学，把举遗文、兴礼学视为天下的首要任务，太常议定为博士置弟子员，以风化乡里，奖励贤才。

公孙弘承旨，找来太常孔臧、博士平等人一起研究，统一意见，详细拟定了太学制度：

1. 确定博士官教授弟子员数，为50人。

2. 博士弟子的待遇：免去他本人的徭役。

3. 选举博士弟子由太常衙门主办。

4. 博、士弟子的年龄规定为18岁以上。

5. 选试办法：由太常选择民年龄在18岁以上仪表端正的，送太学补博士弟子；郡国县官（地方政府）的属员中有好文学、敬长上、肃政教、顺乡里、行为规矩的，由县令、侯相、县长、县丞上报郡守及诸侯（王国）相，经郡守及诸侯相仔细考察合格的，随同上计吏到京师去太常衙门，然后得人太学，受业如弟子。

6. 修业年限：全部一年毕业。

7. 毕业后分配办法：能通一艺以上的，补地方政府的文学掌故（平帝时称为丙科）；成绩特别好的可以（在京师）为郎中（平帝时称为甲科），由太常造列名册上奏。特别优秀的要随时上报；不认真学的、特别差的和学了一年还不能通一艺的，全都不用。建元年间（汉武帝）兴太学，置《五经》博士，主要明确了办学目的、教育任务、博士职能和讲学内容，制度犹属草创。至此补充了上述博士弟子员数等七项具体规定，遂使太学制度臻于完备。

郡国也遍立学校，设学官，置学官弟子。景帝时，蜀郡守文翁在成都市中所修的学官，召县子弟以为学官弟子，免除他们的更徭，成绩优秀的授以郡县吏，其次的授以孝悌力田（乡官）。他还经常挑选学官弟子，让他们在便廷处理郡务；每次巡视县邑，又选行为端正的明经弟子为随从，叫他们传教令，使得“县邑吏民见而荣之，数年争欲为学官弟子”。蜀地文化因此发展，风气大变，赴京学习的人与齐鲁一样多。

武帝推广蜀地兴学经验，“乃令天下郡国皆立学校官”。

中央集权，巩固内政

自田蚡死后，武帝接连任用许昌、薛泽两位平庸宰相和一位世故圆滑的公孙相，相权的削弱与君权的强盛已成为明显趋势。武帝能够很好地掌控权力，制约相权，还在于他从制度上着手，建立了一套完整的中朝官（内官）制度，并通过内官与外官在朝堂上辩论的方式，把握一种权力的平衡，使君主意志凌驾于朝堂之上。

改革选官，察举制度

汉初主要通过两个途径来选官：一是来自军功，由于汉初特殊的历史条件，在景帝以前，官吏大多是因军功而提拔，但打仗和处理政务毕竟不是一回事，所以许多因军功而做官的人不懂得处理政务，非常不适应日益发展的封建政治的需要。二是由郎官入仕，郎官是属于官吏宿卫侍从的官职，是选拔吏的一大来源。做郎官的途径之一是官吏保荐自己的子弟为郎官。按照汉初的规定，俸禄在二千石以上的高官，任职三年之后，可以保荐子弟一人为郎官，然后再转迁朝廷高级官吏。任子为郎，这是使政治特权世袭化的选官制度。做郎官的另一途径，就是以资产入选为郎。景帝时规定必须具有10万以上财产的人才有资格候选入仕，这个数字是一个中等之家的全部财产，当然商人不在入选之列。凭借资财做官的人经常长期得不到升迁，例如司马相如，年少时就博览群书，又会一些剑术，颇有壮志，因仰慕战国时蔺相如为国建立的奇功，便取名司马相如。景帝时，司马相如捐家资为郎，被任命为武骑常侍。因为当时缺少建功立业的机会，加之景帝也不好辞赋，满腹经纶的司马相如得不到景帝的重用，最后只好投到梁王门下。在那里他写下了第一篇大赋——《子虚赋》，并因此得到武帝的重视，终使司马相如改变了逆境，一跃成为人人仰慕的皇帝身边的人。汉初的这两种选官制度路子很狭窄，而且弊端很多，使很多有才能的人不能做官。因此，武帝除保留了汉初的选官制度以外，还确立了新的察举制度。

察举是一种由公卿或郡国首长向朝廷举荐人才，经朝廷考察后授官的选官制度。武帝以前就有察举的先例，但并没有形成制度。元光元年（公元前134年），武帝令郡国举孝子、廉吏，从这以后，察举正式成为汉朝的选官制度，成为选拔官吏的主要途径。武帝时的察举分常科和特科两种。常科是常行科目，即举孝子、廉吏，简称举“孝廉”，由于“孝”和“廉”对于封建政治，特别是对忠君有着特殊的意义，举孝廉一科受到很大的重视，举荐的人数也是最多的。特科是指特别诏定的科目，主要是“贤良方正”，或称“贤良文学”，实际上就是具备一定才学的人。举“贤良”，在很多情况下是由在任的官吏互相竞争，一旦举为贤良，经过皇帝的策问，便根据对策的情况，授予不同的官职，汉代一些有影响的人物，大多是通过这一途径入仕的。

武帝一方面，建立察举的选官制度；另一方面，又规定博士弟子也可以入补官吏。武帝在建元五年（公元前136年），正式设置了《诗》《书》《礼》《易》《春秋》五经博士。元朔五年（公元前124年），又规定了每个博士可设置50个弟子。博士弟子的来源一是由负责宗庙礼仪的太常，选择民间18岁以上的礼貌端庄者。二是由地方选举在本地有着良好口碑的人。并规定博士弟子受业一年。如果，能够通过一经考试的就能出任太常属下文学掌故一职，考试成绩优异的可以直接担任郎中。从此，研究儒家经典，便成为入仕的重要途径。东汉时的史学家班固曾大发感慨：“自武帝立五经博士，招收弟子，设科考试，入仕为官以后，使儒家经典传业兴盛，一经可解释到百余万字，一些大师收一千多个徒弟，这都是研经可以得到官职俸禄的结果啊！”中国有句俗话叫“书中自有黄金屋，书中自有颜如玉”，大概也是就此而说的。

对于武帝来说，将察举作为选官制度，使其得到了很多的有用之士，所以历史上说："汉代得到的人才，以这个时代最为兴盛。"的确，当时在武帝身旁有长于治国的公孙弘、有博学多才的司马相如、有热心公益的卜式、有长于纵横学说的主父偃、有刚直不阿的汲黯、有严于执法的张汤、有精于理财的桑弘羊、有杰出的军事家卫青和霍去病、有出色的外交家张骞，就连语言幽默的东方朔也被封为太中大夫。

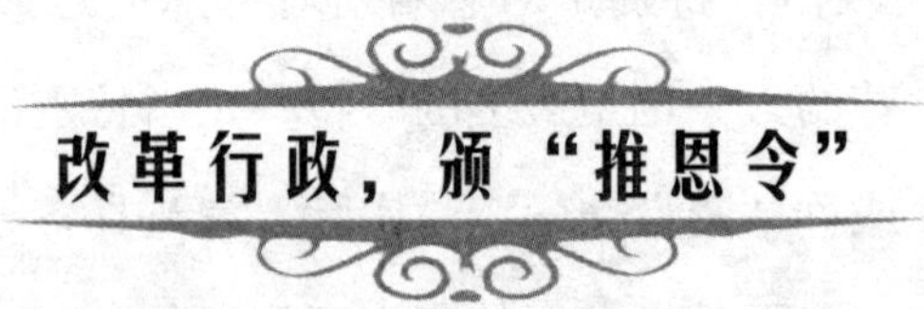

改革行政，颁"推恩令"

在改革选官制度的基础上，武帝对中央和地方的行政制度也进行了改革。武帝行政改革的目的是加强皇权，强化中央集权。

武帝强化皇权，是从削弱相权着手的。西汉初年，丞相的权力可以说是一人之下万人之上，权高位重。汉初的最高行政首长——丞相，不仅辅佐皇帝处理政务，而且是朝政方针的主要决策者。丞相不仅可以推荐官吏，诛杀犯罪的官员，还可以劝谏皇帝有所为，有所不为，甚至可以拒不执行皇帝的圣旨。丞相享有其他官员不可比拟的优越地位，他可以佩剑朝见皇上，入朝时不必下跪。丞相进见皇帝时，皇帝要站起来致意；皇帝在路上遇见丞相，要下车；丞相病了，皇帝要亲自至府问候。凡此种种都显出丞相地位之高，久而久之，丞相就难免和神圣不可侵犯的君王产生了矛盾。汉初的几位丞相功劳很高，而且懂得自我贬抑，所以矛盾比较缓和，而到武帝时，则往往是一些唯唯诺诺的人才被武帝任用为丞相。例如，从武帝元鼎五年（公元前112年）至武帝太初二年（公元前103年），担任丞相的是石庆，他是以谨小慎微著称。石庆做太仆时，为武帝执鞭驾车。一次，武帝有意问他：“拉车的有几匹马？”石庆用马鞭指着马“一、二、三……”一匹匹地数过，然后举手告诉武帝说：“六匹马。”任用石庆这样谨慎的人做丞相，结果可想而知。

史书上说石庆“在位九年，没有谁能指出他有什么错误”。另外，汉武帝对待丞相十分苛刻，稍不如意，则当廷斥责，甚至动辄治罪处死。在武帝统治的50年中，13个曾担任丞相的人中有五人自杀或被杀，因过被免职的有三人，只有石庆等少数几人死于相位。因此，武帝时，大臣们都不愿意担任丞相这个职位。武帝任命公孙贺为丞相，公孙贺哭泣着不愿接受这一职位，最后在武帝严令之下方才接受。退朝后，公孙贺仍念道：“我的死期到了！”公孙贺最后果真死于监狱之中。

在削弱相权的同时，武帝从贤良文士、上疏言事的人以及在任的一些低级官吏中，选拔了许多有才能的人。武帝起居的地方他们可以随意出入，随时侍候左右，以便为武帝出谋划策，制定国家大计。武帝还不断加强尚书的权力，更多地依靠尚书来实施各项重大任务。尚书本来是管理皇室财政的少府属下的一个卑微的官职，职责就是传递皇帝和丞相之间的公文。武帝用宦官为中书，掌管尚书。这样，侍中、常侍、给事中、中书等就逐渐形成一个宫内决策机构，史称“中朝”或“内朝”。“中朝”形成以后，以丞相为首的朝臣就成为只负责处理和执行一般政务的“外朝”了。武帝通过中朝加强了中央集权，中朝则恃皇帝之重凌驾外朝。

为了加强中央集权，武帝还不断地削弱和打击各个封国。景帝在平定“七国之乱”之后，尽管对王国造成了决定性的打击，使其降为郡一样的地方行政机构，但封国的存在仍是加强中央集权的障碍。所以,主父偃向武帝建议：实行推恩，进一步削弱王国的势力。

主父偃，临菑（今山东临淄）人。他青年时学习纵横家说，成年后又学《易》《春秋》和百家学说，都很有成就，但由于他的性格十分偏激、自傲，在文帝、景帝执政时期，始终没有得到任用。元光元年（公元前134年），主父偃自荐到卫青门下，但五六年过去了也没有得到重用。寄人篱下的生活过得相当艰难。元朔元年（公元前128年），武帝发动了讨伐匈奴的战争。为进一步招揽人才，武帝下令，只要是有本领的人，都可以直接向朝廷自我推荐。于是主父偃上疏武帝，以其丰富的知识、敏锐的政治洞察力和对国家大政的深谋远虑得到汉武帝的赏识。在短短一年之内，主父偃得到四次提拔，从一个平民百姓一跃而为郎中、谒者、中大夫，成为朝廷的高级官僚。主父偃发迹后，生活奢侈、恩仇相报，绝不饶恕别人对他犯下的过失。他感激卫青曾收自己为宾客之恩，就进谏武帝立卫青姐卫子夫为皇后。对冷落过他的人，他千方百计地报复，燕王刘定国与他弟弟的妾通奸并生下一子，还无耻地夺走了弟弟的老婆做他的妾，并与女儿乱伦。主父偃便指使人揭发燕王隐私，迫使燕王自杀。因主父偃专好揭人隐私来对付仇敌，朝中的大臣们对他十分痛恨，终于有人忍无可忍，以其人之道还治其人之身，最终主父偃因贪赃受贿被武帝灭族。主父偃的建议对于加强中央集权，巩固封建统治还是有一定的作用。

主父偃在他的上疏中对武帝说："古时候诸侯封地不过百里，力量弱小，容易控制，但只要有了机会，还是要起来作乱，朝廷剥夺土地，更要激起变乱。现在诸侯已传了两三代，子孙众多，天子应加恩，让诸侯的子孙都成为诸侯，这样他们的力量就弱多了，诸侯子孙没有不乐意的。皇上名为推恩，实际上是为了分化诸侯的势力，使其力量越变越小，对中央政权无法再构成威胁，真可谓是一箭双雕。"武帝采纳了这一建议，于元朔二年（公元前127年），下令诸侯"推恩"。具体办法是：下令诸侯将自己的土地分割出来封给其子弟，同时对所分子弟，由朝廷定制封号，所分的侯国管理上也不属于原来的王国，而由中央的郡来管辖。这样，不仅使王国分崩离析，势力范围缩小，而且使中央直接管辖的地区得到扩大。除此之外，武帝还常借故废掉王国。按照汉朝的制度，皇帝每年八月都要在宗庙举行祭祖仪式，叫做“饮酎”。到时候，所有的诸侯都必须贡献黄金助祭，叫做“酎金”。依照规定，如果所献的黄金斤两不够或成色不足，王国要被削地、侯国则要被免除。为了约束各地诸侯王势力的扩张，武帝还颁布了“左官律”和“附益法”。左官是指在诸侯王属地做官的官吏。在汉代，以右为上，左官在级别和地位上低于中央和郡县的官吏，“附益法”限制士人与诸侯之交游。

改革军事，加强皇权

为加强皇权、巩固中央集权，武帝还改革了军事制度。汉代，兵役制和徭役制是结合在一起的。依汉代制度规定，男子在15～56岁，要服兵役三年，称为正卒。正卒，第一年在本地当步兵、水兵或骑兵，第二年驻守京城，第三年要戍边一年。这当中，亲自服役的称践更，不愿服役的也可交钱雇人代理，叫过更。由于雇人代役的越来越多，过更钱就演变成一种赋税，叫做更赋。汉代，都尉主管地方上的军事，统领本地的正卒，进行军事训练。每年秋天，郡太守都要举行一次对正卒的检阅，叫都试。中央征发地方军，以铜虎符作为发兵的凭证，没有虎符是不能调兵的。在京都，驻有南北二军，北军守京师，士卒由京兆、冯翊和扶风地区选调，由中尉率领；南军保卫皇宫，卫士由上述三个地区以外的郡国选调，由卫尉率领。南北军力都不大，南军西汉初年为两万人，武帝初年削减为万人。

按照汉初的军事制度，军力分散于全国各地，京都缺乏重兵保护，显然不能适应武帝加强中央集权的需要。元鼎六年（公元前111年），武帝创建屯骑、步兵、越骑、长水、射声、虎贲、胡骑七支军队，称七校尉，常驻京师及其附近，中垒校尉统领七校尉兵，所以合称八校尉。八校尉属北军系统，每校尉兵力数百至千余不等，但其大多是招募而来的。在南军系统，建元三年（公元前138年），武帝又建立了一支千余人的卫队，命名为“期门军”；太初元年（公元前104年），武帝选拔陇西、天水等六郡的“良家子”700人组成了一支军队，叫“羽林军”，武帝还把从军战死者的子孙养在羽林军中进行培养，号称“羽林孤儿”。八校尉和期门、羽林的相继建立，加强了中央的军事实力。

在加强了自己的统治，武帝开始向外开拓疆土。在南方，武帝加强了对东南、岭南地区的控制管辖，在西南加快了西南夷地的开发；在东北，置吏设郡，使其成为汉统一的多民族国家的一部分；在北方和西北，武帝对匈奴进行了大规模的征战；在西域，加强了汉和西域多国的联系。从而使汉王朝的疆域扩大到东起朝鲜半岛东海岸，西至遥远的西域，北至阴山大漠以北，南至今越南中部的大国。

创设刺史，监察地方

为了加强对地方长官的监察，元封五年（公元前106年），武帝下令设立13州部，每一州部为一监察区，设置一名刺史监察州部所属的郡国，从而创立刺史制度。州部刺史的督察对象主要是所属郡国的二千石官吏，督察的范围是“以六条问事”，六条以外，则不问。这六条是：①豪强田宅超过国家规定的范围，以强凌弱，以众暴寡；②二千石官吏不遵守旨意，不遵从典制，以权谋私，假借天子的诏令牟取暴利，鱼肉百姓；③二千石官吏苛刑酷法，怒则任刑，喜则任赏，烦扰刻暴，为百姓所害怕；④二千石官员选拔任用不公平，呵护偏袒自己人，排斥贤能之士，宠幸愚才；⑤二千石官员的子女仗势欺人，独霸一方；⑥二千石官吏违反法令，勾结豪强，狼狈为奸，损害国家利益。从六条看，除第一条是针对不法的豪强，其余五条都是以郡国守相二千石官吏为督察对象的。其督察范围涉及政治方面的不奉诏书，选举方面的用人不公，司法审判方面的喜怒无常，任意赏罚，还涉及二千石官吏的子弟骄纵不法。

13州部刺史的官位并不高，仅为六百石，相当于一个中下等的县令，但是权力极大，可以监察守相等二千石高官而无所顾忌。刺史每年八月巡行郡国，年末向中央汇报情况，刺史隶属于御史大夫的属官御史中丞，还要受到丞相司直的监督。武帝对于刺史的选用非常严格，一般是通过考试录取成绩卓越者，或选现任官吏中政绩显著、忠直高节者担任。

13州部所监隶郡国及范围分别如下。

豫州刺史部：颍川、汝南、沛郡，梁国，共监三郡一国。

兖州刺史部：陈留、山阳、济阴、泰山、东郡，城阳、淮阳、东平国，共监五郡三国。

冀州刺史部：魏、钜鹿、常山、清河郡，赵、广平、真定、中山、信都、河间国，共监四郡六国。

徐州刺史部：琅琊、东海、临淮郡，泗水、广陵、楚、鲁国，共监三郡四国。

青州刺史部：平原、千乘、济南、北海、东莱、齐郡，淄川、胶东、高密国，共监六郡三国。

荆州刺史部：南阳、江夏、桂阳、武陵、零陵、南郡，长沙国，共监六郡一国。

扬州刺史部：庐江、九江、会稽、丹阳、豫章郡，六安国，共监五郡一国。

凉州刺史部：陇西、金城、天水、武威、张掖、酒泉、敦煌、安定，共监八郡。

益州刺史部：汉中、广汉、犍为、越嗅、益州、泜柯、蜀、巴、武都，共监九郡。

幽州刺史部：勃海、上谷、渔阳、右北平、辽西、辽东、玄菟、乐浪、涿郡，广阳国，共监九郡一国。

并州刺史部：太原、上党、云中、定襄、雁门、代郡，共监六郡。

朔方刺史部：朔方、北地、五原、西河、上郡，共监五郡。

交趾刺史部：南海、郁林、苍梧、交趾、合浦、九真、日南，共监七郡。

13州部以外的三辅、三河、弘农郡，由司隶校尉直接监察。

武帝所设13州部刺史并无固定的治所，只是负责巡行郡国，年终回朝汇报，也没有固定的力、公场所和幕僚，仅从二千石府吏与从事中挑选随员。

武帝创设的刺史制度，以地位低下的刺史来监察位高的二千石长官，可以保证刺史有举察的积极作用，而无以上欺下的消极作用，可以收到大小相制、内外调和的效果，在历史上备受称赞。不过，卑微的刺史能监察位高的长官而无所畏忌，是因为它受到了最高权力的支持，正是由于皇帝不断赐予它更大的权力，它最终成了一级地方行政机构。

治水勉农，广施仁义

治水弭灾，古代中国传统上看作是关乎“国之利害”的首要民政，也视为执行天的意志和国家的责任所系。武帝也不例外，他十分注意兴修水利，一旦发生水灾，武帝就委派公卿大臣负责治水。

由于重视水利，武帝一代的江河流域的灌溉工程获得很大的发展，开通了渭渠、龙首渠、白渠以及灵轵渠、成国渠、漳渠等渠道。元光六年（公元前129年）春，武帝采纳大司农郑当时的建议，调发卒数万，按齐人水工徐伯的设计，开凿从长安到华阴（今属陕西）300多里的直渠，引渭水入渠通河，穿渠处竖标以为记。渭渠历时三年开通，溉田万余顷。其后采纳河东郡守番系建议，发卒数万人，引汾水入河穿渠，开发了500顷荒芜地。后因黄河改道，渠田都废坏。又从庄熊罴言，开凿由征县引洛水到商颜山麓的龙首渠（施工中掘出恐龙化石，故名），以灌溉万余顷卤地。开龙首渠用穿井法，井深40余丈，井下相通行水。它开创了后代隧洞竖井施工法的先河。

武帝极为重视治理黄河。汉初60余年中，黄河比较稳定。武帝元光三年（公元前132年）三月，黄河自顿丘（今河南清丰西南）改道东南流入渤海。五月，在濮阳（今河南濮阳西南）瓠子决口，再移道东南注钜野泽通淮河、泗水，泛滥成灾。

武帝即命主爵都尉汲黯、詹事郑当时发卒十万修堵，几次堵塞，几次冲决。河东南受灾，河北的郇却得益。国家的经济亏损并不一定直接影响统治阶级的部分或个别成员的利益。鄃县（今山东平原西南）是当政的丞相田蚡的食邑，目光短浅的田蚡只要自己得益，对武帝说：“江河之决皆天事，未易以人力强塞，强塞之未必应天。”望气用术的方士支持田蚡的说法。朝廷由于受了天人感应观念的影响和制约，因而没有继续堵填决口。直到元封二年（公元前109年）四月，封禅刚过，天旱少雨，武帝以为天意干封，才再派遣汲仁、郭昌发卒数万人大治黄河。武帝亲临工地，沉白马玉璧，作《瓠子歌》，并命随从百官都参加治黄工程劳动。决口终于堵塞，筑宫其上，名日宣房，黄河恢复故道。武帝又命由瓠子引黄河水北开二渠。此后，梁、楚之地再不受河灾了。武帝还治理陕西的褒水、斜水，在两水之间作长500余里的褒斜道。

武帝亲临瓠子治河，有很大的象征意义和号召性，水利灌溉事业因此普遍展开，迅速发展。“自是之后，用事者争言水利。朔方、西河、河西、酒泉皆引河及川谷以溉田。而关中灵轵、成国、沔渠引诸川，汝南、九江引淮，东海引钜定，泰山下引汶水。皆穿渠为溉田，各万余顷。它小渠及陂山通道者，不可胜言也。”太始二年（公元前95年）武帝又采纳赵中大夫白公的建言，引泾水开凿200余里的长渠，为著名的白渠，溉田4500余顷。

武帝兴修水利有明显的经济目的。一是要便利漕运，损漕省卒。二是要灌溉民田，增加土地肥力，改善生产条件。三是备旱消灾防灾。概括而言，是令民勉农。郑当时开渭渠的建议说得很明确：“异时关东漕粟从渭中上，度六月而罢，而漕水道九百余里，时有难处。引渭穿渠起长安，并南山下，至河三百余里，径，易漕，度可令三月罢；而渠下民田万余顷，又可得以溉田：此损漕省卒，而益肥关中之地，得谷。”元鼎六年（公元前111年）左内史兒宽奏请穿凿六辅渠，武帝说：“农，天下之本也。泉流灌寝，所以育五谷也。左、右内史地，名山川原甚众，细民未知其利，故为通沟渎，畜陂泽，所以备旱也。……令吏民勉农，尽地利，平徭行水，勿使失时。”所谓令吏勉农，实际就是要稳定和巩固小农经济，发展全社会的农业生产，并使小农勤于耕织，安土重迁，不致饥贫破产，卖妻鬻子，成为流民，逃亡山林。

武帝重视治水，除了出于代天行意的传统观念，还基于对水利所具的国计民生意义的认识。“波斯和印度的专制帝王，兴亡起伏，不知多少次，他们都始终不忘他们最首要的责任，就是注意江河流域底灌溉工程，没有这种灌溉工程，就不能在这些国家里从事农业。”恩格斯的这段分析也适用于武帝，王夫之不明白这个道理，因此，只能得出“瓠子宣防，数十年之涂饰，为戏而已矣”这样武断的结论。

应当说，武帝达到了兴修水利的目的。水利事业的发展，对安定社会秩序和生产秩序起了相当程度的促进和保证作用，国家得以不失时机地向小农榨取劳动产品——钱粮帛。朝廷大获其利，农民也稍受其益。

《沟洫志》说白渠使“民得其饶”，民作歌赞之说：

田于何所？池阳、谷口。
郑国在前，白渠在后。
举臿为云，决渠为雨。
泾水一石，其泥数斗。
且溉且粪，长我禾黍。
衣食京师，亿万之口。

这是一幅生动的勉农图。灌溉工程肥沃了土壤，农民力田勤耕，增加了收成，供给了京师的粮食。吏民勉农，民得其饶，就业安居，社会问题减少，部分地缓和了社会矛盾。

武帝即位后，天灾频繁。即位之初数年间，连年歉收。建元三年（公元前138年），河水溢于平原（郡治今山东平原县西南）。建元四年（公元前137年），旱灾。建元五年（公元前136年），蝗灾。建元六年（公元前135年），河内（郡治怀县，今河南武陟西南）火灾。元光三年（公元前132年），黄河决口，附近16郡受灾20多年；元光五年（公元前130年），螟灾、风灾；元光六年（公元前129年）大旱灾、蝗灾。元朔五年（公元前124年），大旱灾。元狩四年（公元前119年），关东大水灾；元狩六年（公元前117年），大蝗灾。元鼎二年（公元前115年），关东大水灾，十余郡国受害；元鼎六年（公元前111年），河灾。元封四年（公元前107年），大旱灾；元封六年（公元前105年），大旱灾、蝗灾。太初二年（公元前103年），蝗灾。天汉元年（公元前100年），大旱灾。太始二年（公元前95年），旱灾。征和元年（公元前92年），大旱灾；征和二年（公元前91年），大风灾、地震；征和三年（公元前90年），蝗灾。后元元年（公元前88年），地震。

终武帝世，天灾不断。它影响民生，产生了大量的贫民、饥民、流民。如建元三年（公元前138年）的河灾，造成大饥荒、人相食。元鼎二年（公元前115年），平原、勃海、泰山、东郡遍被灾害，民饿死于道路，灾区饿死者千万数。元封四年（公元前107年），关东流民有200万口，无户数即无籍、脱籍的有40万口。西汉人口在平帝时（1—5年），户为12233062、口59594978，这是最殷盛时的数字，是经过200余年的发展才达到的，武帝时绝无此数。元封四年（公元前107年）与平帝元始二年（公元2年）相距109年。如果假设每年户口自然增长率为百分之一，那么，元封四年（公元前107年）为430余万户，人口为2100万人。关东流民及无户数者就占全部户口数的10%。这个推算可能有上落，但大致可以肯定，上落不会太大。如此大量的贫民、饥民和流民，势必“城郭仓廪空虚”，“摇荡百姓”，而且还要助长土地兼并势力的发展。因此，它对社会生产、国家财政收入、社会秩序以及政权的巩固都有极大的影响，无疑是个严重的社会问题。

天灾加上人祸，饥民、流民问题很容易发展为阶级矛盾和社会矛盾，所谓“官旷民愁，盗贼公行”。景帝末年，社会风俗渐薄，刑法渐苛，酷吏郅都、宁成之辈出现，说明已酝酿着社会矛盾。及至武帝时期，军旅数发、征伐西夷、朝廷多事、酷吏盛行，遂使社会问题转化为社会矛盾，使社会矛盾日益暴露、步步加深。所谓“孝武即位，外事四夷之功，内盛耳目之好，征发烦数，百姓虚耗，穷民犯法，酷吏击断，奸究不胜”。《汉书·刑法志》的这个说法，很能说明问题的严重。类此说法，《循吏传》《严助传》等也都有记述。待到武帝后期，已达比较普遍地出现铤而走险、逃亡山林、公开反抗朝廷的“盗贼”的地步。天汉二年（公元前99年）秋，南阳郡有梅免、百政起义，楚有段中、杜少起义，齐有徐勃起义，燕赵之间有坚卢、范主起义。征和三年（公元前90年）九月有公孙勇、胡倩起义。规模大的有数千人，除自立旗号外，还攻城略地、取库开狱、杀官檄告；规模小的聚众亦达百数人，转战乡里的则更是不可胜数。

严重的社会问题和暴露出来的社会矛盾日益激化，势必造成社会危机和政治危机。对此，统治阶级中如董仲舒、徐乐都有一定认识，视为“土崩之势”。早在元朔元年（公元前128年），徐乐就上疏说：

“臣闻天下之患，在于土崩，不在瓦解，古今一也，何谓土崩？秦之末世是也，陈涉无千乘之尊、尺寸之地，身非王公、大人、名族之后，无乡曲之誉，非有孔、曾、墨子之贤，陶朱、猗顿之富也，然起穷巷，奋棘矜，偏袒大呼，天下从风。此其故何也？由民困、而主不恤，下怨而上不知，俗已乱而政不修，此三者，陈涉之所以为资也，此之谓土崩。故曰天下之患在乎土崩……间者，关东五谷数不登，年岁未复，民多穷困，重之以边境之事；推数循理而观之，民宜有不安其处者矣。不安，故易动；易动者，土崩之势也。”

灾荒之年，民多穷困，朝廷不恤民生，不修民政，还要劳民，必然使人心易动，脱籍、逃籍而去，酿成“土崩之势”。武帝见书即拜徐乐为郎中，说明他也接受了这个认识。

武帝采取两种政策处理这些社会问题和社会矛盾。对于“犯法”之民及已危及政权的“盗贼”，他运用酷吏苛法，无情镇压，即习惯上称为霸道，称为威猛第一手。

天汉二年（公元前99年），武帝先命御史中丞、丞相长史督察郡守尉诸侯相二千石讨伐，继派遣光禄大夫范昆、诸部校尉等衣绣衣持节镇压了南阳楚齐燕赵的人民起义，捕获起义首领。起义部众散而复聚，依阻山川，继续反抗。朝廷对他们毫无办法。于是，武帝又作沈命法，规定捕杀品额，严厉督察郡县加紧捕杀。法令十分严酷，还有一批如狼似虎的绣衣御史督察执行。但酷吏苛法毕竟不是治国的良计妙策，它所取得的威誉煊赫的政绩是表面的、稍纵即逝的，每次被暂时压抑下去的阶级矛盾和社会矛盾都会很快以更广、更深的程度爆发出来，如此反复升降起伏，形成恶性循环。如还在元封二年（公元前109年），酷吏杜周由御史中丞迁廷尉，在任11年，奉诏治狱，结果越治越多。二千石吏的老案子尚未了结，新案子接踵而来，层层相积。中央丞相、御史两府及各郡汇交廷尉的劾章一年竟达上千。劾章大的案件牵连数百人，小的数十人；远的数千里，近的数百里，诏狱逮至六七万人，下面豪吏又增捕十多万人。王夫之尝评论武帝之作沈命法，说：“盗者，人之所公恶者也；使人不敢恶盗，而恶逐盗之法，盗恶得不昌。呜呼！上失其道而盗起，虽屡获伏法，仁者犹为之恻然. 况凭一往之怒，立一切之法，以成乎不可弭之势哉！汉武有丧邦之道焉，此其一矣。”

这段议论是站在儒家人本主义的仁者立场上，总结的治国经验。

“盗起”之因，在“上失其道。”故“盗”“虽屡获伏法，仁者犹为之恻然”。王夫之指出人民同情“盗”，痛恨“逐盗之法”，认为苛酷的“逐盗之法”是武帝错误的丧邦政策之一，用法苛急，反而激化矛盾，使“盗”蜂起，发展成无法消除的形势，这是不错的。百姓走投无路，只有铤而走险。小吏怕捕盗而遭诛，即使见知“盗贼”也不敢揭发，府县怕连坐也不追究，甚至即使是钦差御史，也有故意放纵不诛的。据《汉书·元后传》，元后祖王贺，武帝时为绣衣御史，奉使逐捕魏郡群盗坚卢等党羽，以及吏畏懦逗留不追捕当坐罪的，但他皆纵不诛而被罢免。免职时，王贺叹曰：“吾闻活千人有封子孙，吾所活者万余人，后世其兴乎！”如此，自然“盗贼寖多”。

“天下断狱岁以千万数”，残酷镇压并没有解决矛盾、缓和矛盾，反而激化矛盾、扩大矛盾。接受“土崩”认识的武帝自然会察觉到这一点。董仲舒在建元对策中曾经提出天道的最高原则是任德而不任刑，王者顺天就应实施德治，修饬仁义礼智信五常，它就是万世传颂的先王之道。实行这个先王之道，就能“阴阳调而风雨时，群生和而万物殖”，达到功业粲然复兴、子孙长久安宁。有儒学修养的武帝在赞同《天人三策》的同时，不可能不接受治国以德的意见。因此，他在处理、解决社会问题和社会矛盾时，还采取一些治水勉农、恤贫赦罪、移民屯田之类的方法。即使对“犯法”之民，对“盗贼”，他也不是一味杀伐，认为应当给予“更始”。用今天的话来说，就是给予改正自新的机会，给出路。元封四年（公元前107年），朝廷公卿议请徙40万名流民于边，武帝不同意兴徙流民于边，并责备丞相石庆：“今流民愈多，计文不改，君不绳责长吏，而请以兴徙四十万口，摇荡百姓，孤儿幼年未满十岁，无罪而坐率，朕失望

焉。”还说：“官旷民愁，盗贼公行。往年觐明堂，赦殊死，无禁锢，咸自新，与更始。”

在理性上，他是倾向德治及主张“赦殊死，无禁锢”的，至少是不排斥这一面。这是带根本性经常性的政策和措施，习惯上称为恩义、德惠的一手，或称为王道、“仁政”。用汲黯批评武帝的话来说，叫做“外施仁义”。

这恩义、德惠与威猛的两手并用，也就是后来宣帝教训他的太子（元帝）所谓的“汉家自有制度，本以霸王道杂之”。然而正是“外施仁义”，才使武帝时代的社会矛盾没有进一步激化和扩大，并蔓延到关中成为全国范围的普遍性的社会危机，而且最后还使阶级矛盾、社会矛盾得到了缓和。

优老恤贫，释奴赦罪，是西汉传统的民政措施，终武帝一朝亦未尝停止。

优抚高年，文帝时已有“礼高年”的措施，武帝即位，就立受鬻法，将它制度化。

建元元年（公元前140年）二月，令民年八十复二算，九十复甲卒。这是说户有高年80岁以上者免二口的算赋，有90岁以上者免更役。四月，诏：“民年九十以上，已有受鬻法，为复子若孙，令得身帅妻妾遂其供养之事。”元狩元年（公元前122年）四月，遣谒者巡行天下，存问致赐老吒，赐年90以上帛，人二匹，絮三斤。赐80以上米，人二石。元封元年（公元前110年）四月，加年70以上帛。元封二年（公元前109年）四月，赐年高米，人四石。

武帝还配合着实施奖励“遂其供养”高年之事的孝悌。元朔二年（公元前127年）十一月，诏：“故旅耆老，复孝敬。”元狩元年（公元前122年）四月，赐孝者帛，人五匹；弟者帛，人三匹。可见，优抚高年的措施，明显地带有宗法性质。

这种措施，可以巩固父权，稳定社会细胞——家庭，延续宗法制度，进而发挥减少和防止社会动荡、确保统治秩序的作用。

恤贫，汉初也已有之，如文帝十三年（公元前167年），赐天下孤寡布帛絮，“出帛十万余匹以赈贫民”。武帝也很重视赈恤贫民、饥民、灾民、流民。

天灾发生，武帝及时派使者视问。建元元年（公元前140年），闻河内火灾延烧千余家，武帝即命主爵都尉汲黯持节视问。汲黯经过河南（今河南省黄河以南洛水、伊水下游，双洎河、贾鲁河上游地区及黄河以北原阳县），见河南万余家遭受水旱灾，矫制发河南仓粟以赈救灾民，武帝非但不治汲黯矫制之罪，反而对他更敬重。可见其重视恤贫的程度。恤贫在武帝时也已制度化。元狩元年（公元前122年）四月，遣谒者巡行天下，挨户存问致赐鳏寡孤独者帛，人二匹，絮三斤。元狩三年（公元前120年）秋，举吏民能假贫民者以名闻。元狩六年（公元前117年）六月，又遣博士褚大等六人分头巡行天下，存问施贷鳏寡废疾、无以自振业者。元鼎二年（公元前115年）九月，因水灾延及江南，武帝遣博士分道循行江南谕告不得重困贫民，诏调运巴蜀之粟到江陵赈济，吏民有赈救饥民者具举上报。元鼎六年（公元前111年），调巴蜀粟赈关东灾民。元封元年（公元前110年）四月，加孤寡帛，人二匹；赐孤独者米，人四石。元封五年（公元前106年）四月，赐鳏寡孤独者帛、贫穷者粟。元封六年（公元前105年）三月，赐天下贫民布帛，人一匹。

朝廷赈恤，对贫民、饥民、灾民、流民来说，能救急但不能救穷，且耗国家财帛。因此，武帝进而采取移民宽地富乡，假民于田的措施。元狩四年（公元前119年）冬，遣使者赈恤关东遭受水灾的灾民。当时朝廷用度大空，拿不出更多的粟帛，于是组织725000灾民徙入关中朔方以南新秦中陇西、北地、西河、上郡及会稽。起初，这些入关灾民衣食都仰给于政府；几年后，国家贷与产业，就是移民屯田。

据《汉书·食货志》，公卿对武帝说：“郡国颇受灾害，贫民无产

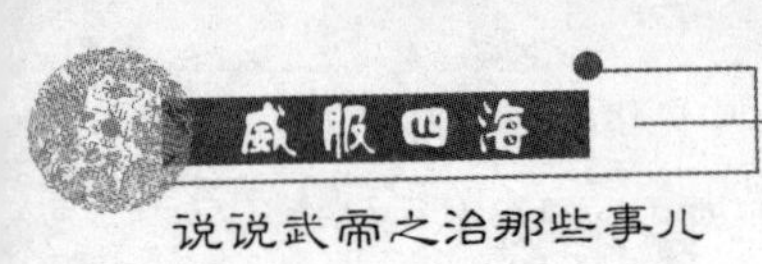

业者，募徙广饶之地。”元鼎六年（公元前111年），诏令关东灾区的饥民得流徙江淮就食，并允许他们留居。贫民流徙，朝廷都派使者护送。此外，元朔二年（公元前127年）募民10万户徙朔方及募民田西南夷。《汉书·昭帝纪》注引应劭说：“武帝始开三边，徙民屯田，皆与犁牛。”可知移民屯田，除了为充实边防，也兼有解决贫民、流民问题的目的。

武帝又开放禁苑，假民皇田。汉高帝二年（公元前205年），曾实行过开放故秦苑囿园池，令民得田。建元元年（公元前140年）七月，武帝开放皇家的养马地，赐给贫民放牧采樵。元鼎二年（公元前115年）秋九月，武帝诏“山林池泽之饶与民共之”。对屯田、假田流民的剥削，武帝适当地加以限制，特设流民法，禁止官吏征求重赋，侵扰流民。元鼎以后，武帝减免部分地区的田租。元鼎六年（公元前111年），诏议减左、右内史地田租。元封四年（公元前107年）三月，武帝免汾阴（今山西万荣西南宝鼎）、夏阳（今陕西韩城南）、中都（今山西平遥西南）三县及杨氏邑当年租赋。元封五年（公元前106年）四月，武帝免巡行所过荆扬江淮等地当年租赋。天汉三年（公元前98年）四月，武帝免巡行所过泰山、北地、常山等地田租。

恤贫极为明显地具有缓和矛盾的意义，尽管它在本质上是把农民束缚在土地上接受经济剥削，但贫民、饥民、灾民、流民或生活得到一些改善，或得到土地，剥削减轻了，也就安居下来，免于颠沛流离。

释奴赦罪，释放奴婢是高帝以来的传统措施。

高帝曾诏：“民以饥饿自卖为人奴婢者，皆免为庶人。”文帝后元四年（公元前160年）也曾诏免官奴婢为庶人。武帝继续实施。建元元年（公元前140年）五月，武帝把坐吴楚七国反罪没为官奴婢的全部赦释，又令民得赎罪。元封元年（公元前110年），武帝令民得入粟赎罪。太始二年（公元前95年）九月，召募犯死罪者能缴赎罪钱50万的，就减死一等。

汉代更有大赦制度，新皇帝即位必大赦天下。自高帝到景帝60余年计22赦，平均三年一赦。此外还有别赦。这种普遍性赦罪的制度，武帝循而未改，在位55年，凡十八赦，也平均三年一赦。别赦有元光六年（公元前129年）赦雁门、代郡军吏不循法者。元封二年（公元前109年）四月，封泰山，赦所过徙，元封四年（公元前107年）三月，赦汾阴、夏阳、中都死罪以下。六年三月赦京师亡命，令从军。太初二年（公元前103年）四月，赦汾阴、安邑（今山西夏县西北）殊死以下。武帝还继续汉初赐民爵的措施，元封元年（公元前110年）四月，赐天下民爵一级，以提高农民的社会地位。释奴赦罪，有利于减少和缓和社会矛盾、阶级矛盾，有利于消弭和防止人民铤而走险。

通西南夷，设置都尉

元光五年（公元前130年）正月，武帝派遣使者唐蒙联络在今贵州西部的夜郎国，设置犍为郡（在今四川宜宾）。同时派司马相如出使在今四川西昌东南部的邛以及在今四川汉源东南的筰，设置都尉，归蜀郡管辖。

在秦汉时期，广大的西南地区，围绕着巴、蜀两郡的外围，大约在今天的四川西部、南部，贵州、云南以及甘肃边境一带，分布着许多语言、习俗不同的少数民族，统称为西南夷。

夜郎是贵州西部地区几十个部落国家中规模最大的一个国家。夜郎往西的云南东部滇池一带，分布着几十个有君长的部落，其中滇最大。在滇的北面，今四川西南部一带，分布的几十个部落中以邛都（今四川西昌）最大。夜郎、滇、邛都等部落多属濮族，人们多从事农业耕作，建有一定规模的城镇，过着定居生活。

在滇的西面，今云南中部地区（今云南云龙），方圆数千里，多属羌族。人们逐水草而居，过着游牧生活。

早在秦国的时候，中原势力已经发展到西南夷，秦朝曾派军队开通了从宜宾到昭通的“五尺道”，并派遣官吏对附近各部落进行统治。汉朝初年，中央政权放弃了对西南地区的统治，但西南各部落仍然同中原地区保持着一定的经济文化联系。汉人从西南夷购买马匹、牛和奴隶，巴蜀的铁器和其他商品也进入到西南夷中，有的还将商品经由夜郎国境内的牂牁江（今北盘江）转贩到南越地区。

建元六年（公元前135年）秋，王恢平定东越动乱之后，派番阳县令唐蒙去向南越王说明进军意图。南越人让唐蒙吃蜀地所产的枸酱，唐蒙问是从什么地方来的。南越人说：“是从西北方向的牂牁江运来的，牂柯江宽几里，从番禺城近旁流过。”唐蒙回到长安，又询问蜀地的商人。商人说：“只有蜀地出产枸酱，许多人私自带着它出境去卖给夜郎。夜郎靠近牂柯江，牂牁江宽一百多步，行船没有问题。南越国利用金钱和价值较高的物品吸引夜郎，达到支配它的目的。南越国在这一地区的影响一直扩展到桐师人住的地区。但是，南越国最终也无法征服这一地区。”

元光五年（公元前130年）正月，唐蒙向武帝上疏说：“南越王使用只有皇帝才能用的宫殿、礼仪，占据着东西长达万余里的地盘，名义上是朝廷的外臣，实际上是一国之君。现在如果从长沙国、豫章郡出兵征讨南越，水路大多断绝，难以通行。我听说夜郎的军队总计有十几万人，假如我军乘船顺牂牁江而下，出其不意地发起攻击，一定能够打败南越。这是制伏南越的一条奇计。只要利用汉朝的强威，再加上巴、蜀两地富裕的经济力量，那么，打通夜郎的道路，在那儿设置官吏实行统治，是很容易做到的。”武帝批准了唐蒙的建议。

于是，武帝任命唐蒙为中郎将，率领士兵1000人和运输粮食衣物的民夫一万多人，经过巴蜀两郡及筰关进入夜郎境内。见到夜郎侯多同，并告知汉朝的严威圣德，约定由朝廷在当地任命官吏，并让多同的儿子担任县令。夜郎附近小城邑的人都喜欢汉朝的绫罗绸缎，他们认为中原离当地路途遥远、道路艰险，汉朝不可能征服这片地区。于是就暂时表示服从唐蒙的约定，唐蒙返京奏报，武帝就在这一地区设犍为郡，征发巴、蜀两郡的士卒修筑道路，从僰道指向牂牁江，修路的人有几万人，唐蒙等人用“军兴法”诛杀逃亡士卒的头目，巴、蜀百姓极度惊恐，父老忧患。武帝得知此事，又派司马相如为郎中将，前去责备唐蒙，让百姓知道皇帝的恩德，以安定人心。

司马相如到了巴蜀以后，对当地的百姓说：“皇上派中郎将唐蒙出使西南夷，是为了让边境地区的人民臣服于中央政权，施德政使当地百姓过上安定的生活。但是，中郎将唐蒙启用‘军兴法’使百姓惊恐不安，父老忧患；他又命令沿途郡县转运粮食，扰乱百姓，这一切都违背了皇上的旨意。”然后，司马相如回到京城向武帝汇报处置情况。

当时，巴、蜀等四郡正在凿山劈石，修筑连接西南夷的通道，以便把中原地区的粮饷运进来。过了几年，道路仍没有开通，修路的士兵疲惫饥饿、遭受炎热潮湿折磨而死的人很多。西南夷少数民族多次聚众反叛，汉朝集结军队远赴千里征伐，军费开支以万万计，却没有收到平叛的效果。元光五年（公元前130年）夏，武帝对此很是担忧，下诏派公孙弘前去视察情况。公孙弘返京奏报情况，极力诋毁开通西南夷的作用，武帝没听从他的意见。

这时，邛人和筰人的部落酋长听说南夷与汉朝结交，得到很多赏赐，

于是，他们也自愿归顺汉朝，成为汉统治下的臣民，他们请求朝廷按照统治南夷的模式，在部落任命官吏进行统辖。武帝询问司马相如，相如说：“邛、筰、冉駹都靠近蜀郡，道路也容易开通。秦朝时曾经开通，设置过郡县，到汉朝建国才废掉。现在如果真能再次开通，在那里设置郡县，将胜过南夷地区。”武帝认为他说得对，就任命司马相如为中郎将，持皇帝的符节出使西夷。相如和副使王然于等人乘坐驿车，利用巴蜀两郡的官府财物贿赂西夷；邛、筰、冉駹、斯榆各部族的酋长，都请求做汉朝直接统治下的臣民。司马相如和众部落酋长达成协议，废除了原来阻碍中原地区和西南相通的边关。新设立的边关向外扩展，西部到达沫水、若水，南至牂柯江为界，开通了零关道，在孙水上架桥接连邛都，在这一地区设立了一个都尉、十多个县，隶属于蜀郡。武帝很高兴，继续开通西南夷。

元朔三年（公元前126年）冬，正当北筑朔方，东置沧海时，蜀地长辈及有权威的人又广泛传播联系西南夷有害无益的言论，建议罢除通西南夷。朝廷中也是反对声不绝，御史大夫公孙弘等认为，西南夷与朔方、沧海都是无用之地，白白使中原地区耗费财物，使百姓困扰忧患，应该停止同西南夷的往来。武帝命幸臣朱买臣同公孙弘辩论，朱买臣极力陈辩朔方给朝廷带来的好处，连发对策十章，而公孙弘难以反驳。公孙弘退而主张罢沧海郡，停止通西南夷事务，以便专力对付匈奴。于是，春罢沧海郡，秋罢西夷事务，仅置南夷、夜郎一都尉，令犍为郡筑城自保。

同年夏，张骞出使西域从大月氏归来。他向武帝报告：“在大夏时，曾见到邛山出产的竹杖和蜀地的布，因问他们：‘这些东西是从哪里得来的？’大夏人说：‘是我国商人去身毒（古印度）买来的。’身毒国在大夏东南约几千里之外，习俗是定居，与大夏一样。据我估计，既然大夏在我国西南12000里外的地方，而身毒国又在大夏东南几千里之外，也使用来自蜀地的用具，说明身毒离蜀地不太远。如果现在我国派出使臣出使大夏，若取道羌人地区，道路险恶，羌人又厌恶中原地区，恐怕对使者不利；若从稍北一些的地方走，便会落入匈奴人手中；而通过蜀地，应当是一条捷径，而且没有强盗匪贼从中作梗。”武帝大喜，命王然于、柏始昌、吕越人等分别从冉駹、筰、徙、邛僰等数道并出，寻找通往身毒国的道路。

王然于等使者在滇一带活动了四年，滇王也帮助汉使寻求通往身毒国的道路。使者分两路出发，各向南北开辟道路，然而，北方受到筰阻拦，南方受到昆明、巂的阻拦，道路终未找到。特别是昆明一带，各少数民族部落还停留在原始阶段，以抢劫为谋生手段，往往在路边埋伏，杀害汉朝使者并抢劫财物，因此新的道路还是没有开通出来。

马邑之谋，重用良臣

马邑之谋后，汉匈断绝和亲，武帝决心武力消灭匈奴。公元前132年，朝廷中又发生了窦婴、田蚡党争案，武帝决心提拔一批法吏之士，巩固内政，元光五年（公元前130年）七月，酷吏张汤被提升为太中大夫，自此用法越来越严苛，汉代吏治进入酷吏时期。

汉初的开国之君刘邦及诸大臣大将都是从社会下层经过秦末农民战争登上统治宝座的。他们深知酷刑暴政是秦亡国的根本原因，因此，都主张无为而治，休养生息，以满足百姓渴望稳定，发展生产的要求。“萧规曹随”是汉初无为而治的典型治国方式，文帝景帝时期天下安定、社会稳定、民心自爱、社会风气良好，经济生产也有很大的发展，出现了“文景之治”的大好局面。但是，随着社会各方面矛盾的积累和激化，也开始出现苛刻寡恩，执法不避贵戚，务求惩治豪强的酷吏，如郅都、宁成、周阳由等。

郅都为人重气节、为政清廉，亲戚朋友找他说情、托他办事，他一概不徇私情。他执法严格、秉公审案，即使位高权重、地位高贵的人犯了法也不能有所幸免。郅都常说：“我身为朝廷命官，自然应当恪尽职守，以死为国家尽忠，绝不能因为妻子儿女改变我为国尽忠的理想。”后来，郅都被任命为中尉，列侯宗室都很害怕不敢正眼瞧他，称郅都为“苍鹰”。

南阳人宁成也曾为景帝做事，宁成好盛气凌人，从不屈居人下。在他当小官吏的时候，一定会凌驾于长官之上；当长官的时候，又以严厉的手段对付自己的属下。郅都为济南太守，郡都尉见郅都犹如属下的县令见太守一样，等到宁成当上了济南都尉，他便凌驾于郅都之上了。郅都死后，长安附近宗室贵戚多横行不法。于是，景帝任命宁成为中尉，宗室豪强人人恐慌。

武帝即位后，宁成调任内史。外戚纷纷打击报复宁成。因怕遭受重刑，宁成私刻印章关文逃出函谷关回到南阳。他说：“做官不到二千石，经商不赚千万钱，不能算成功人士。”宁成回到家乡后，买了上千顷良田，转租给贫民耕种，他的差役达几千家，财产达数千万。在南阳，宁成役使百姓，号令权威甚至重于郡守。

周阳由以侍郎的身份侍奉文帝，景帝时被拜为郡守。周阳由亦好盛气凌人，不肯屈居人下。周阳由为郡守，视都尉如县令；为都尉，又欺凌太守，夺其治权。周阳由治理郡，一定要铲除豪强地主，执法严酷，行为骄横暴躁。他喜欢的人，即使犯了法，他也会想尽办法为那个人开脱罪责，若是他厌恶的人，即使不犯法，他也会打击陷害。武帝登基后，周阳由仍为郡守，在二千石的官吏中，他的执政最为严酷暴虐。后来，周阳由被任命为河东都尉，因为与太守胜屠公争权失败，被杀。

武帝即位初期，吏治修谨，酷吏有数。武帝是一个有雄心壮志的人，他想效法儒家政治理想中唐虞成康四夷宾服、官民同乐、祥瑞尽现的盛世。所以，武帝即位以后，诏举贤良文学、议立明堂、改正朔、易服色，各项事业搞得轰轰烈烈，决心彻底改变汉初以来奉行的黄老无为政治。

元光四年（公元前131年），武帝任命律法世家张汤为御史大夫。陈皇后为了争宠，以巫蛊之术诅咒竞争对手，事发后，武帝极为震怒，将这起案子交给御史张汤审理。张汤用法极严，诛杀了许多跟此案有关的人。武帝非常满意，提升张汤为太中大夫。此后，汉代吏治进入酷吏时期，大批酷吏受到重用。

元光五年（公元前130年），武帝让中大夫赵禹、太中大夫张汤共同修改律令。经过这次修改，汉初实行的宽猛相济、侧重于缓和的用法局面发生了很大的转变，恢复了汉初废除的连坐法、族诛法，并增加见知故纵之罪、缓深故之罪、急纵出之诛等罪刑。见知故纵之罪是指官吏发现有人违法而不检举告发，那么这些官吏就要以纵容犯罪论处。缓深故之罪是指犯了故意制造理由逮捕犯人并重刑处罚的官吏全部从轻发落，从宽处理。急纵出之诛是指官吏释放了犯人，因而被怀疑是故意纵容犯人的，应被判处死刑，并视情况的严重程度，判是否灭族经过这次大修改，实际上一方面是严密法网，严酷刑法；另一方面又鼓励多杀，轻罪重罚执法者可以枉法曲法乱捕乱杀，同时，鼓励官吏互相检举告发。

张汤、赵禹受到武帝重用的同时，另一大酷吏义纵也步步高升。义纵，河东（今山西夏县）人。义纵的姐姐义姁因为医术高明受到王太后宠爱，王太后问她家中是否有什么人愿意做官，义姁说，有一个弟弟品行不好，不可做官。王太后告诉了武帝，武帝就授予义纵中郎的官职，又担任上党郡中令。义纵做官，施行暴虐统治，果断坚决，毫无缓和包容之心。他当官期间所治理的县没有外逃的事情发生。他升为长陵及长安县令，敢于依法严治，不避贵戚曾逮捕太后外孙修成君的儿子，武帝认为他很能干。元光六年（公元前129年），义纵升为河内都尉。义纵上任以后，马上族灭河内豪强穰氏一族，河内郡即道不拾遗。就在这一年赵禹由中大夫升为中尉，列于九卿。

元朔二年（公元前127年），酷吏减宣因为治理主父偃案崭露头角，受到重用，被升为御史中丞。

元朔三年（公元前126年），专门顺从武帝旨意、奏事皆看武帝眼色、鼓吹皇权无限扩张的儒生公孙弘被武帝任命为御史大夫。

元朔五年（公元前124年），义纵由河内郡调任南阳太守。宁成家在南阳，出函谷关时，宁成亲自去迎送义纵，然而义纵心高气傲，根本不理宁成。到任以后，义纵抄了宁成的家，并且治他死罪。义纵为南阳太守，任用杜衍人杜周为爪牙，并推荐给张汤，张汤任用杜周为廷尉史。因为治理边郡士卒逃亡案，杀了很多人，迎合了武帝的旨意，因此杜周被升为御史丞。

元朔六年（公元前123年），卫青曾经多次率兵到定襄（今内蒙古和林格尔）反击匈奴，却因定襄官吏民众叛乱导致战斗失败，于是，武帝调义纵为定襄太守。义纵到任以后，提出狱中犯重罪的一二百人，以及这些人的宾客子弟私自入监探视的200余人，合在一块治罪，一日报杀400余人。至此，定襄境内的吏民便对义纵不寒而栗，奸民纷纷帮助官府捉拿罪犯以减轻自己的罪责。

义纵得势的时候，大酷吏王温舒也越来越受到武帝重视。王温舒，阳陵（今陕西高陵）人，受到张汤重用升为御史，因为督捕盗贼有功，再升为广平都尉。王温舒任广平都尉时，专门选择郡中果敢狡猾的官吏十余人为亲信爪牙，调查掌握他们的罪行，加以控制利用。手下官吏，才能切实按王温舒旨意办事并使其满意的，虽有重罪亦不治罪；如有不能迅速抓获盗贼并使王温舒满意的，便必定被灭掉亲族。所以，就连接近广平地界的齐赵盗贼都不敢靠近广平之地，广平获得道不拾遗的好名声，武帝知道后，提升王温舒为河内太守。

王温舒任广平都尉时，用其任广平都尉时的方略部署下属，逮捕郡中豪猾之家。因连坐获罪的多达几千家，然后，分别其罪，罪大的灭族，罪小的杀头。王温舒到任时，已是九月暮秋时分，为了加快报批速度，赶在立春到来之前执行处决，便下令郡内私自准备50匹马，安置在河内到长安的驿道上。所以，河内郡公文报批的速度极快，启奏上级的书信不超两日，郡内便能得到批文，被斩杀的罪犯极多，到十二月底，已杀得郡中无犬吠之声。可是，王温舒仍嫌没有杀够，又到邻近旁郡搜求盗贼。到了立春这一天，按国家规定，已不得再杀人，王温舒顿足叹气，遗憾地说："哎呀！要是冬天能再延长一个月，我的事就可大功告成了。"

第六章 出击匈奴，整顿边防

武帝一边颁布一道道改革内政的法令，另一边也不忘改革兵制，派卫青、霍去病出击匈奴，使北部边郡得以安定，派张骞出使西域，开拓了西北边疆，开通了西汉联系西域以至中亚等地的通道。

北击匈奴，冲突再起

元光六年（公元前129年）冬天，匈奴统治者发动了一次大规模的入侵中原战争。匈奴兵一路烧杀抢掠，长驱直入。匈奴骑兵的先头部队都攻到了上谷（今山西省北部地区）地区。

边关告急的警报雪片般地向长安城中飞过来。中原北部烽火连天，狼烟四起，武帝此时已经28岁，考虑事情也比较成熟了。他一直为没有机会北伐而懊丧。这次接到边关的警报，马上做出了强硬的反应。他召集高级将领出谋划策，下令立即予以反击。如果说马邑之围是武帝第一次对匈奴用兵，那么这次反击则是五年之后，武帝发起的第二次对匈奴军队的用兵。

武帝在派兵前作了周密的部署。他用人不疑，派出的四名将领中，李广是个老资格的将军，而卫青则是个初出茅庐的小字辈。武帝把四万名汉军分成四路，每路大约一万人马。汉武帝派卫青从上谷出发，封为车骑将军，正面攻击匈奴。公孙贺被封为轻车将军，带领一路人马从云中（今山西西北长城南、河套东北）出发；公孙敖为骠骑将军，带领一路人马从代郡出发；李广被封为骁骑将军，带领一路人马从雁门出发，后三路人马作为卫青的策应。

武帝怕这次用兵吃亏，所以只允许这四路人马在关市（汉朝和匈奴交易的场所）附近寻找机会歼敌立功。武帝采取这种兵分四路的办法，战略是分进突袭，力求在不深入敌境的情况下，在边境附近给予入侵者以有力的打击。分进突袭，目的是想使匈奴人左右难顾，而且又提高了部队的推进速度。但军臣单于采用了各个击破的方法，从而打破了武帝的美梦。

军臣单于探听到武帝派出了四个将军分兵四路北上，就根据汉军的推进线路重新布置了人马。匈奴人最怕的是李广，在四个汉军将领中，李广的资格最老、本领最大，是能征善战的将军。

李广是陇西成纪人，他的前辈是秦朝的名将李信。李广家里都是行伍出身，射箭的技艺一代代地传了下来，而李广却是其中箭术最高超的。

汉文帝在位时，李广曾随军北击匈奴。因为箭法高超，射杀匈奴骑兵数十人，被封为郎官并侍从在文帝左右。他又时常随文帝一同外出打猎，多次格杀猛兽。文帝曾对他说："可惜你生不逢时，要是你生活在高皇帝打江山的时候，封你做个万户侯是没有什么问题的，可以光宗耀祖了。"

在汉景帝朝中，李广跟随太尉周亚夫平定七国之乱，立有战功，但因为梁王私下里给了李广将军印，所以景帝就没有重赏他。景帝认为李广是员勇将，就派他到上谷地区当太守，他凭借着一身武艺多次与匈奴人交战。景帝怕他太鲁莽白白地丧命，就调他到上郡做太守，后来他又当过雁门太守、代郡太守和云中太守。李广一直在北方边郡担任太守，骁勇善战，在匈奴那边也出了名。

得知武帝吩咐李广带领一万兵马从雁门出发北逐匈奴，军臣单于就相应地做了安排，他知道四个将军中最难对付的就是李广了。他就把大部分兵力集中到雁门这一带的阻击上。并在雁门北部用重兵设置了一个大伏击圈，准备活捉李广并收降他。

李广从雁门北上，每战必胜，领着手下人向北急速推进。他哪里知道这是军臣单于的诈败之计，目的是引诱他进入包围圈。李广只顾向前猛冲，不想在雁门北遭到了匈奴的伏击。李广脱围不成，又被匈奴兵射伤。

团团围上来的匈奴兵生擒活捉了失去抵抗能力的李广。

匈奴兵见捉了李广，很是高兴，他们看见李广受了伤，就用绳子结成一个网吊在两匹马中间，让李广躺在上面，他们准备去向军臣单于献功、请赏。

这些匈奴兵打了胜仗，心中高兴，一路谈笑风生。李广在吊网上纹丝不动，假装昏死过去，匈奴兵走着走着，很快就放松了警惕。

李广在吊网上估算着这些人已经走了有几十里地，就偷偷地睁开眼，看见刺眼的阳光勾勒出一匹骏马的头影，李广知道这是一匹善跑的好马。他使劲从吊网上跳起来，飞身骑上那匹骏马，抱住了马上的匈奴兵，别的骑兵都惊呆了。李广夺过他怀抱中那个匈奴骑兵的弓和箭，把他推下马去，调转马头拼命往回跑。其他匈奴兵半晌才反应过来，他们也一齐勒转马头，在后面猛追不舍，疾驰的马蹄在荒原上扬起滚滚的烟尘。

李广回头看匈奴兵快要追上来了，他一面使劲打马疾驰，一面弯弓搭箭，匈奴的追兵跑在最前面的几个都应弦落马。匈奴骑兵只好放慢速度，眼睁睁地看着李广越跑越远。

公孙敖领一万人马从代郡出发，也遇上了匈奴一支主力骑兵。公孙敖的部下被匈奴兵大杀一阵，死伤7000多人，几乎全军覆没，幸好他逃得快，领着残兵败将总算逃回来了。公孙贺从云中出发，一路上连个匈奴兵的影子也未见到，他还想在附近找到匈奴兵决战，后来得到消息说雁门和代郡的两路兵马吃了败仗，公孙贺心中发慌，害怕匈奴兵再回兵来围攻自己，所以不敢总在原处等候，只好下令班师回朝。只有上谷的那一路卫青的军队，一直攻击到笼城。匈奴兵大部分调往雁门攻击李广去了，所以后防空虚，在笼城守卫的仅有几千人。卫青领一万人马，以多攻少，占了便宜，他打了胜仗，所杀和俘获700多人。他看别的将军撤退的撤退、战败的战败，也不敢孤军留在敌后，遂马上领兵撤回。

这次出击，李广和公孙敖两路大败，公孙贺白跑了一趟，只有卫青这一路取得了小胜，从整个战局来看，汉朝是失败了，匈奴军队取得了胜利。

第二次反击又遭失败，武帝大发雷霆，他下令把公孙敖和李广及违反军令的中下级指挥官、军吏送交司法部门，又把溃败逃跑的士兵抓起来，把他们投入到牢狱之中，听候处置。

接着，武帝按这次出兵的功和罪进行赏罚。因为只有卫子夫的兄弟卫青打了胜仗，所以武帝格外地赏赐他，封卫青为关内侯，公孙贺总算没有损失人马，被封为南窌侯。公孙敖和李广损兵折将，大败而回，本当斩首，准许他们赎为庶人，公孙敖和李广交了钱从狱中放出又做起了平民。对其他不服从指挥、弃军逃回的校尉和违反规定的军吏，则依军法严肃处理，武帝的第二次反击，虽说从战局全盘看失败了，但损失不大。武帝从中发现汉军校尉和将领之间配合不好，而且中下层军吏中有许多人有违反军令的现象。武帝就想通过赏罚来调动士气，并对军风军纪进行了整顿。这次反击为武帝提供了许多治军的经验。

卫青虽是奴仆出身，然而精于骑马射箭，勇敢超过常人，指挥有方。卫青对于上下的官员都十分谦恭，对手下的士卒也格外地恩遇。众人都乐于为他效命，称赞他有大将的气度和才能。武帝把卫青从奴仆一层层地提拔上来，天下人也因此佩服武帝慧眼识才，能够破格用人。

首战大捷，收河南地

过了不长时间，第二次反击失败的阴云被一件喜事冲得无影无踪。这就是卫子夫给武帝生了个儿子。武帝虽后妃成群，但一直没能得到一个儿子，时年武帝已经29岁了，因而武帝为此事狂喜，把失败的事抛到九霄云外。母凭子贵，卫子夫在生了三个女儿之后，终于为武帝生了第一个儿子。果然元朔元年（公元前128年）三月十三日，武帝册封卫子夫为皇后，赦免天下的罪犯，卫子夫终于得到了她梦寐以求的皇后宝座。

可是武帝没能高兴几天，边关告急文书又奏到案前。因为已经到了秋天，匈奴人肥马壮，就想报复一箭之仇，南下侵犯汉朝边境。军臣单于派两万多人马打进汉境，攻杀辽西太守，掳走2000多人。转过马头，又围攻渔阳，渔阳太守被匈奴兵击败，匈奴兵在渔阳把将军韩安国团团围住。韩安国打了败仗，逃到右北平，守在那儿，过了几个月，他病死了。匈奴军队连连告捷，又举兵入侵雁门，杀掠汉朝1000多人口。面对这种情况，武帝再也捺不住性子了，他决定坚决反击。

武帝为了找人代替韩安国的位置，就想到了闲居在家的李广。李广自从被赎为平民之后，回到家中打猎喝酒，日子过得倒也逍遥自在，但他的心里一直挂念北方的战局。武帝召用他的诏书一到，李广马上收拾行装，到右北平担任太守一职，接管韩安国曾经带领的部队。

李广到了右北平，每天领兵巡逻边境，匈奴不敢进犯。匈奴因为李广行动快、箭法好，就送他一个十分好听的外号，叫“飞将军”，从此“飞将军”李广的美名流传后世。

李广在右北平太守任上，除了严密防守匈奴的入侵以外，也时常出去打猎散散心。右北平一带有老虎出没，时常出来伤害百姓，李广就把老虎当做狩猎的主要对象。只要老虎遇到他，没有一只能逃脱被射杀的命运。李广艺高人胆大，一定要等老虎走到近前时才会拉弓放箭，一般一箭就能结果老虎的性命。

有一天，李广晚上巡逻，天色昏暗无光，只有几点星光点缀在黑色的天幕上，此时正是老虎出来觅食的时间。李广一行人走到山脚，忽然看见草丛中伏着一只老虎。李广急忙抽弓搭箭，手下人还没有反应过来，李广已经把箭使劲地射了出去。他的箭法能百步穿杨，所以很轻松地射中了目标。他手下人看老虎中箭之后一动也不动，就跑过去捉这只大猎物。他们走近前一看，不禁大吃一惊，原来李广射中的是一块虎形的大石头。箭射入石头中很深，这些手下人谁也拔不出来。大家对于李广的神力感叹不已。

李广感到很奇怪，他退回到原来的地方，又射了一箭。那支箭与石头相撞，迸出了耀眼的火星，掉在旁边，仅在那块大石头上多凿了一个小洞。李广又连射了两箭，箭头都折了，都没再能射入到石头里去。其实不必再射，有那一箭就够了，大家已经亲眼看到李广的箭竟能射穿硬石头。这个消息传到匈奴那边，他们摸摸自己的胸口，心想，李广的箭连石头都能射穿，何况我们的血肉之躯呢？他们越想越害怕，以后匈奴人就不敢再去骚扰李广所管辖的那个右北平郡了。

武帝除了派李广代替韩安国镇守右北平之外，还把卫青派到北方。

卫青率领三万人的大军从雁门出发，将军李息也带领一支骑兵由代郡北上，与卫青的部队互相呼应。武帝吸取了原来分兵太多、各部兵力不足、易被各个击破的教训，加强了这两路的兵力。由于这两路军队的力量比较集中，因而具有较强的突破能力。这两支军队迅猛地向北推进，每战告捷，共歼灭匈奴数千人。卫青又立战功，更加得到武帝的宠信。

卫青和李息得胜还朝没几天，武帝又让他们再登征途。这已是元朔二年（公元前127年）的春天了，匈奴兵再次攻入上谷和渔阳地区，杀掠吏民1000多人，骚扰不断，武帝马上让卫青和李息重整战袍，发动了第四次反击。

这一次武帝改变了策略，以前几次都直奔向匈奴骚扰的地区，赶走入侵者。往往汉军占有优势时，匈奴军队就会迅速撤走，因而总是没有多大的战果。甚至有时汉军小股力量落入匈奴大集团武装的包围之中，反而被匈奴人利用优势兵力杀得大败。武帝吸取了前几次出兵的教训，在此基础上制定了一套声东击西的策略。

这次入侵的匈奴集中攻击汉朝东北部的边郡渔阳和上谷。匈奴人集中优势兵力想给救援的汉军以迎头痛击。卫青就作出伪装，让部队向东北方向推进。到了北部时，兵锋却突然西指，挥兵长驱直入攻击匈奴西部没有防御准备的高阙（今内蒙古阴山西长城口）和陇西，匈奴在东部，遇到了汉朝渔阳郡和上谷郡两地军吏的顽强抵抗，主力都集中攻击这两个地区，而匈奴人绝没有料到汉朝会不解渔阳和上谷之围，反而扑向他们西部防御空虚地带，一时惊得天旋地转。

卫青和李息领兵直捣高阙，以优势的兵力打得匈奴人大败而逃。汉兵又沿黄河南下陇西（今甘肃临洮南），由北向南迂回地攻击寄牧于河南地（今内蒙古河套以南）的匈奴。匈奴人没有想到汉军会从北面杀过来，大败溃散。卫青和李息挥兵一顿砍杀，匈奴兵死伤5000余人。

在河南地的匈奴楼烦王和白羊王一看形势不妙，只好慌慌张张带着少数心腹士兵弃地而逃，匈奴人畜养的百万多头牛羊全部落到了汉军手里。

河南地原先在秦朝时，由蒙恬将兵30万人从匈奴手中血战夺得。后来秦末农民战争爆发，秦王朝的统治摇摇欲坠，而且抗击匈奴的名将蒙恬也被胡亥和赵高设计害死，匈奴人趁着中原地区乱成一团的时候，派兵轻取河南地，赶跑了秦朝的戍卒。这之后，匈奴经营河南地已有80多年，直到武帝时才又从匈奴手中夺回这个地方。

河南地是中原和匈奴两大对手必争的一块战略要地，河南地距汉朝都城长安不过数百里的路程。匈奴骑兵只用一两天的时间便可以从河南地赶到长安城下。所以，匈奴把河南地作为向中原进攻的桥头堡。而对汉朝来说，匈奴占有河南地就等于在汉朝头上悬挂了一把利刃，汉廷随时有刀临脖颈的危险。河南地的收复，解除了匈奴对长安的威胁，扭转了汉朝对匈奴战争中被动的军事态势。汉朝占有了河南地，等于往匈奴的胸膛中插进一把钢刀，河南地成了汉朝军队进攻匈奴的一个最好的军事基地。因此，汉朝收复河南地，是一次有政治意义和军事意义的胜利。这次胜利大大振奋了汉朝的士气和君臣抗击外侵的信心。

武帝这次出击获得了很大胜利，除杀死不少匈奴兵之外，还夺回了军事要地河南地，武帝论功行赏，封卫青为长平侯，食邑3800户；卫青部下校尉苏建被封为平陵侯，张次公为岸头侯；士兵们也得到犒劳和赏赐，军心大振。

这时候，郎中主父偃又给武帝献上一条计策，他对武帝说："河南地一带土地肥沃，有黄河作为天然的水渠，是块膏腴之地。况且黄河天险阻止了匈奴的进攻，秦朝的时候，蒙恬就曾在那里修造城墙，抵御匈奴。现在臣以为应该在这些地方重建新城，设立郡县。这是从根本上抗击匈奴、保卫边疆的重要措施。"

武帝也认为河南地的地理位置有利于防御匈奴，但在那么大一片地方兴建城池也是国家大事，这需要花费许多人力和物力，武帝决定召开廷议，讨论固边筑城之事。不想大臣们多数持反对意见，他们反问道："这件事与秦始皇筑长城又有什么两样呢？不但劳民伤财，而且在那么偏远的地方筑城，又有谁愿意搬到那边去住呢？"

武帝并不讨厌秦始皇，他所做的事有些是秦始皇做过的。武帝为了抵抗匈奴是不在乎人力和物力的，他赞成主父偃的意见，大臣们也没有谁敢再提反对意见了。

武帝派将军苏建征调十多万人民去建筑朔方城（今内蒙古黄河以南

的鄂尔多斯），又征发关东地区的民夫，把黄河以南蒙恬时修建的所有要塞都加固修理一下。这次筑城固边，花去的金钱以亿计，汉朝的府库也空了。崤山以东的百姓每十万人一批轮流去服劳役，一座座城堡在边境上夯实筑成，河南地的防守能力比以前有很大提高。

武帝在北方防御问题上系统考虑了一段时间后，他除了在河南地筑城防守之外，把东部上谷郡里伸到匈奴界中去的一块土地放弃给了匈奴。因为上谷郡斗辟县造阳以北的地方九百里凸到匈奴境内，无险可守，派出防守的士兵经常遭到匈奴的突然袭击，而汉朝又不能及时派出援军救助。为了这小块地方，汉朝付出了沉重的代价。武帝把这小块地方放弃给匈奴也是为了防守的方便。这说明武帝对北方边防已经进行全面系统的研究和安排。

北方经过这次整顿，的确加强了防御匈奴攻击的能力。但这里除了戍卒之外，少有人烟，而且军粮得全部从内部调运。为了以民养兵，解决国家负担，武帝下令进行大规模的移民实边活动，计划移民十万人充实到朔方郡。这大量的移民不但加强了边防，而且也解决了部分没有土地的农民的生活。

大规模的移民使荒凉的河南地又充满了生气。土地被开垦出来，原先的牧场又得到了充分的利用。河套地区有黄河灌溉的便利条件，土地肥沃，经过汉朝军民的共同开发，成为塞北的一颗明珠。武帝为了便于管理河南地，就在原来秦朝九原郡的基础上，改名为五原郡，治所在九原（今包头市西北）。河南地又正式地回到中央政权的怀抱之中，又重新得到了开发。

匈奴境内，追亡逐北

看到武帝热心地经营河南地，军臣单于又气又急，在公元前127年的冬天，一病不起，溘然长逝。匈奴境内群王无首，为夺取单于的位置又展开了一场激烈的争夺。

军臣单于生前立太子于单为匈奴王国的正式继承人。但军臣单于的弟弟左谷蠡王伊稚斜觊觎单于位置多年，早早就积累了强大的军事力量，他一看军臣单于死去了，马上就自立为单于。他依靠掌控的强大的骑兵队伍，不怕太子于单的反抗。

太子于单不甘心就这样失去单于的位置，他率领着自己所属的人马和伊稚斜展开了决斗，于单势单力薄，被伊稚斜打得大败，于单无路可走，只好逃到汉王朝境内请求投降。武帝对于于单采取了友好的策略，他为了鼓励匈奴人不与汉朝作对，就把于单封为陈安侯，以显示汉朝博大的胸怀。可是于单不太适应中原的生活，没过几个月就死了。而匈奴内部伊稚斜打跑了于单，就以军臣单于弟弟的身份高登单于宝座。

这时，汉武帝的母亲王太后去世了，于是汉朝宫廷内都忙着大办丧事。王太后的去世令武帝很是悲伤，他恪尽孝礼，为母亲举行了隆重的葬礼。为了安息死者的亡灵，从公元前126年冬到公元前124年春这两年的时间里，武帝一直没有动用兵符，汉朝军队一直处于防御状态，并没有进行大规模的反击，汉朝和匈奴之间大规模的军事冲突暂时停了下来，进入短暂的和平时期。

然而，伊稚斜单于却是个好战之徒，他一上台就企图夺回河南地，报仇雪恨。他看到武帝为王太后服孝而暂时放弃了对匈奴的大规模打击，就变本加厉地攻击汉朝边郡、掳掠边民。

伊稚斜单于接连不断地攻击汉朝北疆，他在元朔三年（公元前126年）春天，就领数万人攻击代郡，汉朝代郡太守共友竭力反击，被匈奴兵杀死。匈奴兵掠汉朝1000多人口退回去了。等到秋雁南归的时候，匈奴骑兵又踏着枯草偷偷地侵入雁门郡内，杀掠雁门郡内百姓1000多人。两次南侵使伊稚科单于尝到了甜头。

元朔四年（公元前125年），伊稚斜单于又举行了一次更大规模的南侵，他知道武帝因为丧母不会派大军反击，所以就派出了九万大军，分成三路南侵，企图能得到比上次更大的收获。匈奴骑兵分三路，每路三万人分别攻击代郡、定襄和上郡三个目标，汉朝北方边郡烽火连天，又不能互相救助，只能困守待援。但是，伊稚斜单于也不敢在汉朝境内滞留时间太长，因此他在纵兵杀掠一番之后，俘走了几千名汉人就退回去了。

匈奴右贤王也乘机向南进犯，因为河南地被汉朝占有并筑朔方城加固防守之后，就等于断了他的财路，他也想报仇雪恨，就多次派兵侵犯河南地，有时攻击到朔方城下，汉朝军吏共同抵抗，但终因寡不敌众，损失惨重。武帝忍无可忍，不得不下决心追歼匈奴，从根本上打击匈奴。

元朔五年（公元前124年）的春天，武帝下令第五次对匈奴用兵，汉军踏上刚刚吐绿的草地，再次开始了新的征程。

这次用兵规模很大，并且开始由国内的防御转变为在匈奴境内追击匈奴。武帝下令卫青率领三万名骑兵从河南地北边的高阙出发，作为这次出兵的统帅。卫尉苏建被拜为游击将军、左内史李沮为强弩将军、太仆公孙贺为骑将军、代地相李蔡为轻车将军，四位将军各领一部人马一齐从朔方城出发。另外，东部一路由大行李息、岸头侯张次公为将军从右北平一带一起北上。

车骑将军卫青统率六个将军和十多万人马大举进入匈奴境内。他们东西线同时出击，但重点是在西线，东线只是起牵制和策应的作用。

匈奴右贤王刚从河南地大掠一番返回，正在帐中饮酒作乐，回味这次入侵的收获。他手下突然报告说武帝已经派卫青又率大队人马要找他报复，心中猛地一惊。但他又想此地距汉境1000多里，估计卫青集结好军队再走这么远的路，得需要几天的时间。于是右贤王决定就地休息，第二天再往北转移也不迟。

可是右贤王算盘错了，卫青集结军队速度很快，而且又是从凸出到匈奴境中的河南地起兵，实际距右贤王居住地仅有六七百里，因此，卫青挥兵北进，在日落前把右贤王的居住地团团围住。

手下人的报告把右贤王的酒吓醒了，他听说汉军忽然包围上来，不由得惊恐万状。他慌慌张张地备鞍上马，带着几百名心腹骑兵趁着夜色突围逃跑。卫青听到报告，马上派轻骑校尉郭成等人猛追不舍。由于右贤王熟悉地形，所以尽管郭成等人追了几百里地还是被右贤王甩掉了，郭成只好空手而回。而汉军在包围圈内却收获不小。汉军镇压了匈奴兵的顽强抵抗，活捉右贤王手下的副王十多人。同时被俘获的还有15000多人和近百万头牲畜。

卫青下令班师回朝，胜利的消息早就派人飞快地报告到武帝那里去了。武帝见又取得了一个大胜利，欣喜若狂。他马上叫过一个使者吩咐了几句。

卫青的军队喜气洋洋地返回边塞，在塞上站满了欢迎的军民。卫青刚到塞下就看到武帝派出的使者恭立在城门前，使者手捧着一封大印，对卫青说：“皇上令臣持大将军印，即在军中拜为大将军。”卫青拜谢接过大将军印，将士们一片欢呼。属将们将军队交归大将军管辖，汉军吹着胜号返朝。

武帝再次奖励这次出击的有功人员，他对臣下说：“大将军卫青亲自率领士卒，出师大捷，擒获匈奴副王十余人，立下汗马功劳，朕决定再加封卫青八千七百户。”武帝觉得卫青屡立战功，就别出心裁要封卫青的三个儿子为侯，他下令封卫青的大儿子卫伉为宜春侯，另两个儿子卫不疑和卫登分别被封为阴安侯和发干侯。汉代时从汉高祖那传下来的规矩，非功臣不得封侯。而武帝却把卫青的三个儿子一齐封侯，尚属史无前例，可见武帝对卫青的战绩太满意了。

大将军卫青见到武帝时再三谦让说：“臣有幸得在汉家军队里，依靠陛下的神威才使军队取得了胜利，这也是将士们共同力战取得的功劳。陛下已经给了臣很高的封赏和荣誉，又增封臣的三个儿子为侯。可是犬子小的尚在襁褓之中，没能为陛下立下一点功劳，陛下却裂地分封他们为侯，这不是臣在军队里勉励将士们奋力拼杀的本意。犬子卫伉等三人又怎敢受封呢？”

武帝对卫青说：“朕并不是忘了将士们的功劳，现在正在安排他们的封赏呢。”把卫青劝了回去。

武帝除了重赏大将军卫青之外，又下诏给御史，对其他有功人员进行封赏，他说：“护军都尉公孙敖三次随从大将军卫青出击匈奴，总护诸军，擒获匈奴副王，战斗有功，因此封公孙敖为合骑侯；都尉韩沉跟从大将军北出置浑关塞、包围匈奴右贤王的王庭、指挥部下擒获匈奴副王，故封韩沉为龙额侯；骑将军公孙贺和轻车将军李蔡都因擒获匈奴副王有功，分别封为南印侯和乐安侯。”

武帝除了重赏高级将领之外，对于领军的中级军官也给予赏赐，封校尉李朔为陟轵侯、赵不虞为随成侯、公孙戎奴为从平侯；将军李沮、李息以及校尉豆如意、中郎将绾等都因功赐爵关内侯，李沮、李息和豆如意分别赐给食邑300户。御史大夫奉旨逐一封赏有功劳的将领，连士兵也不例外。

正当汉朝君臣为获得大胜而弹冠相庆时，匈奴统治者却是火冒三丈。他们不仅没有从汉朝掠到什么太丰厚的财富，反而被汉军一次反击打得落花流水，就连牛羊也被汉军顺手夺过去了，匈奴人恼羞成怒，又向汉朝发动了猖狂的进攻。

这年秋天，意图报复的匈奴人又入侵汉朝边界，在代郡杀死都尉朱央，俘虏汉人1000多人。元朔六年（公元前123年）春天，武帝决心再给匈奴人一次教训，他命令大将军卫青作为总指挥又一次从定襄出发北上讨伐匈奴。合骑侯公孙敖为中将军、太仆公孙贺为左将军、翕侯赵信为前将军、卫尉苏建为石将军、郎中令李广为后将军、左内史李沮为强弩将军，全部归大将军卫青指挥。

汉军大队北上，匈奴急速退兵，汉军随后追击，歼灭匈奴数千人。卫青见匈奴人退兵避战，只好率领大军后退到边境，在边郡一带进行休整。

暂时的宁静预示着更大风暴的到来。过了不到两个月，一直安静地守在汉朝边郡上的汉朝大军突然又向北疾进。大将军卫青统率着六位将军和十余万骑兵，似狂飙猛起，从定襄北进数百里。措手不及的匈奴人进行了顽强抵抗。大将军卫青挥军猛击，又推进100多里后安营扎寨。

前将军赵信原来是匈奴的小王，投降了汉朝，被封为翕侯。他是这次大军的开路先锋，因为他比别人更熟悉匈奴地区的道路和地形，就和右将军苏建率领3000多名骑兵在大军前面开路。

卫青的外甥霍去病也在卫青帐下，他这一年才18岁，身体健壮、喜欢骑马射箭，这点很像他的舅舅卫青。大将军卫青很喜欢他，就带他一起随军北击匈奴。武帝下诏要卫青带霍去病参战立功。卫青按武帝意愿，给霍去病800名壮士，都是汉军中身手矫健、武艺高超的年轻士兵。并且任命霍去病为票姚校尉，相当于现代特种部队的头头。

卫青除派出前将军赵信和右将军苏建前面探路之外，又命令另外四个将军公孙贺、公孙敖、李广、李沮每人各带一队人马分头去找匈奴，确定匈奴的位置，以便大军合击。霍去病领着手下800名将士也不甘落后，自告奋勇率军独自寻找匈奴。卫青做好这一切安排后，就坐镇大营，等候消息。

到了日暮时分，公孙贺、公孙敖、李广和李沮各自领着自己的人马转回营地，他们没有碰到匈奴的大部队，只是消灭了碰上的小股匈奴骑兵。他们向大将军卫青报告了各自的情况，就各自回营休息。

天色黑下来了，可是赵信、苏建和霍去病他们三路人马却没有露面。卫青看着夜色笼罩下的茫茫草原，心里担心他们会出事，就连忙派人召回公孙贺他们几位将军，并让他们带人前去接应。

又过了一天一夜，还是不见赵信他们，大将军卫青心神不宁，坐卧不安。正当卫青急得团团转的时候，营外卫兵报告说："苏建将军回来了。"

将军苏建浑身血迹，由两个士兵搀扶来到大将军营中，他半死不活地趴在卫青面前痛哭流涕。

大将军卫青急忙扶起他问道："发生什么事情了？将军怎么如此狼狈？"苏建哭着说："昨天，我和前将军赵信把士兵合在一起，仗着他熟悉线路一直向前推进，不想迎面碰到了匈奴的大军，我们还来不及撤退便被他们包围了。我和赵信向外突围，与匈奴兵混战一整天也没能摆脱困境，而我们手下的人马已经损失一大半，想不到这时候赵信又变了心，他投降了匈奴。我只好带着几百人拼着性命冲出来。匈奴兵不肯放过，在后面穷追不舍，又大杀一阵，我和手下人都离散了，现在只剩下我一个人逃回来向大将军请罪。”苏建说完这些话已泣不成声。

苏建和赵信全军覆没，大将军卫青心中一紧，以前一直打胜仗，卫青一时不知如何处理这件事。他当时召来军正闳、长史安和议郎周霸等负责军纪的官员，询问他们说：“你们看应该怎样处理苏建才好呢？”议郎周霸说：“苏建是大将军派出的部下，未能斩敌立功，现在又全军覆没，只有自己一个人逃回，应当斩首才对，以申明大将军的声威。”

军正和长史都站出来替苏建辩护，他们说：“苏将军以三千人对付匈奴数万大军，兵力相差太悬殊，所以吃了败仗。但他不肯跟着赵信投降敌人，一直抵抗到全军覆没，他才拼死逃回来，已经尽到了一个将军的职责。如果把他杀了，以后将士们万一打了败仗，谁还敢回营呢？这不是如同逼迫他们去投降敌人吗？请大将军三思。”

卫青也觉得不应该就这样简单地追究苏建的责任，他对部下说：“我幸得以皇亲国戚的身份率师北伐，并不担心没有威名，而周霸让我杀苏建来提高自己的威名，这很不合我的心意。虽然我有处斩大将的职权，但也不能专擅生杀大权。就是苏建有罪，也应当奏明圣上，让圣上亲自来裁决，我不能自作主张把苏建杀死。”

将士们听了卫青一番话，非常佩服大将军的人格，都齐声叫好，于是卫青便将苏建暂时囚禁在军中，只等班师回朝之后，交给武帝处理。

卫青派出接应赵信的将士们已得知了苏建和赵信的败信，知道他们全军覆没，只好接收了一些败兵残将陆续返回大营。

最后又回来一批人马，士兵们迎上去仔细一看，原来是霍去病和手下人回来了，他们一个个血迹斑斑，但行步稳健，直奔大将军营中报到。

霍去病手提一颗血淋淋的人头，后面的壮士还押着两个匈奴俘虏，卫青见到外甥霍去病能够平安地回营，心中大喜过望。见了人头和俘虏，卫青忙问霍去病这一路的情况。

霍去病扔下人头，指手画脚地说了大概："我领着手下这八百人离开大营，北进数百里寻击匈奴，一路北进并没有遇到任何抵抗。昨天晚上，我们接近了一座小山，见山谷里整整齐齐地排列着上百座帐篷。我一看就肯定这是匈奴的一座较大的军营。我们偷偷地从山脚下绕过匈奴的哨兵，转到了匈奴兵营的北面。此时夜色昏黑，我们趁匈奴人没有防备，集中兵力猛攻其中一座最大的帐篷。帐篷中三个匈奴的军官正在饮酒，我们冲进去时，其中一个要拔刀反抗，被我一剑斩杀。其他人把另外两个匈奴头子生擒活捉。匈奴兵做梦也没想到汉兵会钻到这来，他们全无准备，加上夜色昏暗，匈奴士兵被惊叫声惊醒，以为遭到汉朝大部队的攻击，急急忙忙寻马找鞍，拿着细软仓皇逃命。我和手下人趁乱一顿追杀，大约斩杀了两千多名匈奴士兵，剩下的逃得无影无踪。我怕匈奴人去纠集救兵，到时候人少力寡要吃亏，所以领着人往回急奔，正好半路上碰到接应的将士们，这才放下心来，一同回营，向大将军缴令。"

卫青听说霍去病大获全胜，心中格外地高兴，他看了看霍去病扔在地上的人头和后面押着的俘虏就问道："那么这三个人又是怎么回事呢？"

霍去病回答说："这是匈奴的三个头子，一个被我杀掉的，另两个被我们活捉押回来，我在路上审问了这两个人，他们供认说，一个是匈奴单于的叔父罗姑比，另一个是匈奴的相国，他们又说我杀死的是匈奴单于爷爷一辈的大王藉若侯产。"大将军卫青喜上眉梢，他心中想：赵信和苏建3000人全军覆没，幸亏霍去病打了胜仗，这次出来总算没有吃亏。大将军卫青仔细盘算一阵，决定到明天一早就收兵返朝。

这次出兵，连续采取了两次军事行动，共消灭匈奴兵19000多人。而在后一次战争中，尽管杀敌10000多人，但汉朝也失去了赵信和苏建两位将军统率的3000多名骑兵。武帝认为，这次出兵虽然功劳不小，又带来单于爷爷的人头，活捉了单于的相国和叔父，可是有两路兵马全军覆灭，翕侯赵信又投降了匈奴。总的来看，功过相当。所以，武帝决定不加封卫青，只是给卫青1000金予以奖励。

而这其中有两个人却不得不赏。一个是票姚校尉霍去病，他率800名壮士直捣匈奴大营，斩获三名匈奴高级官员，并斩获匈奴兵2028名，超过他所带领人数的两倍之多。武帝以其勇敢封霍去病为冠军侯，赏给食邑2500户，霍去病至此开始在抗击匈奴的战场崭露头角。

另一个被封侯的是大将军手下的校尉张骞。张骞曾经作为武帝招募的使者，前往西域联络大月氏共同夹击匈奴，不想半路上被匈奴人抓住，扣留了十多年。后来张骞找个机会又从匈奴逃了回来。他在这次出击战中，在大将军卫青手下担任校尉职务，由于他在匈奴生活了十多年，所以熟悉匈奴的地形，知道哪里有水、哪里有草。这次出兵之所以能顺利完成，全靠他起了一个好的向导作用。由于他的指点，汉军人马才免于受渴挨饿。大将军卫青向武帝奏明了他的功劳，又加上他以前出使的勇敢，故武帝封张骞为博望侯。

将军苏建率3000人苦战匈奴数万人，不敌而败，但他并没有像赵信一样投降匈奴，尽管全军尽没，他还是自己一人逃了回来。按汉律，亡师丧土要处以斩刑，但武帝念苏建一片忠心，又是兵力相差悬殊，所以就让苏建自赎死罪为平民。

此外，武帝还赏赐了上谷太守郝贤。郝贤四次跟从卫青，参加了抗击匈奴的战争，一共捕获匈奴人1300多名，累计立有战功，所以武帝就封郝贤为终利侯。另外，骑士孟已随霍去病斩虏匈奴的高级官员有功，被赐爵关内侯，食邑200户。

正当武帝赏赐有功之臣的时候，匈奴人也在庆功，尽管他们损失惨重，但总算得到了一个熟知汉朝内情的赵信。千军易得，一将难寻，更何

况赵信又是一员熟知汉情的大将呢？伊稚斜对于赵信格外加恩，把赵信封为自次王，权力之大，仅次于伊稚斜单于一人，伊稚斜单于为了拉拢赵信，把自己的姐姐嫁给了赵信。赵信一时名利双收、人财两得，更加死心塌地跟从伊稚斜单于。他熟知汉朝军队的训练和进攻方法，所以相应地就比伊稚斜单于更有办法对付汉军。

赵信针对汉军不能大规模长驱直入的缺点，让伊稚斜单于将兵力全部转移到大荒漠以北的地方，这样武帝急于同匈奴主力决战，必然要派兵长途跋涉荒凉贫瘠的大荒漠地区和一些沼泽地带。而匈奴士兵则可以在荒漠以北养精蓄锐，以逸待劳。这样就可以将远程而来、粮草不济、疲惫不堪的汉军打得措手不及，大败而回。

伊稚斜单于听了赵信的计策，心中暗自赞叹，自己为收罗到这么一位文武双全的人才而自鸣得意，他二话没说，马上同意按赵信的计策去做。

赵信的计策切中了汉军的弱点，武帝不敢派兵长途跋涉去攻击大漠以北的匈奴主力，派出进攻大军往往还是劳而无功。匈奴人远离汉朝边塞的办法，使得汉军对匈奴人无可奈何，只好耐心积聚力量，只等粮草备齐、时机成熟之后，再征漠北攻击隐藏在北部的匈奴武装。

赵信见汉军因他的计策而无所收益时，就灵活地运用游击战的方法。他派出数万人的小股军队，有时从漠北出发，趁着汉朝大军向回撤退，北方边郡空虚的时候，突然攻击汉朝北部边郡。等到汉军反击时，又急速撤回到大漠以北，让汉军疲于奔命。

但由于伊稚斜单于看到连吃几次大败仗，损失了不少人马和牲畜，也想休养生息，加上赵信的计策，所以汉匈边境也出现了一年无战争的和平景象。尽管有小队匈奴人马的骚扰，但汉匈边境上已经不再见到大军猛进时扬起的滚滚烟尘了。

两王勾结，蓄意谋反

建元六年（公元前135年），天空出现彗星，刘安的宾客就向刘安游说道："以前，吴王刘濞起兵时，彗星出现，长几尺，尚且流血千里，如今彗星贯穿天空，恐怕天下将有大规模战事发生。"刘安认为说得有道理，就加紧制造作战用的武器，积聚金钱和粮草。

一个名叫雷被的郎中得罪了淮南王的太子刘迁。当时，武帝正颁下诏书，想让有志参军报国的人到长安来应征，于是雷被表示愿意参军去打匈奴。因刘迁在淮南王面前说了雷被的坏话，所以刘安将雷被训斥了一顿，不让他参加攻打匈奴的军队，以防止其他人效法。就在这一年，雷被逃到长安，上疏朝廷表白自己的冤情。武帝将此事交给廷尉处理，因牵连到淮南王，公卿请求将刘安逮捕治罪。太子刘迁定计，让武艺高强、心狠手辣的勇士穿着卫兵的服装，手持长戟站在淮南王刘安身边，如果朝廷派来的使者想将淮南王治罪，就立即将其刺杀，然后举兵反叛。武帝派中尉段宏到淮南王处询问有关情况，淮南王见段宏神色平和，没有逮捕他的意思也就没有采取行动进行反叛。公卿大臣奏称："刘安拒绝有志抗击匈奴的壮士的请求，是犯了阻碍圣旨的大罪，应当众斩首。"武帝下诏削去淮南国的两个县。事后，刘安自怨自艾说："我做仁义之事，反而被削减封地。"他以此为耻，因而越发加紧了谋反的准备。

刘安与衡山王刘赐互相指责，在礼节上互相不能相容。刘赐听说刘

安有反叛朝廷的打算，害怕被刘安吞并，于是也结交宾客、准备武器，打算在淮南王攻打长安之后，就发兵攻下长江、淮河之间的地区。衡山王王后徐来到刘赐面前诋毁太子刘爽，企图废掉刘爽以改立刘爽之弟刘孝为太子。刘赐囚禁了刘爽，将衡山王印信交给刘孝，命刘孝延揽宾客。前来投靠的宾客们隐约了解到刘安、刘赐的谋反计划，便日夜劝刘赐起事。于是，刘赐命刘考门下宾客江都人枚赫、陈喜制造战车，锻造弓箭，雕刻天子印玺和文武官员的印信。这年秋季，刘赐照例应入朝拜见皇帝，途经淮南国。刘安本是刘赐的兄长，他盛情款待刘赐，两人相见甚欢，畅饮交谈，不知不觉间消除了以往的隔阂。两王反叛朝廷的意思一拍即合，约定共同起事。于是，刘赐上疏朝廷，借口有病不肯入朝。武帝赐书信给他，允许他不来朝见。

淮南王刘安同他的门客左吴等日夜准备，查看地图，部署进兵的路线。刘安派往朝廷的使者从长安回来，谎称“皇上没有儿子，而且朝政腐败”，他非常高兴。

刘安招来中郎伍被，与他商议有关谋反之事，伍被说道：“大王您怎么能有这种亡国的言论呢？我好像已经看到王宫中生满荆棘，露水打湿人衣服的凄惨景象了！”刘安大怒，将伍被的父母逮捕，囚禁起来。三个月后，刘安又将伍被招来询问他对谋反一事的看法，伍被说：“当初秦朝无道，极为奢侈暴虐，绝大多数的百姓都希望反抗秦朝的暴虐统治。高皇帝在行伍中崛起，最终成为天子，这是因为利用了对方的缺点，把握了时机，趁秦朝土崩瓦解的机会而起。如今大王见到高皇帝得天下容易，却单单不看前不久‘七国之乱’的吴、楚吗？

“吴王刘濞统辖着四个郡的地方，国家富强，人口众多，经过周密计划、充分准备，然后才兴兵西进。然而为什么大梁一战失败，向东逃亡，本人身死，祭祀灭绝？这是因为他逆天行事，不懂得时势。现在，大王的兵力还不到吴、楚的十分之一，而天下的形势却比吴、楚兴兵时安定一万倍。大王不听我的劝告，马上就会看到您丢掉千乘之国的王位，接到赐死的命令，先于群臣死在东宫的惨景。”刘安听了，有所感悟，流着眼泪站了起来。

刘安有一个庶出的儿子叫刘不害，年龄最大，刘安不喜欢他，王后不把他当儿子看待，太子刘迁也不把他视为兄弟。刘不害有一个儿子叫刘建，他才高而气盛，经常对刘迁心怀不满，他悄悄地派人将刘迁曾企图刺杀朝廷命官的事件上报朝廷。武帝知道后，大为震怒，立刻下旨将此事交给廷尉处理。

刘安很害怕，想举兵，又一次和伍被商量：“先生认为当初吴王兴兵造反，是对呢，还是不对呢？”伍被道：“不对，我听说吴王后来很后悔，希望大王不要像吴王那样。”刘安说道：“吴王哪里懂得什么叫造反。当初朝廷的将领一天中有四十多人经过成皋。如今我截断成皋的通道，占据了三川的险要之地，再征召崤山以东的兵马，有充足的准备来发动政变，左吴、赵贤、朱骄如等都认为可以有九成把握，只有您认为有祸无福，这是为什么呢？难道真会像你说的那样，不可能侥幸成功吗？”伍被回答说：“如果大王一定要出兵的话，我有一计，当今各封国国君对朝廷都没有二心，老百姓也没有怨恨的想法。大王可以伪造丞相、御史的奏章，请求皇上将各郡、国的豪杰之士和殷实富户迁到朔方郡，大量征发士兵，命令他们限期到达。再伪造诏狱之书，声言要逮捕各封国的太子和宠臣。如此一来，就会导致百姓怨恨、诸侯恐惧，然后再派遣能言善道之人到各地游说，或许可以侥幸有十分之一的希望吧！”刘安道：“这是可以的，不过，我觉得用不着这么麻烦。”

于是，刘安伪造了皇帝印玺和丞相、御史大夫、将军、军吏、中二千石及周围各郡太守、都尉的印信，并伪造了朝廷使者的符节。又派人假装在淮南国犯罪而西逃长安，投到大将军卫青门下，一旦发兵，马上将卫青刺死。刘安说：“朝廷大臣中，只有汲黯喜欢犯颜直谏，能够严守臣节，为忠义而死，难以迷惑，至于游说丞相公孙弘等人，就如同去掉物件上的尘土或摇掉树枝上的枯叶一样容易。”

刘安准备调动本国的军队，又担心丞相和二千石官员不肯顺从配合，便与伍被商议，想先将丞相和二千石官员杀掉，同时打算派人身穿边境士兵的服装，手持告急文书从东边赶来，高喊：“南越国的军队就要攻入我国边界了！”想以此为借口起兵。

恰在此时，廷尉前来逮捕淮南国太子刘迁，刘安听到消息后，同刘迁密谋，召相和二千石官员前来，企图杀死他们，起兵造反。但只有丞相一人应召前来，内史、史尉却都没有来。刘安觉得光杀相一人没有什么用处，就放他走了。刘安犹豫不决，不敢立刻起兵叛乱，太子刘迁穷途末路，挥剑自杀，但是没有死成。

伍被自己前往廷尉那里，告发与刘安图谋反叛的过程。廷尉于是派人逮捕了淮南国太子和王后，并且包围王宫，将在淮南国内准备与淮南王一道谋反的所有宾客全部抓起来。取得谋反证据后，奏报朝廷。武帝命公卿处治刘安党羽，派宗正手持皇帝符节前往淮南国处治刘安。没等宗正赶到，刘安便自刎而死。于是，宗正将淮南王后荼、太子刘迁处死，所有参与谋反计划的人一律灭族。

武帝因伍被的言论中曾多次赞美朝廷，起初不想杀他，廷尉张汤说：“是伍被首先为淮南王作谋反计划，他罪不能赦。”于是伍被被杀。侍中严助平常与淮南王关系密切，两人曾私下议论事情，淮南王还曾送给严助许多钱物。武帝认为这是小罪，没必要杀他。但张汤坚持要杀，认为：“严助出入宫廷是皇上的心腹之臣，却外与诸侯私交到如此地步，如不杀严助，今后类似的事情就不能禁止。”严助终于被当众斩首。

衡山王刘赐上奏朝廷，请求废掉太子刘爽，另立刘爽的弟弟刘孝为太子。刘爽听到消息后，立即派他的亲信白嬴到长安上疏朝廷，揭发“刘孝未经朝廷允许，私自制造兵车、锻铸箭矢，还和他父亲的姬妾通奸”等罪状，想除掉刘孝。正好主管官员在逮捕参与淮南王谋反计划的人时，在刘孝家中抓到陈喜，于是参劾刘孝私自窝藏陈喜。刘孝听说法令规定“先行自首的，可以免除罪责”，便自己先向朝廷告发了共同密谋反判的枚赫、陈喜等人。公卿大臣奏请武帝逮捕衡山王治罪，衡山王自刎而死，王后徐来、太子刘爽及刘孝都被当众斩首，参与谋反计划的人一律灭族。

当淮南王刘安密谋反叛时，胶东王刘寄听到风声，曾在暗中做战争准备。在廷尉处置刘安谋叛事件时，发现有些犯人的口供牵涉到刘寄反叛的活动。事发后，刘寄担惊受怕，身染重病而死，临死前也不敢指定继承人，刘寄的母亲王夫人就是皇太后的妹妹，与武帝关系最亲。武帝听说后很怜悯他，立他的大儿子刘贤为胶东王，又封刘寄生前最宠爱的小儿子刘庆为六安王，将原来衡山王辖地划归他所有。

战祁连山，浑邪王降

元狩二年（公元前121年），为打通河西走廊的通道，打击匈奴右贤王，以切断匈奴右臂，武帝发动了第二次具有重大意义的大规模出击匈奴的战役，这次战役是由霍去病指挥的。这年五月，武帝任命霍去病为骠骑将军，率领10000多名骑兵从陇西出发远征匈奴。过焉支山（今甘肃永昌县西、山丹县东南），沿祁连山峡谷西进，深入匈奴休屠王领地1000多里，转战六日，在娄兰山下与匈奴展开决战，汉军大获全胜，杀敌1000多人，并缴获休屠王祭天的金人，给了匈奴沉重的打击。武帝很高兴，为纪念这次胜利，把休屠王祭天的金人当作大神供列在甘泉宫。夏天，匈奴出兵侵犯汉代郡、雁门一带。这次，武帝采取了两翼作战的方针，命博望侯张骞率军万骑、李广率军四千骑从右北平（今辽宁凌源）出发，分道迎击匈奴左贤王，开辟东线战场；霍去病和公孙敖各率万骑分别从陇西、北地出发，开辟西线战场。

李广率4000名骑兵为先锋，开在大部队前方约几百里地，张骞率骑兵10000多人殿后。匈奴左贤王率骑兵40000人，将李广率领的先头部队团团包围。李广的军士被围，都感到十分害怕，李广便命自己的儿子李敢独自率领几十名骑兵直入敌阵，从敌阵左右冲出后返回。回营后李敢当着全军的面向李广报告说："匈奴兵很容易对付。"军士的情绪才安定下来。李广命部下的将士向着敌军排成圆形阵营，匈奴兵向汉军阵地发起猛烈进攻，箭如雨下，汉军士卒伤亡过半，箭也快用尽了。

李广便命令部下拉满弓弦，但不发射，他亲自用特大的黄色强弓射匈奴将领，李广一连射死匈奴将领好几人，敌人的攻势才渐缓下来。这时天色已晚，汉军将士全吓得面无人色，只有李广神情自若，加紧巡视阵地，调整部署，全军上下全都钦佩他的勇气。第二天，汉军再次奋力与匈奴兵激战，虽然伤亡大半，但消灭的敌人却超过己方的损失。这时，张骞的大军赶到，匈奴军才撤围而去。汉军疲惫，无力追击，于是撤兵而回。根据汉朝的法律，博望侯张骞由于行动迟缓贻误战机，应处死，赎身后成为平民，李广功过相抵，没有封赏。骠骑将军霍去病深入匈奴2000多里，与公孙敖率领的部队失去了联系，未能会师。但霍去病率领部队跨越居延海，经过小月氏，到达祁连山，生擒单桓、酋涂二王，匈奴丞相都尉率部下2500人投降汉军，汉军斩杀匈奴30200人，俘获小王70多人。于是武帝增封霍去病食邑5000户，封其部下有功将领鹰击司马赵破奴为从骠侯，校尉高不识为宜冠侯，校尉仆多为辉渠侯。合骑侯公孙敖因为中途逗留贻误军期，未能与霍去病会合，本应处斩，赎身后为平民。

当时汉军中资格老的将领们统率的将士、马匹、兵器都没有霍去病军中的精良，而老将们经常因迟留落后而不能立功。因此，霍去病越来越受到宠信尊重，和大将军卫青差不多。

具有重大意义的祁连山之战，沉重地打击了匈奴的右部，匈奴内部也由此产生了矛盾。这年秋天，匈奴伊稚斜单于因浑邪王居西部而屡次被霍去病军打败，损失了数万人和大批财物，于是怪罪于浑邪王和休屠王，准备将他们召到单于庭，杀掉他们。

浑邪王和休屠王感到害怕，打算投降汉朝，于是先派人在边境拦截经过当地的汉人，让他们向武帝报告。当时，大行李息正在黄河边筑城，见到浑邪王的使者后，便派传车急速去报告朝廷。武帝听到这一消息，怀疑他们是用诈降手段准备偷袭边塞，便命霍去病率兵前往迎接。休屠王因后悔向汉朝投降，浑邪王将他杀死，又兼并其属下部众。霍去病渡过黄河之后，与浑邪王所带领的部队遥遥相望，浑邪王部下将领见到汉军后，很多人不愿投降，于是纷纷想逃走。霍去病便纵马驰入浑邪王大营，与他相见，将其部下企图逃跑的8000人全部杀死，又派浑邪王一人乘传车到武帝所居之处，同时命其部下全部渡过黄河。投降的共40000多人，号称10万。浑邪王到长安后，武帝赏赐他几十万两黄金；封浑邪王为漯阳侯，食邑一万户，其部下小王呼毒尼等四人全都被封为列侯。又加封霍去病食邑1700户。

浑邪王归降时，汉朝征调车辆两万乘前往迎接，但因朝廷没有钱，只得向民间赊购马匹，有的老百姓将马匹藏匿起来，结果马不够用。武帝非常生气，要杀长安县令，右内史汲黯说道："长安令没有罪，只有将我杀了，老百姓才肯交出马匹。再说，浑邪王投降我朝，我朝只需从容地按着县的顺序传送，何至于使天下不安、使中原贫困来奉承异族呢！"武帝默然，没有应答汲黯。及至浑邪王等来到长安，当地商人因与他们做买卖而犯死罪的达500多人。汲黯请求武帝闲暇时在未央宫高门殿接见他。汲黯见了武帝后向他奏道："匈奴攻击我沿边道路上的要塞，拒绝和亲，我朝兴兵征讨，死伤不可胜数，费用高达几百万。我原以为陛下得到匈奴人，一定会将他们全部作为奴婢，赏赐给那些牺牲在战场上的将士之家，所缴获的财物，也一并赏赐，用来酬谢天下人的痛苦，使百姓心满意足。如今纵然做不到，也不能因浑邪王率几万人前来归降，就用尽国库财富来赏赐他们，征调百姓服侍、奉养他们，好像供奉骄横的儿子一般。那些无知的百姓怎么知道在长安城中做买卖，竟会被官吏以犯有使财物非法流出边关的罪名抓起来治罪呢？陛下既不能用匈奴的财物答谢天下，又凭法令中一项不重要的条文杀死无知小民五百多人，这与'为保护树叶而伤害树枝无异。我觉得陛下这样做是不对的。"武帝沉默不语，没有应许。后来说道："我很久没听到汲黯的声音了，如今他又在这里胡言乱语了！"

不久，武帝将归降的浑邪王部属分别迁徙到沿边五郡的旧要塞之外，让他们全部住在黄河以南并保持他们原有的风俗习惯不变，设立了五个属国。从此，金城河西岸、傍南山直到盐泽一带，便没有匈奴人了，即使是匈奴探马也不多见。

休屠王太子日磾和他的母亲阏氏、弟弟伦都被罚为官府奴隶，派到属于少府管辖的黄门养马。这之后很久，一次武帝在游乐饮宴之时查看马匹，他的身边站满了后宫的美女，日磾等几十人牵马从殿下经过，没有人不偷偷窥视，而唯独日磾经过时不敢偷看。日磾身高八尺二寸，容貌十分庄严，所养的马匹又非常肥壮，武帝感到惊奇，召他上前询问，日磾便将自己的身世一一奏告。武帝听了之后对他另眼相看，当日即让他洗澡、赐给衣帽，任命他为马监，后又升其为侍中、驸马都尉，一直做到光禄大夫。日磾受到皇帝宠爱，从来没有犯过过失，武帝对他十分信任，赏赐累计过黄金千斤，出门时让他陪乘，回宫后让他侍随在左右。很多皇亲国戚都私下抱怨说："皇上不知从哪儿找来个胡儿，竟然当成宝贝。"武帝听到后，却愈加厚待日磾，因为休屠王曾制造金人用来祭祀天神，所以武帝赐日磾姓金。

浑邪王率领部众归附汉朝以后，河西就再也没有乱兵侵扰。金城河西并南山（祁连山）至盐泽（今罗布泊），匈奴人消失殆尽。武帝以其旧地设置武威（今甘肃民勤）、酒泉郡，元鼎六年（公元前111年）又分其地设置张掖、敦煌郡。从此以后，汉朝的防线大大向西推进，切断了匈奴与羌人的联系，打破了汉朝被匈奴、羌人包围的局面，打通了与西域联系的河西通道，切断了匈奴右臂，巩固了第一次战役的成果。汉朝的西部压力至此解除，特别是陇西、北地、上郡一带的百姓负担因此大大减轻。武帝决定："减陇西、北地、上郡戍卒之半，以宽天下徭役。"河西一带，水草丰美，匈奴失掉河西，经济上造成了很大的损失，匈奴人唱道："失我祁连山，使我六畜不蕃息；失我焉支山，使我嫁妇无颜色。"

卫霍合击，巩固边境

元狩三年（公元前120年）秋，匈奴集合数万名骑兵从东北面的右北平、正北面的定襄对汉朝发动进攻。

元狩四年（公元前119年），武帝召集将领商议反击匈奴的事宜。武帝对各位军事将领说："翕侯赵信给匈奴单于出谋划策，认为汉兵不能够轻装穿过大沙漠，即使到了那里也待不久。此次发动大军，一定要达到我们的目的。"于是，征选了用粟米饲养的战马10万匹，命大将军卫青、骠骑将军霍去病各率骑兵5万人出征，跟随官兵驮运行装的马匹也有四万匹，跟在大军之后的步兵和运送辎重的人有几十万，那些敢于深入匈奴腹地，与敌人力战的勇猛将士都归霍去病指挥。开始，霍去病率部从定襄出塞，从正面攻击匈奴单于。后从俘虏口中得知单于在东边，于是武帝改命霍去病从代郡出塞，卫青从定襄出塞。郎中令李广屡次主动请求出征；武帝认为他年事已高，没有批准他的请求，过了很长时间才任命他为前将军。太仆公孙贺被任命为左将军，主爵都尉赵食其为右将军，平阳侯曹襄为后将军，都归大将军卫青统领。赵信为单于谋划说："汉军横穿大沙漠后，人马必定疲惫，我们可以坐等他们，并将他们擒获。"于是将己方的辎重运到北方很远的地方，命精锐部队在沙漠以北等候汉军。卫青出塞后，从俘虏口中得知单于的驻地，便亲自率精兵挺进，命前将军李广与右将军赵食其合兵一处，由东路进军。因为东路绕远，水草也不丰盛，李广于是请求卫青说：“我的部队是前将军的部队，但现在大将军却改命我部为东路军。我从少年时就开始与匈奴作战，今天才有机会正面对付单于，所以愿意做前锋，先去与单于决一死战。”出征前卫青受武帝的告诫说：“李广年纪已大，运气又不好，不要让他与单于正面作战，他怕是不能完成擒获单于的任务。”而公孙敖不久前失去侯爵，卫青也想让他与自己一同正面与单于作战立功，所以将前将军李广调到了东路。李广得知内情，坚持推辞卫青的调遣，遭到卫青拒绝，李广心中十分愤怒，未向卫青告辞就动身出发。

卫青率大军出塞1000多里，横穿大沙漠，见匈奴单于的军队正列阵以待，于是下令将兵车环绕一周结成阵营，派出5000名骑兵攻击匈奴，匈奴也派出约10000名骑兵迎战。那时太阳将落，忽然刮起狂风，卷起漫天黄沙，两军士卒相互不能分辨。卫青增派左右两翼的军队包抄单于。单于见汉军兵强马壮，估计自己打不过汉军，便乘坐六匹强健的骡子拉的车，在约几百名精壮骑兵的保护下直冲汉军防线，向西北方向飞奔而去。这时天已昏黑，汉军同匈奴的将士们仍在激烈地搏杀，双方兵力损失相差不多。汉军左翼校尉报告卫青说，他从抓到的俘虏那里得知，单于已在天未黑时离去。于是卫青派出轻骑兵连夜追击，自己率领大军紧跟在轻骑之后，匈奴兵四散逃走。将近天亮时，汉军已追出200多里，仍没有抓到单于，但擒获和斩杀匈奴19000多人。于是到寘颜山赵信城，夺取匈奴的存粮以供养自己的军队。在该地停留一天之后，卫青下令将该城所余的粮食全部烧光，然后班师而回。

前将军李广与右将军赵食其率领的东路军因没有向导，在沙漠中迷失了方向，所以落到卫青的后面，失去了与单于一战的机会。直到卫青率领部下班师回京，经过沙漠南部时才遇到李、赵二位将军。卫青派长史责问二人迷路的情况，并命李广等马上到大将军处听候传讯。李广说道：“这不能怪罪校尉们。是我自己迷了路，我自己到大将军幕府去接受审问。”又对他的部下说：“我从少年时开始，与匈奴进行过大小70多次战斗．这次好容易有机会跟着大将军出征同单于作战，而大将军却将我部调到东路，路途本就绕远，又迷失了方向，难道这不是天意吗？况且我60多岁了，毕竟是无颜面对刀笔小吏！”于是拔刀自刎。李广为人清廉，得到了赏赐就分给部下，同士卒一起吃喝，做了40多年二千石官，家中却没有多余的财产。他的手臂像猿臂般又长又灵活擅长射箭，估计射不中的目标绝不发箭，他带领军队在困境中找到水，只要还有一个士卒没喝过，李广就不沾水；有一个士卒没吃过饭，李广就不进食。士卒因此乐意听命于他。李广死去，全军痛哭。百姓听到死讯，认识他的和不认识他的，无论年老还是年轻，都为他流泪。右将军赵食其一人被交付审判，其罪当死，赎身后成为平民。

匈奴单于逃跑后，他的部下很多人混杂在汉军中追赶单于，单于长时间未能同他的部众会合。右谷蠡王认为单于已死，便自立为单于，十几天后，真单于重新与其部众会合，右谷蠡王便去掉了单于的称号。

骠骑将军霍去病率领的骑兵军车和辎重都与大将军卫青相同，但没有副将，于是，霍去病任命使将李敢等人为大校，充当副将，从代郡、右北平郡出塞2000多里，穿过大沙漠，与匈奴左部的军队相遇作战，擒获匈奴屯头王、韩王等三人，以及将军、相国、当户、都尉等83人。于是霍去病率军在狼居胥山祭祀天神，在姑衍山祭祀地神，又登山眺望翰海，共俘获匈奴70443人。武帝增封霍去病食邑5800户，又封其部将右北平太守路博德等四人为列侯，从骠侯赵破奴等二人增封食邑，封校尉李敢为关内侯并赐食邑。低级军官和兵卒升官、受赏的人非常多。而大将卫青却没有得增封食邑的奖赏，部下军吏士兵全都没被封侯。

卫青与霍去病两支部队出塞时，曾在边塞检阅，官私马匹加起来一共

14万匹，到班师回京聚在边塞时，马匹不到3万匹。

于是，武帝增设大司马一职，由卫青、霍去病共同担任，还规定霍去病的官级和俸禄与卫青一样。从此以后，卫青的权势日渐衰落，而霍去病却日益尊贵。卫青以前的很多朋友和门客都改去投靠霍去病，马上便得到了官职、爵位，只有任安不肯这样做。

霍去病为人寡言沉稳，敢作敢为。武帝曾想让他学习孙武、吴起兵法，但他说："作战只看谋略如何罢了，用不着古代的兵法。"武帝为霍去病修建府第，让他前去观看，他说："匈奴还没有消灭，要家干什么呢？"因此，武帝便更加看重霍去病。

这时，汉朝消灭匈奴共八九万人，汉军也阵亡了几万人。此后，匈奴迁往更远的地方，漠南再没有匈奴的王国驻地了。汉朝渡过黄河，从朔方以西到令居县，处处开通河渠、设置田官，派士卒五六万人驻扎开垦，逐渐兼并到匈奴旧地以北。但也因缺少马匹，不再大举出击匈奴了。

卫青、霍去病战胜匈奴，为汉朝北方边地开创了一个新局面。边郡和内地之间，邮亭驿站相望于道，联系更为紧密。大量的移民和戍卒，在水草丰美的荒凉原野上开辟了大片的耕地，种植谷、麦、秫等作物。中原地区先进的生产工具、耕作技术、水利技术，通过屯田的农民在边郡传播开来。自令居（今甘肃文登）以西至敦煌，修起了屏蔽河西走廊的长城，敦煌以西至盐泽，也筑起了亭障。北方旧有的长城得到了大规模的修整，并建立起完整的边燧系统，自敦煌至辽东11500余里，众多的吏卒亭台、屯田区、城堡和烽燧系统，既是汉朝在北方边境的政治、军事据点，也是先进经济、技术、文化的传播站，对促进匈奴和相邻地区的社会发展和经济开发，产生了重大的影响。

武帝命卫青、霍去病连续不断地大规模出击匈奴，不但将文景时代的积蓄消耗一空，而且造成严重的财政经济危机。长期的战争使得大批青壮劳动力脱离社会生产，全国因此而民怨沸腾。为解决财政危机，武帝开始实行一系列财经政策，从发行白金皮币、盐铁官营到算缗、告缗、均输平准，不一而足，大大激化了社会矛盾。

张骞使命，出使西域

元狩四年（公元前119年），武帝派张骞再次出使西域，联合乌孙收回河西故地。

张骞归来后，多次随从大将军卫青出击匈奴。由于他在匈奴多年，有关沙漠地区的地理知识非常丰富，能为大军辨别水草之地，使大军行动不致困乏，因从军有功，张骞被封为博望侯。

武帝屡次召问张骞，向他询问大夏等国的情况，希望张骞再次出使西域，一方面想搜集西域的奇珍异宝，扬大汉朝兵威；另一方面是为了制伏已向西转移的匈奴。张骞又向武帝建议，联络乌孙以对付匈奴。

张骞被扣留在匈奴的时候，就听说匈奴西部有一个大国叫乌孙，乌孙国王称为昆莫。最初乌孙国的部众在昆莫的父亲难兜靡率领下，和月氏人一起居于敦煌附近。后来，月氏人杀死了难兜靡，乌孙人就依附了匈奴。当时，昆莫年幼，为匈奴单于收养。昆莫长大以后，屡立战功。月氏人后来西迁，昆莫向单于请求发兵以报父仇，单于就把他父亲的旧部交给其管理。于是，昆莫率部西击大月氏。昆莫大败大月氏人，把他们赶到西夏，昆莫就率部定居下来，不再依附于匈奴。匈奴几次发兵进攻，都被昆莫击败。乌孙成为这一地区的强国。

浑邪王归顺汉朝以后，匈奴势力被汉军驱逐到沙漠以北，盐泽以东则不见匈奴踪迹，前往西域的道路也可以通行了。于是张骞建议说："乌孙王昆莫本来是匈奴的藩属，后来势力渐强，不肯再侍奉匈奴，匈奴派兵征服，没能取胜，于是远去。如今匈奴单于刚受到我朝的沉重打击，而过去的浑邪王辖地又空旷无人，蛮夷族的习俗依恋故地，又贪图我朝的财物，如果我们现在用丰厚的礼物拉拢乌孙，招他们东迁，到过去的浑邪王辖地，与我朝结为兄弟之国，他们一定会听从我们汉朝的驱遣，就等于断了匈奴的右臂一般。乌孙结盟之后，就连它西面的大夏等国，也都能招来成为我朝的藩属。"武帝认为他说得有理，便任命张骞做中郎将，率领300人，每人两匹马，以及数以万计的牛羊和价值数千万钱的黄金锦缎；又任命多人为手持天子符节的副使，以便沿途如有通往他国的道路，就派一副使前往。

元狩四年（公元前119年），张骞率领使团再次出使西域。

卫青、霍去病三击匈奴以后，汉朝已经控制了河西走廊，匈奴主力逃往大沙漠以北，大沙漠以南已经基本上不见匈奴骑兵了。张骞此次出使西域，中途几乎没有遇到什么麻烦，顺利到达乌孙。而在这个时候，乌孙国内的政治形势十分不稳定。60岁的乌孙王昆莫想把王位传给长孙岑陬，但次子很不满意，于是就起兵反对致使国内大乱，乌孙部众也因此分为互不统属的三个部分。

张骞到达乌孙后，乌孙王昆莫十分傲慢地接待了他。张骞转达武帝的谕旨说："如果乌孙能向东返回故土居住，那么我大汉将把公主许配给国王为夫人，两国结为兄弟一般的国家，一起抗击匈奴。那匈奴就会被打败。"然而，乌孙自己因离汉朝太远，不知汉朝是大是小，且长期以来一直是匈奴的藩属，与匈奴相距又近，朝中大臣全都畏惧匈奴，不愿东迁。张骞在乌孙待了很长时间，一直得不到明确的答复，便向大宛、康居、大月氏、大夏、安息、身毒、于阗和附近各国分别派出副使进行联络。最后，乌孙派几十个人护送张骞回汉朝，并答谢汉朝几十匹马，乘机让他们了解汉朝的实力。

元鼎二年（公元前115年），张骞回国，岁余，张骞死去。张骞死后一年，他派出去的副使先后完成任务，同各国所派的使节一道回到汉朝，中原同西域的外交关系正式建立并日益紧密。

从前，西域各国都受匈奴统治，匈奴西部的日逐王设置僮仆都尉统辖西域各国，常驻于焉耆、危须、尉黎一带，强掠各国的财富，并向它们征收很高的赋税。既然乌孙王不愿东迁，汉朝就逐渐从内地迁徙百姓来充实这一地区，之后，又从酒泉分出部分地区设置武威郡，隔断了匈奴和羌人部落的联络通道。

乌孙使臣看到汉朝地域广大，回国后向其国王报告，乌孙于是更加重视同汉朝的关系，匈奴因为乌孙和汉朝建交十分气恼，于是做了攻打乌孙的准备。乌孙国王害怕匈奴对其发动攻击，便派使臣向汉朝表示愿意娶汉朝公主为妻，与汉结为兄弟之好。汉朝君臣共同商议以后，同意乌孙国王的要求。于是，乌孙王以1000匹马作为聘礼，派人前去迎接汉朝公主。汉武帝封江都王刘建的女儿刘细君为公主，嫁给乌孙王，还赠以十分丰盛的陪嫁，乌孙王昆莫把汉公主封为右夫人。匈奴也嫁给乌孙王一女，被封为左夫人。汉朝公主自建宫室居住，一年四季同乌孙王见面一两次，一起饮酒吃饭。由于乌孙王年老，加之语言又不通，所以公主悲伤忧愁，思念家乡。武帝听说后很怜惜她，每隔一年派使臣给她送去锦帐、绸缎等物。乌孙王对汉公主说自己年纪已老，想让公主嫁给他的孙子岑娶军须靡。汉公主不肯依从并上疏武帝。武帝回复她说：“你应当遵从乌孙国的风俗，因为我国希望与乌孙一起灭掉匈奴。”军须靡娶了汉公主，昆莫去世后，其孙军须靡即位，号为昆弥王。汉朝同乌孙和亲以后，乌孙成为汉朝在西域抗击匈奴的重要伙伴。

张骞两次出使西域，时间长达十几年，行程万余里，中间曾两次被匈奴扣留，他历经艰难险阻，终于完成出使西域，加强同西域各国的联系，孤立匈奴的使命。张骞出使西域，对待西域诸国，无论强弱大小，一律平等相待，实行和平友好的政策。他性格刚毅，为人宽厚，以他的诚实获得广泛信任，深受西域各国各族的喜爱和欢迎。张骞死后，汉朝出使西域的使节，仍然打着他的旗号。

张骞出使西域，通过艰苦的努力建立起中原同西域各国的联系，掌握了西域地区的真实情况，改变了原先对西域情况模糊不清的认识，使过去对西域的传说和零散的记载，得到进一步证实和订正。《史记·大宛列传》和《汉书·西域传》就是根据张骞向武帝提供的报告写成的。

张骞出使西域，打开了长期被匈奴阻塞的东西通道，并同帕米尔高原以西各国建立了友好关系，加强了西汉同西域各国的政治、经济、文化交流。张骞出使西域以后，汉朝赴西域的使团络绎不绝，大者数百人，小者百余人。一年之中，出使西域的多达十余批，少的也有五六批。大批使者前往西域，远道的要八九年时间，近道的也要几年时间才能回来，其中很多是打着使者旗号到西域从事贸易的商人。西域各国来到汉朝的也很多，其中也有很多商人。

第七章 经济改革，恢复生产

汉朝连年对匈奴用兵，耗资甚巨，造成国库空虚。因此，武帝开始实施经济改革，采取重农轻商，整顿财政，颁布“算缗”“告缗”令，征收商人资产税，大力打击奸商；又采取桑弘羊建议，将冶铁、煮盐收归官营，禁止郡国铸钱，统一铸造五铢钱；设置平准官、均输官，由官府经营运输和贸易，大大增强了国家经济实力。同时，兴修水利、移民西北屯田、实行“代田法”，有力地促进了农业生产的发展。在经济方面还有一条重要的举措，就是将当时的货币进行统一。

国库空虚，经济改革

元狩四年（公元前119年），卫青、霍去病各率骑兵五万，步兵数十万分道出击匈奴。当时广大的关东地区又遭受特大的水灾，百姓饥饿困乏、离乡背井，社会动荡不安。武帝命各地打开国家粮仓赈济贫民，仍然无济于事。这年冬天，72万余口关东移民被迁移到陇西（今甘肃临洮）、北地（今甘肃庆阳）、西河（今内蒙古东胜）、上郡（今陕西榆林）、会稽（今江苏苏州）等地开荒垦地。国家要为移民提供衣食，供给种子、耕牛、农具等，耗资巨大。事实上，在对匈奴开战后，汉朝国库已经所剩无几，面临着严重的入不敷出的局面。

国家财政的严重亏空，形成了一次次的财政危机，为解决财政危机，武帝决定实行卖官卖爵制，于是规定：凡臣民百姓向国家捐献奴婢的，终身都可以免除徭役；捐献羊的，可以为郎官。

国库空虚，赋税枯竭，百姓也十分穷苦，而卖官卖爵、花钱赎罪，终究不是解决财政危机的办法，这等于饮鸩止渴。

国家财政积蓄已经消耗殆尽，而有的富商大贾不但不出资帮助国家解决财政困难，反而囤积居奇、哄抬物价，趁机兼并破产农民的土地，导致社会经济秩序混乱。武帝多次下诏要富人出钱安置灾民，支援打击匈奴的战争，但是没有人响应。河南（今河南洛阳）人卜式，以田畜为业。他上疏武帝，表示愿意拿出家财的一半献给国家佐助边费；后来，又献钱20万用以安置流离贫民。武帝很高兴，召拜卜式为中郎，赐爵左庶长，赏田十顷。武帝同时布告天下，令天下富人响应向国家献钱。可是，富商大贾无人响应，还纷纷藏匿财富。

元狩四年（公元前119年），为了解决财政危机、打击巨富、聚敛财富，张汤向武帝提出了发行白金币，实行算缗、告缗、垄断盐铁经营的建议。

武帝以前，国家允许私人铸钱，国家所铸钱币同私人所铸钱币可以同时流通使用。文帝时，吴王刘濞以铸钱大发横财，富同天子；宠臣邓通也以铸钱致富，财产比诸侯王还多。由于铸钱利润大，盗铸、掺假的很多，钱币流通混乱，当时，弃农采铜的人很多，影响了农业生产。贾谊、山都曾建议国家控制铸币权。武帝即位后，张汤建议：国家可以用多造货币、减轻货币重量的办法从商人手中拿出钱来，解决财政危机。张汤建议，用白鹿皮造币，称勾皮币；用银锡合金铸币，称为银币。皮币一尺见方，边缘绣绘五彩。国家规定，一张皮币值钱40万，王室宗室朝觐，进献之物必须要用皮币。皮币不在民间流通。这等于国家每发行一张皮币，就能从王侯宗室处得钱40万。银币分为三品：上品重八两，圆形，其文刻龙，名叫白撰，面值3000；中品重六两，其文刻马，方形，面值500；下品重四两，椭圆形，其文刻龟，面值300。由于银币的面值大大超过其实际价值，私铸钱可以获大利，盗铸的很多。因为铸钱犯死罪而被赦免的就有几十万人；因为盗铸而自首者则有百万余人，其中有不少郡守和诸侯。

元狩五年（公元前118年）三月，武帝又命令郡国铸五铢钱。内外边都有凸起轮廓的五铢钱，铸造难度高、仿造不易，但仍有私人盗铸，而且郡国铸五铢钱多被掺以铅锡。

元鼎二年（公元前115年），白金币废止，武帝又令京师铸赤仄钱，规定一枚赤仄钱顶五枚五铢钱，缴纳赋税必须用赤仄钱，因为赤仄钱的面值也超过了其实际价值，所以盗铸的很多。

货币的不断更新，实际上是不断贬值，并没有解决财政危机，反而使币制更加混乱。为了禁止私人盗铸，国家又用严刑峻法，导致社会更加动荡。

为了直接从商人手中拿出钱来，张汤便向武帝提出了算缗和告缗的建议，汉武帝随即下诏实行。

缗，是穿钱的绳子。算，是计算钱的单位，一算是120钱。算缗的具体办法是：凡是高利贷者和商人，不论是否登记为商人户籍，一律自报财产，根据财产定额交纳财产税，每2000钱纳税一算。经营手工业的，每4000钱纳税一算。除三老、官吏、北边骑士以外的人，凡有单马小车的，一辆纳钱一算，商人所有的车，一辆纳钱二算；有船的，五丈长以上的船，每船一算。

算缗的实施有一定的难度，所以出台了新的规定：凡是隐瞒财产或上报虚假数据的，判罚戍守边疆一年，全部财产充公；凡是告发的，奖励被告人被没收财产的一半。凡是登记为商人户籍的家族，一律不得依赖农业户籍买田地，违令者没收所买田产。

此令一出，工商业主隐匿财产、少报甚或不报以偷税漏税者不计其数。为了惩罚商人，武帝决定放手发动告缗。武帝任命著名的酷吏杜周负责告缗运动，来惩罚有隐匿财产之罪的商人。元狩六年（公元前117年），武帝又指示杜周，让他暗中派人指使杨可出来发起告缗运动。元鼎三年（公元前114年），为了奖励告缗，武帝下令执行奖励的法令，告发者可得到被告发者一半财产的奖励。

告缗奖金巨大，刺激了人们的贪欲，纷纷告缗。朝廷任命的审判官多是酷吏，对隐匿财产的商人处罚极严，商人们纷纷破产，甚至一部分不是商人的有钱人也遭到巨大的冲击。

告缗运动获得的大量财物，缓解了财政危机，但用没收财产的方法充实国库，实际上是一种抢劫政策。由于大商人往往也身兼一官半职，因此可以凭借特权逍遥法外，但真正的商业经济者是无特权的，他们才是告缗运动的真正受害者，所以告缗运动没有任何生产意义和经济成就，却严重地摧残了商业。告缗运动伤害到不经商而有蓄积的人，所以告缗运动以后，人们不敢蓄积财产，也不再从事经济生产以增值产业，而只想吃喝玩乐，追求奢侈腐化，对社会经济的发展产生了严重的消极影响。

盐铁官营，充实国库

盐铁业一直是古代两个最主要的生产部门。盐铁的生产，由于有着很大的消费市场，利润高、生产规模大，所以，一直在手工业部门中持续、稳定地发展。但是，盐铁的生产，又不是家家户户都能进行的。煮盐多须靠海，炼铁须靠山，而海滨、矿山都是比较荒僻的地方。煮盐与炼铁还需要较多的资金、较高的技术和一定的规模。

在汉初，国家并不直接进行盐铁业的生产和销售，更不去垄断，而是通过征收山泽税的办法实现对山海湖泽的所有权。

由于汉初政府允许私人进行盐铁业的生产和销售，随着社会经济的恢复、发展，盐铁业发展很快，资金、设备、规模和技术都有了很大突破，在盐铁业中，出现了一批靠经营盐铁业发财致富的巨富。

元狩四年（公元前119年），大农令郑当时保荐齐地大盐商东郭咸阳、南阳大铁业主孔仅到长安筹划盐铁官营事宜。东郭咸阳、孔仅以煮盐冶铁致富，有着数千万的家产，二人对于盐铁业的生产销售极其精通。武帝任命二人为大农丞，同时，让内朝宠臣桑弘羊参与策划盐铁事业。这三个人以精于理财、善于算计、明于经商而闻名，三人筹划盐铁官营，打击富商，剥夺他们的财产。

元狩五年（公元前118年），东郭咸阳、孔仅通过郑当时出面，正式向武帝提出了盐铁官营的建议。郑当时建议，改变汉初以来施行的盐铁税收归皇帝私有的政策，由大农掌管盐铁税，收入充实国库。同时，由大农负责全国的盐铁经营，在全国各地设置专卖机构，实行盐铁官营，禁止私人进行盐铁业的生产和销售。

具体政策如下：禁止一切盐铁业私营，没收私营者的生产资料和财物；敢于私营盐铁的，一律处以重刑，财物充官。国家统一经营盐铁业的生产和销售。规定盐民一律不得使用自置的煮盐锅，必须使用国家统一配给的盐盆，一切费用都由盐民自己负担。生产出来的盐必须卖给国家，不得私自销售，由国家付给一定的工价。一律禁止私人铸铁，由国家建立官营冶铁工场，除冶铁以外，还负责生产各种铁器制品。国家在全国各地建立的盐铁机构、设立的盐铁官均直属中央领导，由中央任命。盐铁官设立后，统一由国家进行盐铁业的生产和销售，盐和铁器的价格由国家统一规定，最后由皇帝亲自批准。

武帝同意了这个方案，派孔仅和东郭咸阳乘专车奔赴全国各地，宣传盐铁官营法令，逐一设立盐铁官，取缔私人盐铁业，建立盐铁专营机构，任命原来经营盐铁业致富的盐铁商为官，推行盐铁官营化。

盐铁官营的推行，使国家很快获得大量财富。三年后，即元鼎二年（公元前115年），孔仅升为大农令，列于九卿；桑弘羊升为大农丞，全面负责国家财政。但是，由于区域辽阔、地域分散，加之豪富大商抵制盐铁官由盐铁商担任，以及朝廷中一部分人的反对等诸多原因，盐铁官营的推广工作很不顺利。元鼎四年（公元前113年），孔仅被免除了大农令职务，只保留盐铁丞职务。元封元年（公元前110年），孔仅又同御史大夫卜式一起上疏，反对武帝算商船的法令，说商船要交缗钱，经商的人少了，使得货物减少，引起物价上涨。武帝一怒之下，将御史大夫卜式贬为齐王太子太傅。

元封元年（公元前110年），武帝任命桑弘羊为搜粟都尉并代理大农令，孔仅负责的盐铁官营事业也全部由桑弘羊代理。

桑弘羊在大农内设铁市长、丞，总管各郡国铁的生产，铁器的制造和销售，并设“斡官”总管盐铁的专卖收入。此外，还将地方划分为若干区片，由中央向其派出大农部丞数十人领导各地方郡国的盐铁官，这样，就加强了对盐铁事业的领导和整顿，增设了许多新的盐铁官。

铸五铢钱，创均输法

针对汉初以来一直未能解决的货币混乱状态，桑弘羊经过观察分析，认为是两个关键因素在起作用：一是货币的面值同实际重量不一致，对人们作伪产生了极大的诱惑力，所以，私铸钱的很多。二是铸钱权不统一。允许地方铸钱，使得营私舞弊、钱中掺假盛行，钱币轻重、厚薄、成分不一致，好钱劣钱并行，造成货币混乱。

元鼎四年（公元前113年），桑弘羊向武帝提出了币制改革措施。办法是：将铸钱权集中于中央，由中央政府统一铸造货币和发行。地方郡国一律销毁以前的各种旧钱，熔成铜块上交中央，中央设立铜官掌握铸币的原料来源。中央统一铸造面值同实际重量相一致、质量好的新货币——五铢钱，国家规定不是新造的五铢钱一律不得流通、使用。至此，中央垄断了铸币权。

新币五铢钱，具体由掌管上林苑的水衡都尉负责铸造，审查成色和一般技术工作。由于新的货币是由上林三官合力铸造的，所以又称“上林钱”或“三官钱”。三官钱制作技术较高、质量较好，币面所记重量同法定实际重量一致，又吸收了旧五铢钱防止私铸者盗铸的合理做法，是一种很成功的货币。私铸盗伪已很不易，因工本太高基本上无利可图，只有少数技术非常高的能工巧匠才能伪造，国家又严厉惩罚伪造者，所以市面上流通的假币就越来越少了。五铢钱将其他各种钱币从流通中排挤出去，结束了钱币市场的混乱状态。为了供给铸钱原料，切断盗伪者原料来源，国家还垄断了铜的冶炼，在出铜的地方设铜官，指挥刑徒、兵士和民工开山采铜，每年出动将近10万人。同时又在民间收集旧铜，垄断铸币原料，这些都是桑弘羊实行币制改革能够成功的关键。

桑弘羊在被任命为大农丞的元鼎二年（公元前115年）创设了均输法。

均输法的具体方法是：在各郡国设均输官，由中央领导。地方郡国把应该缴纳的贡品连同运输贡品的费用，按照当地价格折合成等值的当地出产的产品，就地缴给均输官。除极少数作为贡品上缴京师以外，其他产品则由均输官将它们运往需要这些物资的其他地区出售，这样可以减少各郡国将贡品长途运往京城、因远近不同造成的运费不均问题，所以称这项政策为“均输”。均输法实际上就是官营商业，是将贡物和其他产品商品化，用官商来代替和排斥私商。国家允许均输官用告缗得来的钱物作为底本去做买卖。

桑弘羊还进一步完善均输法并将其推广到全国。在大农属下设专门管理均输事业的均输令、丞，同时，还向地方派出中央专使——大农部丞数十人分赴各地方。大农部丞虽然也负责综理盐铁官营事业，但其主要任务是在全国各地广泛培养均输官，并使他们直接受大农部丞领导。通过广设均输官的办法，中央政府将主要物资批发贩运的经营权集中在自己手中，除了排斥富商大贾外，还禁绝了其他不合理的经商的行为，改变了均输法创设之初地方机构纷纷经商、各自做主、相互竞争、哄抬物价、扰乱市场的混乱局面，加强了中央对财经的控制。中央财政实力得到加强，有利于经济的统一和稳定。

均输法全面推行后，设置的均输官遍布全国，大凡有土特产贩运出境的地方都设立有均输官，有的地方还以该地所产土特产品名称来命名均输官。蜀郡严道盛产木材就设木官；九江多水产，设湖官；辽东多畜产，设牧师官等。

西汉政府通过分布在各地的大农部丞和直接受其领导的均输官，在全国建立起一个庞大的官营商业网，垄断了天下货物的销售，将商品流通的主要渠道掌握在中央手中，将商业利润从富商大贾手中夺了过来，对于削弱富商大贾的势力起了关键作用。在这个官营商业网中，由于中央政府实行高度集中的垂直领导，使得中央政府的财政经济实力迅速膨胀，对解决财政危机起了立竿见影的作用。

在全面加强和推广盐铁官营、均输事业的同时，桑弘羊还创立了平准法。所谓平准法就是在大农属下设平准令、丞，在京师长安设平准官，建立平准机构。全国各地向京师运来的贡物，由均输官收购运往京师。大农诸官掌握的物资和官营手工业生产的器物，都由平准官设立的专门的仓库来统一贮藏，按照需要有计划地统调使用。此外，工官还制造了大批车船和器具作为运输工具，供平准官使用。

平准法的实际操作是：在京师长安，当市场上的某种商品价格上涨时，平准官就下令以较低价格抛售；反之，价格下降时，就收买储存，以此来稳定、平抑物价，所以叫平准。平准法用平抑物价来控制商品的交换和买卖，将市场始终控制和垄断在中央手中，抑制商贾哄抬物价牟取暴利。

平准机构设于京师，贱买贵卖以平抑物价，从购销差价中得到利润，是坐商性质。均输法在全国的广泛推广，调剂了地区间物资供求，获得利润极大，是行商性质。均输、平准和盐铁一起构成了一个体系完整、机构庞大、领导统一的官营商业体系。

这个庞大的商业体系的建立，为武帝政府带来了无尽的财富。关东运往京师的粮食一年达到600万石，太仓和甘泉的国家仓库毕满，边郡仓库也有了余粮，各地均输官一年输往京师的布帛有500万匹。这些巨额的财富支持了武帝开边拓地的事业，并且起到了缓和社会矛盾、防止社会危机产生的作用。

质朴卜式，为国捐财

卜式是南方一个普通的农民，以从事农牧业为生。他有个弟弟，当他弟弟长大后，他就和弟弟分了家。他把全部土地、房子和钱财都分给了弟弟，自己只分得100多只羊。卜式在山里以放羊为生，他很会养羊，10多年后，100多只羊繁殖出了1000多只，而且他还用养羊得来的钱买了土地和房子。当时他那个弟弟已经破产了，卜式很心疼弟弟，于是连续好几次把自己的家产重新分配给弟弟。

卜式很爱国，他听说国家正在和匈奴打仗，于是向皇帝上疏，表示愿意把自己的一半财产捐给国家，用来支援前线作战的官兵。武帝觉得很奇怪，就派使者问他是不是想当官。卜式说："我只是个放羊的，只会放羊，既不会也不想当官。"使者问他："那你是不是有什么冤屈，打算上告？"卜式说："我从来不和别人争执，没钱的人我借钱给他，品行不好的人我教育他，他们都很顺从我，我哪儿来的冤屈啊？"使者觉得更奇怪了，于是问："那你到底想要什么呢？"卜式说："我听说国家和匈奴在打仗，我认为贤人就应该为了国家、民族而献身，有钱的人就应该捐钱，只有这样才能把匈奴消灭。"使者很感动，回去把卜式的话传达给了武帝。武帝随后把这事跟丞相桑弘羊说了，桑弘羊说："这不是人的真实情感，可能不怀好意，不能为了教化百姓而扰乱法制，所以最好不要答应他。"所以汉武帝没有答复卜式，他捐财的事也不了了之。卜式回到故乡，重新养他的羊。

一年多以后，匈奴和浑邪等国纷纷投降，为了安置他们，政府财政支出巨大，老百姓为了给投降的人腾出土地而纷纷迁移，都要政府给他们提供给养，但政府实在没钱了。卜式听说后立刻拿出20万钱给太守，让他分给那些移民，在他的带动下，当地很多富人捐钱帮助移民。太守将他们的名单向皇帝作了汇报。武帝认出了卜式的名字，说："这就是上次那个想捐出一半财产的人啊！"于是奖赏他每年12万钱，卜式把这笔钱又全部交给了地方政府。当时有钱人都隐瞒自己的财产，只有卜式愿意捐出来，所以武帝认为他是个始终如一的人，就任命他为中郎，赐给他10顷土地和左庶长的爵位，并号召老百姓向他学习。

卜式并不想当官，武帝说："那你去上林苑替我养羊吧。"卜式答应了。虽然他已经是中郎了，但他还是穿着布衣和草鞋放羊。一年以后，他养的羊长得又肥又壮，繁殖也很快。武帝知道后表扬了他，并问他怎么做

卜式像

到的。卜式说："其实与管理百姓是一样的道理，按时作息，去除不好的，不要让它们害了一个整体。"武帝对他的话感到很惊奇，想让他去管理老百姓试试，于是任命他当县令。结果，当地的老百姓很顺从他。于是武帝不久又把他迁到成皋当县令并兼管漕运，最后考核下来他的成绩还是最优秀的。武帝认为他朴实忠厚，就让他做齐王内太傅，不久又任命他为齐国相国。

正好当时吕嘉造反，卜式向武帝上疏说："我听说君主忧愁，臣子就应该以死来谢罪。大臣们用生命来保卫国家，而才能低下的人应该献出财产来帮助军队，这样才是国家强大而别人不敢来侵犯的方法。我愿意和儿子还有临淄懂得射箭和博昌懂得驾船的人一起去从军，不惜牺牲性命来保卫国家。"武帝认为他很贤明，下诏书说："我听说以德报德，以正直去报答怨恨。现在天下不幸有危难，天下的郡县诸侯没有一个挺身而出报效国家的。齐国相国卜式言行雅正，平时勤勤恳恳地耕种放牧。牲畜有多余的就分给兄弟，然后再重新繁殖，从不被利益所迷惑。以前北方有战争，他就上疏要求把自己财产捐献给国家；西河一带收成不好，他又带领齐国的人积极捐献粮食。现在又第一个站出来要为国家效力，虽然还没有参战，但他的义气已经表现出来了。因此赐给卜式关内侯的爵位，黄金40斤和十顷土地，并向天下宣告，让大家都知道这件事。"

过了几年后，武帝下令让卜式取代石庆的御史大夫职位。卜式上任后就说郡国并不经营盐铁业，但船又要收税，这种做法可以废除的，反对武帝的盐铁专卖政策。这个建议让武帝很不高兴，从此就不喜欢他了。最后卜式享尽天年而终。

班超曰："以鸿渐之翼困于燕爵，远迹羊豕之间，非遇其时，焉能致此位乎？"并称其质直。卜式著有《养猪羊法》，可惜也遗失了。

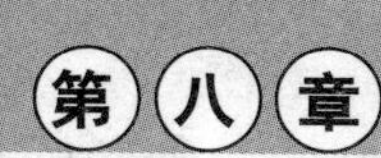

第八章 征讨四方，盛世空前

广徕四夷、教通四海，是武帝即位后就确定的既定方针和目标。这个方针和目标，是通过帝国频繁的军事行动和外交、政治及文化活动来实践与实现的。最终的结果是戡定边患，开拓疆域，建立了大一统的多民族的汉帝国。这是武帝一代的赫赫武功，史称“外事四夷之功”。

利欲熏心，吕嘉谋反

元鼎五年（公元前112年）十一月，南越王赵兴、王太后樛氏置办行装和重礼，准备入京朝见。南越国丞相吕嘉年事已高，历任三代国王的丞相，他的家族在南越就有70多人担任着重要的官职，男子都娶了国王的女儿，女子都嫁给国王的子弟或王族成员，与苍梧秦王也有有姻亲关系。吕嘉在南越国的地位十分重要，比南越王更得民心。南越王上疏汉朝请求归附，吕嘉曾多次劝阻，但南越王不听，吕嘉便生出离叛之心，几次推说有病，不肯同汉使相见。汉使对吕嘉很注意，只因吕嘉势力在南越强大，不可能轻易除去他。王太后也害怕吕嘉先行发难，想利用汉使的权力杀死吕嘉等人，于是与南越王一同设酒摆宴款待汉使，大臣都来陪坐饮酒。吕嘉的弟弟为南越国大将，率兵在宫外警戒。敬酒时，王太后对吕嘉说："南越国内附汉朝，对我们国家有利，而丞相你嫌这样做不便，为什么呢？"王太后想借此激怒汉使，然后借汉使之手将其除去。汉使犹豫不决，相互观望，谁也没敢贸然乱动。吕嘉见气氛不对，马上起身退席。王太后大怒，想用矛刺死吕嘉，被南越王阻止。吕嘉于是离开王宫，在其弟和士兵簇拥下回到相府，从此推说有病，不愿见南越王和汉使，并暗中与大臣密谋造反。南越王一向无意杀吕嘉，吕嘉知道这一点，就借故拖延，未马上发动叛乱。

武帝听说吕嘉不肯听命于汉朝，而南越王、王太后又没有多大势力，不能控制整个南越，偏偏派去的使臣又个个怯懦，他认为既然南越王、王太后已肯归附，只有吕嘉从中捣乱，用不着兴师动兵，想派庄参率兵2000前往南越国。庄参奏道：“要是以友好的目的前往，几个人就够了；如果是以武力去胁迫，2000人是远远不够的。”庄参认为难办便推托，不愿前往南越，于是武帝免去了他的职务。郏县壮士、曾任济北国丞相的韩千秋自告奋勇地说：“一个小小的南越国，有其国王和王太后作响应，又只有丞相吕嘉一个人从中作梗，给我三百勇士，就能斩杀吕嘉回报。”于是武帝派韩千秋和南越王太后的弟弟樛乐率2000兵前往。汉军进入南越国境，吕嘉等人便发动了叛乱，号令全国说：“国王年轻，王太后本是汉朝人，又与汉使淫乱，一心想归附汉朝，把先王的宝器全都献给汉天子来讨好，还想带一大批随从过去，到长安后将他们变卖成奴隶。他们只顾自己眼前利益，却不顾赵氏的江山社稷，没有为子孙万代着想。”吕嘉及他的弟弟一同率兵攻杀了南越王赵兴、王太后樛氏及那些汉朝的使臣，派人告知苍梧秦王及各郡县，立南越明王赵婴齐的大儿子术阳侯赵建德为王。韩千秋率兵生入南越国后，攻破了几座小城。后来南越人开辟了一条直道，在离其都城番禺大约40里的地方将韩千秋所部汉军歼灭，然后派人把汉使的符节用函封好，放到边塞上，以动听的诳骗言辞谢罪，同时派兵加强边界要隘的防守。

挑选良将，平定两越

元鼎六年（公元前111年）冬，楼船将军杨仆进入南越地，攻陷寻陋、石门，挫败越军前锋部队。之后，留下数万人待伏波将军路博德赶到后一同进发，其余军队由楼船将军率领，先行进抵番禺。南越王建德、丞相吕嘉据城固守。楼船将军屯兵城东南，伏波将军屯兵城西北。

傍晚，楼船将军大败南越军，纵火烧城。伏波将军则设置营垒以招容投降者，之后将那些投降的人放回，为的是再去招降别人。楼船将军奋力攻烧，大批敌人被赶入伏波将军营垒中投降。

第二天清晨，城中其余守军也全部投降。南越王建德、丞相吕嘉趁深夜逃到海上，伏波将军派兵紧紧追赶，越王建德被校尉司马苏弘抓获，吕嘉则被越郎都稽抓获。当时戈船将军、下濑将军的军队和驰义侯所征发的夜郎兵尚未到达，而南越已被平定。汉朝在其地设置儋耳（今海南儋州）、珠崖（今广东琼山）、南海（今广东广州）、苍梧（今广西梧州）、郁林（今广西桂平）、合浦（今广东合浦），以及交趾、九真、日南（此三郡在今越南北部与中部地区）九郡，由中央政府直接统治。汉军班师回朝，武帝加封伏波将军食邑，又封楼船将军杨仆为将梁侯、苏弘为海常侯、都稽为临蔡侯。南越自从赵佗称王开始到灭亡，经历了五代，一共93年。

当初，东越王余善上疏，请求率兵8000跟从楼船将军杨仆进击吕嘉。军队行至揭阳，东越王以风大浪急为由，将军队停留不前，并且暗中派人出使南越。等到汉军攻克番禺，东越王仍不引兵前来。杨仆上疏请求顺便率兵进攻东越，武帝因士兵疲倦而没有准许，令各校尉屯兵在豫章、梅岭待命。东越王余善听说楼船将军杨仆已经上疏汉帝讨伐东越、汉军又在边地屯兵，于是，发兵反叛阻截汉军，封东越将军驺力等人为吞汉将军，进兵白沙、武林、梅岭，杀汉朝三校尉。当时，汉派大农张成、原山州侯刘齿统率驻屯军队，但他们见东越兵来势汹汹，不敢出击，临阵退避，后二人都因怯懦被处死。东越王余善自称“武帝”。

武帝想再派杨仆率兵征伐东越，但看到杨仆因为有功而表现出骄傲，便下诏书责备他说：“你的功劳只是先攻破石门、寻陿而已，实际上并没有斩将夺旗之功，有什么值得骄傲的呢？先前攻破番禺城，你捕捉归降的人当俘虏，把死人挖出来冒充是战场斩杀，是一错。令赵建德、吕嘉得到东越的外援，是二错。将士们连年暴露于蛮荒之地，你不但不顾念他们的争战辛劳，反而请求乘坐驿车巡行边塞，乘机回家，怀揣金、银印信，垂下三条绶带，向乡里炫耀，是三错。你眷恋妻妾，误了回营日期，却以道路不好走为借口，是四错。问你蜀郡的刀价，你假装不知道，以欺瞒手段冒犯君主，是五错。你接受了去兰池宫的诏书而不去，第二天也不对此事加以解释。如果是你的部下，问他话不回答，命令他也不服从，该当何罪？在外面怀有这种心肠，天下还有谁会相信你呢？如今东越军队已深入我国边境，你是否能率领部队补救你的过失呢？”杨仆惶恐地表示：“我愿拼死效力来赎罪！”武帝于是命楼船将军杨仆出兵武林，横海将军韩说出兵句章，中尉王温舒出兵梅岭，归义越侯二人为戈船、下濑将军，出兵若邪、白沙，几路大军联合攻打东越。

武帝元封元年（公元前110年）冬十月，汉军进入东越境内，东越平素已有兵驻守要塞地区，此时又派徇北将军驻守武林。杨仆军中战士钱塘人辕终古在阵前斩杀东越徇北将军。原东越衍侯吴阳率本地士兵700人倒戈于汉阳，反攻东越军。东越建成侯敖与越繇王居股联合杀掉东越王余善，他的部下也全部归降汉朝，东越被平定。武帝封辕终古为御儿侯，吴阳为卯石侯，居股为东成侯，敖为开陵侯；又封横海将军韩说为按道侯，横海校尉刘福为缭萤侯，东越降将多军为无锡侯。武帝因闽地形势险阻，当地越人反复无常，恐为后世留下祸患，下诏命令各将军将当地的越人都迁到江淮地区与汉人杂居在一起，从此闽侯之地便成了一片废墟。

复西南夷，开发发展

元鼎六年（公元前111年），南越已破，而汉八校尉兵尚未出发。武帝命中部将郭昌、卫广在还军途中，引兵攻打且兰、邛笮。夜郎、冉駹震恐，都表示臣服。夜郎入朝，武帝封为夜郎王，冉駹也请求朝廷在其管辖地设置官吏。于是，武帝在西南夷地区相继设郡置县，行使直接统治。在且兰设置牂牁郡（治故且兰，今贵阳附近），以邛都为越嶲郡（治邛都，今四川西昌），笮都为沈黎郡（治笮都，今四川汉源），冉駹为汶山郡（治汶山，今四川茂汶），白马为武都郡（治武都，今甘肃和县）。

乘着击破南越和南夷的兵威，武帝命令王然于劝滇王入朝。滇东北的劳深、靡莫相互依倚为援，阻拦滇王入朝，多次侵犯汉朝使者吏卒。元封二年（公元前109年）秋，武帝仍然命令郭昌、卫广征集巴蜀士兵攻灭劳深、靡莫，滇举国投降，并请求由汉置吏并朝见汉天子。武帝赐滇王印，令其统率部众数万人，以其地置益州郡（治滇池，今云南晋宁）。至此，西南夷正式并入汉帝国版图。

汉朝打通西南夷后，设置五郡，想借此道连通大夏国，每年派遣十余批使者从西南夷出发，欲通使大夏。然而，他们都为昆明阻拦，财物被抢，使者被杀。武帝大怒，下诏赦免关在京师监狱里的亡命之徒，组成军队。元封六年（公元前105年），遣将军郭昌率领这支军队出击昆明，消灭夷军数十万，平定昆明。以后武帝又数次遣使，欲通大夏，然而终莫得通。

当时，武帝已经灭了两越，又平定西南夷，新设17个郡。新设立的郡均按原来的风俗治理，不加以过多的改变，同时还不收赋税，新设郡县的各级官吏的俸禄、用具，都由郡县供给。这样，南阳、汉中一带因为要提供广大新设郡县的吏卒俸食和车马用具、其他用具，负担很重。而新设郡则往往反叛朝廷，攻杀汉所置官吏，朝廷屡屡征发南方郡吏卒出击，每年要10000人，费用巨大，全靠大司农支持。大司农因为实施均输法、盐铁官营等政策获得很多利益，才能够补充如此巨大的消耗。

汉通西南夷，尽管给广大汉族人民带来了沉重的负担，对于西南夷地区也带有某种程度的侵略，但同时，也给西南地区各族人民带去了汉族人民先进的政治、经济、技术、文化，促进了西南地区的开发和发展。

招募罪囚，征讨朝鲜

传说周朝时期，箕子带领很多人去了朝鲜，定居下来。箕子还把中原的礼仪制度和先进的农田耕织技术传授给当地人并且设立了简单的律法。战国时期，北方的齐国和燕国都与朝鲜地区有密切的联系和贸易往来，燕国国势全盛时，曾把真番和朝鲜等部占领，燕在其地设置官吏，修筑要塞。秦始皇灭燕以后，朝鲜地区属秦辽东郡统辖，秦长城一直修到水（今清川江）。秦末大乱，朝鲜地区流入不少齐、燕、赵等地人民定居。

汉朝建立，因朝鲜地区路途遥远难于防守，又重修辽东边塞，以浿水为界，朝鲜为汉朝燕国的属地。汉高帝、吕后铲除异姓王，燕王卢绾反

叛，逃入匈奴，燕国混乱，千余民众在燕人卫满纠集下亡命逃奔朝鲜。他们头盘椎髻，改穿朝鲜服饰，渡过浿水，移居于朝鲜。以后卫满又借着移民的力量，将自己的实力壮大，攻灭了原来的朝鲜王准，自己做了朝鲜国王，建都于王险城（今平壤）。当时正值汉惠帝和吕太后之时，天下初定，朝廷为了休养生息，力求边地安宁，令汉辽东太守与卫满相约：汉朝承认朝鲜为藩外属国，朝鲜则应确保汉朝边地的安全，汉的边境不得遭受塞外小国和部落的骚扰，而且他们如果愿意入朝朝见汉天子，朝鲜也不能加以阻拦。后来卫氏朝鲜利用汉朝藩外属国的政治优势，凭借着兵威和财力，将周边许多小部落吞并，统一了朝鲜半岛的北部，国力开始强盛，真番、临屯等较大的部落也都臣服于卫满，卫氏拥有了方圆达数千里的朝鲜国土。

卫满的孙子卫右渠在位时，常常招诱很多汉族人到朝鲜去，而且右渠即位后从未向汉天子遣使朝见。武帝元朔初年（公元前128年），秽貊君主南闾率部众28万归附汉朝，汉在其地设苍海郡，不久又因为受卫氏朝鲜的干扰而撤销了。后来朝鲜半岛南部的辰韩国上疏汉朝想入朝见天子，也被右渠拦阻不放。汉武帝元封二年（公元前109年），涉何奉武帝之命出使朝鲜，劝谕朝鲜王右渠遵守旧约，不得招诱汉人，不得阻碍半岛上其他小国朝汉。但右渠拒不奉诏，双方关系因此开始恶化。涉何返回，至浿水，命人刺杀了护送他返汉的朝鲜裨王长，随后渡河，驰入边塞，向武帝报功说："杀朝鲜将。"武帝因涉何有杀将的好名声，也就不再深究此事，并任命他为辽东东部都尉，着手进行对朝鲜用兵的准备。朝鲜因怨恨涉何，首先进攻辽东将涉何杀死，遂使双方兵戎相见，边地战事频起。

这年秋天，武帝为了大规模征讨朝鲜，释放了一批囚徒并招募一些亡命之徒组成军队，命楼船将军杨仆率军从齐地渡渤海出击，又命左将军荀彘率军五万出辽东，从水陆两路合击朝鲜。

元封三年（公元前108年），汉军进入朝鲜境内，朝鲜王卫右渠派兵占据险要地段，抗击汉军。开始时朝鲜军多次挫败了汉军的进攻，左将军部下的卒正多率辽东兵贸然出击，遭到惨败，卒正多只身逃回，被以军法处斩。楼船将军杨仆率齐地士兵7000人从海上乘船在朝鲜登陆，首先赶到王险城下。最初卫右渠坚守城池不出，但很快便探知到杨仆军的人数不多，又远道而来，疲惫不堪，随即纵兵出城猛攻，杨仆军大败，纷纷逃入山中躲藏。十几天以后，杨仆才渐渐收拢集结逃亡各处的散兵游勇，伺机而动。左将军荀彘率大军进攻汉水以西的朝鲜守军，也未能取胜，受阻于浿水一带。

因为二将接连出师不利，武帝派卫山倚仗兵威出使朝鲜，恩威并施，劝谕右渠投降。卫右渠自度难以与汉军长久相敌，便决定拜见汉使求降。卫右渠向汉使叩头赔罪后表示“原本朝鲜是愿意归降的，却担心杨、荀二位将军杀害自己，所以未降，今见天子信节，请求再降。”降约达成，朝鲜王卫右渠派太子随使者入朝向天子请罪，并将一批军粮和5000匹战马献给汉军。朝鲜王太子启程前往长安，随行的有一万多人，而且是全副武装。将要渡浿水时，汉使及左将军担心朝鲜太子这么多的人马可能会发生突变，于汉军不利，便对朝鲜太子说：“你们既然已经归顺了朝廷，这样携刀带剑又何必呢？”朝鲜太子也怀疑使者和左将军的举动不是出于诚心，害怕他们在半道上要诈杀自己，因此率自己的部众返回，不再渡河，双方和议破裂，卫山将情况上报武帝，武帝恼其办事不力，诛杀了卫山。

招降失败，荀彘率部将浿水的朝鲜守军击败，进军至王险城下，兵围城西北，杨仆也率军前往会合，屯兵于城南，二军合击右渠。左将军荀彘身为侍中，深得武帝宠信，其所率燕、代地士兵又强劲凶悍，因此士气骄横，目中无人，楼船将军杨仆所率齐地兵卒有过失败的羞辱，因此恐惧和惭愧之心常常出现，总希望能不战而屈敌之兵。荀彘军队的攻城非常猛烈，在这种情况下，朝鲜内部发生动摇，一些贵族大臣们背着国王秘密派人出城与杨仆军队商量投降事宜，双方使者你来我往还是谈不拢，最后的决断因此很难做出。荀彘几次与杨仆约期同时攻城，但杨仆却在等待着朝鲜方面如约投降，所以并不急于攻战。后来荀彘也秘密派人与朝鲜商量招降之事，但朝鲜大臣们不相信荀彘，不愿谈此事，他们只希望能够向杨仆的军队投降。荀彘认为杨仆前有兵败之罪，今又与朝鲜私下求和，却又看不到结果，怀疑杨仆有反叛的图谋，只不过是未敢发动而已。由于左将军与楼船将军之间在攻城和招降问题上不能协调一致，双方又互相猜疑和不信任，所以王险城久攻不下。

因二将不和，兵事拖延不决，武帝又派济南太守公孙遂前往整饬，并将相机处置的权力交给他。公孙遂到达朝鲜，荀彘对他说："朝鲜本该早就能攻下，如今久拖不下，都是楼船将军几次会战不至造成的。"荀彘又谈了自己对杨仆的怀疑，认为现在不解决杨仆，恐怕会造成大害，如果杨仆反叛，再与朝鲜军队兵合一处，其后果不堪设想。公孙遂同意他的看法，于是公孙遂以节杖召杨仆来左将军营，假借商议军机之名将杨仆逮捕，收编了楼船将军的军队，并将此举上报武帝。武帝因公孙遂阵前随意逮捕大将，又派人诛杀了他。

两支部队被左将军荀彘合并后，随即加紧对朝鲜发动进攻。朝鲜国相路人、国相韩阴、尼溪相参、将军王唊等相互商议道："当初打算向楼船将军投降，今楼船将军已被逮捕，汉军仅由左将军一人指挥，进攻越来越猛烈，恐怕我方无法抵挡，而国王偏又不肯向左将军投降。"于是韩阴、王唊、路人都逃亡投向汉军大营，路人死于半路上。夏季，尼溪相参派人杀死朝鲜王卫右渠，投降汉军。汉军尚未开进王险城时，原卫右渠的大臣成己又反叛，再次进攻汉朝官吏，荀彘命卫右渠的儿子卫长、降相路人的儿子路最劝告朝鲜民众归顺汉朝，并杀了成己，汉朝因此而平定朝鲜。

武帝平定朝鲜后，封朝鲜降将尼溪相参为澅清侯，韩阴为荻且侯，王唊为平州侯，卫长为几侯，最为涅阳侯，以示安抚。而此次征战的汉军将领不仅无一因功封侯，甚至多人获罪：使者卫山、济南太守公孙遂前已被杀；左将军荀彘被征回京后，以妒忌争功、军机处置不当之罪在闹市被处死；楼船将军杨仆也因先进攻王险城，不待左将军协同作战导致军队伤亡逃散过多，论罪当处死。杨仆以钱财赎罪，被免为庶人。

汉朝灭朝鲜卫氏后，武帝分其地为四郡：乐浪郡（今平壤）、临屯郡（今江陵）、真番郡（今信川）和玄菟郡（今咸兴），直接统治朝鲜北部。这在客观上也促进了中原地区与朝鲜间的经济、文化交流，有利于朝鲜的社会进步和经济发展。西汉末年扬雄记录全国各地方言，朝鲜和燕便属于同一方言区，许多口语都近乎一致。

东汉史学家班固谈道：玄菟、乐浪，本是箕子的封国。当初箕子居住在朝鲜，以礼义教导他的百姓，掌握种田、养蚕、纺织的方法，并为他们制定八条法令。凡杀人的，必须抵命；伤人的，用谷物赔偿对方的损失；盗窃的，给被盗者作奴婢；想要自赎其罪的，一人要交赎金50万钱，虽被免为平民，但按风俗仍被人看不起，都成不了亲。因此，当地的老百姓始终不偷不盗，不必为防偷盗而关门闭户；女子都坚守贞节，没有淫乱行为。在乡间，人们都用竹器和木器盛放食物；在都城中，人们仿效官吏的做法，将食物放在杯盘器皿中。有些前来经商的商人看到这里的老百姓不闭门户，便在夜间进行偷盗，渐渐破坏了当地淳朴的风俗，以致如今犯禁者日益增多，法令也增加到60多条。由此可见，仁义圣贤的教化是多么的可贵啊！然而，东夷民族天性柔顺，不同于南、西、北三方各民族。所以孔子哀叹他的道理不能得到推行时，便打算乘筏出海，到九夷地区去居住，这种想法是有依据的。

贰师将军，征伐大宛

武帝太初元年（公元前104年），武帝任命李广利为贰师将军，征伐大宛。

张骞出使西域的时候，从匈奴人手中逃出来，越过葱岭，大宛成了他到达的第一个国家。大宛，位于中亚费尔干纳盆地一带，都城在贵山城（今列宁巴纳德或卡散赛）。大宛人是土著人，从事农业、牧业，种植稻、麦，多产葡萄酒，尤以产良马著名，马出汗似血，故一名汗血马，有天马后代之说。大宛有居民数十万，军队善于操戈骑射，有大小城池70余座。

武帝即位以后，喜欢访仙求神，四处寻找长生不死之药和长生不老之方，喜占卜、算卦。武帝还喜爱宝马，他曾看到卜筮之书上说："神马当从西北来。"张骞通西域后，西域使者随汉使来到中原，多献西域特产良马，武帝以为应验了占卜很高兴，特别喜爱西域产的良马。乌孙献良马后，武帝曾将乌孙马命名为"天马"。后来，得到大宛产的汗血马，觉得此马更加雄健，便将乌孙马改称"西极马"，将大宛马命名为"天马"。

武帝很喜爱大宛产的汗血马，而方士又鼓噪说："骑着汗血马登上昆仑山能够上天成仙，可以会见西王母。"因而，使者便奉武帝之命出使大宛索要汗血马。大宛远在葱岭以西，距汉遥远，虽知道汉朝是东方富庶的大国，也经常看见汉朝往来中亚的使节，但他们处于匈奴人的支配之下，更害怕匈奴。因而，汉朝的使节远远得不到像对待匈奴使节那样的尊敬，汉朝的使节不花财物就得不到食物，不拿钱买马就得不到坐骑，大宛甚至还同匈奴约定共同遮杀汉朝使者，抢劫其财物。

汉朝派到西域去的使臣奏道：“大宛有好马，藏在贰师城中，不肯献给汉使。”于是，武帝派壮士车令前往大宛用黄金千斤以及金马，请求交换。大宛国王同其群臣商议道：“汉朝离我国很远，道路艰难，屡屡致人死亡；北路又有匈奴骚扰，从南路来，没有水草，又缺少城郭、食粮。汉朝派几百人作为使团前来，还常因缺乏粮食而死亡过半，这怎能派大军前来呢？所以汉朝对我们不能怎么样。贰师城的马，是我们大宛国的宝马，不能给汉朝。”大宛国不肯交换，汉使恼怒，破口大骂，将金马用锤击碎而去。大宛众贵族生气地说：“汉使太轻视我们！”然后大宛国王命驻守东部边境的郁成王率兵拦截，杀死汉使，夺取了他携带的财物。

大宛不但不准求购汗血马，而且还杀死汉使，武帝大怒。曾出使过大宛的姚定汗说：“大宛兵弱，如果发三千强弓劲弩之士，就可以打下大宛。”武帝因曾派浞野侯赵破奴率700骑兵击杀楼兰王，大破楼兰，故觉得打大宛应该更容易，就听信了姚定汗的话。

协律都尉李延年曾为武帝表演歌舞，边舞边唱：“北方有佳人，绝世而独立，一顾倾人城，再顾倾人国。宁不知倾城与倾国，佳人难再得！”武帝听了极为色馋，叹息说：“好啊！这样的佳人真有吗？”武帝姐姐平阳公主告诉武帝，延年有妹即是。武帝召见，其女果然妙丽善舞，于是纳为夫人，即李夫人，李夫人深得武帝宠爱。由此，武帝便想给李夫人的弟弟李广利创造一个以军功封侯的机会，于是拜李广利为贰师将军，让他用武力夺取汗血马。

司马光对这件事如此评说：“汉武帝想封自己宠爱的姬妾李夫人的娘家人为侯，李广利才被他派去征讨大宛，没有为国立功就不能封侯，这

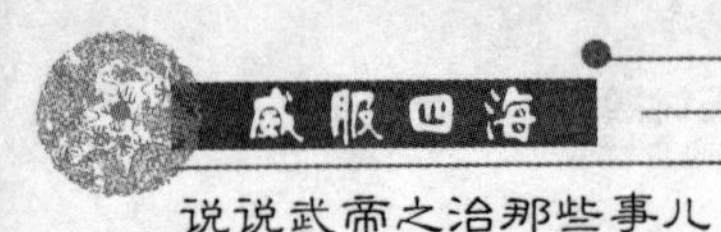

是高祖皇帝的约定。但军务大事关系到国家的安危、民众的生死，如果不辨贤愚就授予军事大权，与其以侥幸的微小功劳为借口封自己喜欢的人为侯，还不如无功就封侯好些。汉武帝在处理封国事务上很有见地，却在任命将领方面失当。所以，说他能够遵守先帝的约定，我认为是过分了。”

太初元年（公元前104年），李广利奉武帝之命，征发属国6000骑兵和郡国青壮兵丁数万人前去攻打大宛，以夺取贰师城的汗血马。过了大盐泽后，因为汉使往来频繁、接待困难，路边的小国很讨厌汉使，他们见大军前来，纷纷坚守城池，不肯供给汉朝军队食物。这些城池，一时又难以攻打下来，能攻打下的，就补充点吃的，攻不下来的就数日撤离。等攻到郁成，只剩下饥饿疲惫的1000多人，攻打郁成，伤亡的人又很多，贰师将军同左右亲信商议说：“连郁成都不能攻克，更何况大宛国的都城呢？”于是决定引兵而还。

这一次西征大宛，往返两年，等回到敦煌，只剩下不到十分之一二的兵士了。贰师将军派人上疏说：“因为路远粮缺，并不是士卒怕打仗，而是忍受不了饥饿。现在，军士人数少，攻不下大宛，请求暂且罢兵，等到增加军队再去攻打大宛。”

得知贰师将军兵败的消息和看过所上的请罢兵书，武帝大怒，派专人将贰师将军的部队拦截在玉门关，传达命令说：“谁敢入关就杀谁。”贰师将军李广利很害怕，就将部队留驻在敦煌。

太初元年（公元前104年），匈奴乌维单于去世，其子乌师庐即位，年纪幼小，号称儿单于。

匈奴儿单于性好杀戮，这使国中百姓不安，又有很多牲畜死于天灾，匈奴左大都尉便派人偷偷对汉朝说：“我打算杀掉单于，归降汉朝，但汉朝路远，希望得到汉兵接应，我马上就可以发动。”于是武帝派因杆将军公孙敖在塞外修建受降城，驻兵接应。

武帝认为匈奴离受降城仍然太远，又派浚稽将军赵破奴率2万多骑兵从朔方郡出塞，向西北方推进2000多里，准备到达浚稽山接应匈奴左大都尉后返回。当赵破奴前来会合之时，匈奴单于却察觉了匈奴左大都尉的阴谋。单于杀死左大都尉，派左翼军袭击赵破奴。赵破奴一路捕杀敌军，俘虏了几千人，然后班师，行至离受降城400里之外，被匈奴8万骑兵包围。赵破奴夜间亲自出营寻找水源，与匈奴侦察部队遭遇，赵破奴被俘。匈奴军乘势猛攻汉军，汉军军吏害怕失去主将后回去被杀，所以没人突围逃回，全军覆没。匈奴儿单于大喜，又派出骑兵攻打受降城，未能攻下，便侵入边界，掳掠后离去。

赵破奴率2万军队北伐匈奴，结果全军覆灭，引起朝野震动。朝廷中很多高级官员都主张停止出兵攻打大宛，以便对匈奴集中兵力。武帝则认为，既然汉朝已经出兵攻打大宛，如果打不下大宛这样的小国，那葱岭以西的大夏、安息一类的国家必定会看不起汉朝，大宛的良马再也弄不到手，甚至乌孙、轮台那样的小国家也会为难汉朝的使者，那样就太让外国轻视汉朝了。于是，武帝惩罚了主张停战的大臣邓光等人。

武帝决定增兵再攻大宛，将狱中囚徒释放从军，充当侦探或尖兵以袭击敌军，又征发郡国恶少年和边境骑兵。经过一年多的部署，从敦煌起兵时，领兵的校尉有50多人。不算私人带着粮食行李跟随部队出征的人，仅部队就有6万人。送粮草的牛有10万头，马3万匹，驴骆万数。兵器、弓箭颇为齐备。天下骚动不安，汉天子要讨伐大宛的消息被人们争相传告。大宛国都城内没有水井，用水要从城外引进，汉朝就随军带上会治水的工匠，准备改掉大宛城下的水道，并从原水道穿地穴攻城。又增派10万人到酒泉、张掖以北，并设置居延（今内蒙古额济纳旗）、休屠（今甘肃民勤）两县卫护酒泉，以保护后方，防备匈奴乘机侵扰并作为战争后备队。为充实兵力，武帝下令：全国犯罪的官吏、逃亡者、入赘妇家

的男子、商人、原属商人户籍者、其父母或祖父母属商人户籍者，这七种人一律谪罚为兵，络绎不绝的车辆和役夫为贰师运送粮食。武帝还任命两名熟悉马匹情况的人充当执马校尉和驱马校尉，准备在攻破大宛后挑选良马。

太初三年（公元前102年），经过充分的准备之后，贰师将军李广利带着庞大的队伍第二次出征大宛。由于汉军兵多，所到之处，西域各小国争相迎接，为汉军供应粮食。前进到轮台，轮台国不降，汉军攻城数日，城破后在城中进行了一场大屠杀，从此汉军一路向西顺利推进，直抵大宛城下。

攻到大宛王都时，汉军部队还有3万人。大宛军队出来迎击汉朝军队，被汉朝军队击败。大宛军队退入城内守卫城堡。贰师将军本想先攻占郁成，但又担心大宛人因军队滞留而产生诈变，决定先打下大宛。汉军派水工决开水源，改变水的流向，断绝城内用水，并穿地道攻城，以困扰大宛。40多天围城攻打，大宛人很害怕。大宛官员商量说："因为国王毋寡隐藏了好马，杀死汉朝使者，才招致汉军远征大宛。献宝马杀国王可让汉军解围。如果汉军还不解围，就奋战而死，也不为晚。"这时，大宛都城的外城已被汉军攻破，并俘获了勇将煎靡，大宛人更加不安。于是，大宛人杀了国王，提着国王毋寡的头去见贰师将军李广利，表示愿意献出宝马，只要汉军解围，就愿意供给汉军粮食。不然的话，就把宝马杀死，坚守到底，而康居的救兵也快到了，到时内外夹攻汉军，请贰师将军李广利考虑选择。

贰师将军听说大宛城内已找到汉人穿井汲水，城内的粮食也不少，而且已经杀掉了作为罪魁祸首的大宛王毋寡，此时再不撤围，等汉军疲乏之时，康居必然前来相救，那时汉军必打败仗，就接受了大宛提出了条件。大宛人放出宝马，任凭汉军选取；拿出粮食，供养汉军。汉军挑选了好马数十，中等以下的马2000匹，立大宛贵人中对汉人比较友好的昧蔡为大宛国王，与他们订立盟约后班师回朝。

贰师将军由敦煌西面出兵的时候，因为队伍庞大，就将队伍分成南北两路前进。校尉王申生和原大鸿胪壶充国统领一支1000多人的队伍经过郁成，得不到郁成人的粮食供给。王申生的部队同贰师将军的大部队相距不到200里远，依仗大军兵威很轻视郁成，就发兵猛攻。郁成人探明王申生的队伍人数不多，发动3000精兵在一个早晨猛攻王申生部队，将其攻杀，只有几个人幸免逃了出来。贰师将军李广利命搜粟都尉上官桀攻破郁成城，郁成人投降，国王逃到康居，上官桀率军一直追到康居。此时，康居人已经听说汉朝军队占了大宛，郁成王就被他们交给了汉军。上官桀派四个骑士把郁成王押解到贰师将军李广利那儿去，在路上，他们怕发生意外，上邦地方来的骑士赵弟就挥剑斩杀了郁成王。

贰师将军率军班师回朝，所经过的小国听说大宛已被汉军攻占，便纷纷派自己的子弟向汉朝纳贡，进见汉天子。后来，这些人都被汉朝扣留作了人质。班师队伍回到玉门关时还有一万多人、1000多匹马。此次征伐大宛，损失惨重，并不是军粮不够，因战而死的人不多，而是因为将吏贪财物，不知道爱惜士卒，克扣侵吞军饷，因此才导致军中大量人马的非战争死亡。武帝念其远涉万里征伐获胜，太不容易，也就不再追问领兵将领的过失，并颁下诏书加以嘉奖。诏书说："匈奴虽迁到大沙漠以北，但仍和附近几个小国策划断绝大月氏派来的使者，拦截残害汉朝使者。汉朝使者和身毒国派往汉朝的使者，被危须国以西的那些国家和大宛相约杀害，阻隔东西交通要道。贰师将军李广利，率师问罪，讨伐大宛胜利，取得郁成王、大宛王的首级。因此封李广利为海西侯，封地千户。"又封斩杀郁成王的上邽人赵弟为新畤侯。官拜为九卿的三人，诸侯相、郡守二千石俸禄官的100多人，一千石俸禄以下的官1000多人。因为犯罪受惩罚而去从军的，一律赦免其罪过，兵士赏赐4万钱。

贰师将军李广利征伐大宛，前后两次历时四年而告结束。汉朝征服大宛以后，为了保证通往西域的商路畅通，汉政府又把长城的西端再一次延长，从敦煌以西一直通到大盐泽，同时又在轮台、渠黎设置护西域使者校尉，率领田卒数百人驻扎屯田，以给往来的各国使者提供供给和保护。

贰师伐大宛，取得了大宛的汗血马，李广利封了侯，汉朝军威播扬于西域，基本达到汉武帝的目的。得到大宛的汗血马后，武帝很高兴，他还做了几首《天马歌》加以纪念。

匈奴听说李广利率兵征讨大宛，曾经企图拦截，但因为汉军声势浩大，所以不敢与汉军交战，匈奴便派骑兵前往楼兰国，等候袭击在大军后面的汉朝使臣，目的是断其通道。当时汉军军正任文正率兵驻守玉门关，抓到匈奴俘虏，将这一消息报告朝廷。武帝下诏命任文率兵捕捉楼兰王，押到长安问罪。楼兰王争辩说："楼兰作为一个小国，夹在汉朝与匈奴两个大国之间，如不两边听命，就无法自保，我愿率本国百姓迁入汉朝境内。"武帝认为他说得有理，便放他回国，并让他协助探听匈奴动静。从此楼兰得不到匈奴的信任。

大宛战败，震惊了西域各国，派往西域的汉使因此得以顺利地完成使命。于是，从敦煌向西直到盐泽，处处筑起亭燧，而轮台、渠犂等地都有汉朝的屯田兵卒几百人，由使者、校尉加以统领，用以供给出使国外的使团所需。

一年多以后，大宛贵族认为昧蔡过于讨好汉朝，使本国遭受屠戮，于是发动兵变，杀死昧蔡，拥立毋寡的弟弟蝉封为大宛王，派蝉封的儿子到汉朝充当人质。汉朝因而派出使者赏赐蝉封，对他进行镇抚，蝉封同汉朝约定，每年向汉朝进献天马两匹。

贰师伐大宛，是武帝发动的一次带有侵略性的战争，大宛蒙受了惨重的损失，沿途诸国受到骚扰，汉朝也损失极大。李广利远师征伐大宛，出关时有士卒6万多人，回来时仅剩下10000多人，其他损失还不算在内。但是，伐大宛对于震慑西域各国，笼络西域人心，缩小匈奴的影响，加强汉朝对西域的统治具有重要意义。

不辱使命，重见天日

天汉元年（公元前100年），武帝派中郎将苏武出使匈奴，以示汉匈和好的意愿。

苏武，字子卿，西汉杜陵（今陕西安）人。将门家庭出身，其父苏建，元朔二年（公元前127年）以校尉身份随大将军卫青从云中（今内蒙古托克托）出击匈奴，凭着赫赫军功被封为平陵侯。苏建曾多次随从卫青出征，并做过卫尉和代郡（今河北蔚县）太守。

苏武少时任为郎，后来做了替武帝掌管马厩的官。

马邑之谋以后，汉匈断绝和亲，双方都不断扣留对方派出的使节。卫青、霍去病连续三次大规模出击匈奴，匈奴主力被击垮。但是，汉朝的损失也极大，无力进一步出击，双方均筋疲力尽，呈胶着状态。

匈奴呴犁湖单于去世后，其弟左大都尉且鞮侯被立为单于，武帝打算借征伐大宛的军威让匈奴臣服，便颁发诏书说："高皇帝给朕留下平城的忧患，高后时，匈奴单干给我朝的书信又悖逆。当年齐襄公报九世先祖之仇，他的行为符合《春秋》的道义。"且鞮侯单于刚刚即位，害怕汉军袭击，便向汉朝表示："我是小孩子，哪有和大汉天子相比的条件呢，汉朝天子是我的长辈。”于是，将不愿投降而被扣留在匈奴的汉使路充国等人全部放回，又派使臣前来进贡。

天汉元年（公元前100年），武帝嘉许匈奴单于，中郎将苏武奉命把留在汉朝的匈奴使臣送回匈奴，并携带厚礼，答谢匈奴单于的好意。苏武与副使中郎将张胜及暂时充任使团官吏的常惠等一同前往，到达匈奴后，送给单于礼品。单于却因此变得骄横，不像汉朝原来所希望的那样。

正在这时，曾经归降过汉朝的匈奴缑王和长水人虞常，以及卫律所率领的投降匈奴的原汉朝人暗中商议，企图将匈奴单干的母亲劫持回汉朝。卫律的父亲原是长水地区的匈奴人，卫律本人则因与汉朝的协律都尉李延年关系好，经李延年推荐，被汉朝派遣出使匈奴。卫律出使归来，听说李延年一家被收捕，便逃往匈奴投降。单于很喜欢他，封他为丁灵王，共商国家大事。虞常在汉朝时一直与副使张胜关系密切，曾私下拜访张胜说：“听说大汉天子非常怨恨卫律，我可以为汉朝埋伏弓弩手将他射死。我的母亲和弟弟都在汉朝，希望他们能得到赏赐。”张胜应允了虞常的要求，并送给他很多财物。一个多月以后，单于外出打猎，王宫里只有他母亲和部分弟子。虞常等70多人正准备发动政变，不料其中一人在夜间逃走，告发了虞常等人的政变计划。于是单于调兵与虞常等人交战，杀了缑王等人，虞常也被活捉。

匈奴单于派卫律审理此事。张胜听到消息后，害怕查出先前与虞常约定的事，便向苏武报告。苏武说：“发生了这样的事，我肯定会遭到牵连，如果受到侵犯再死，那就更加辜负国家了。”于是准备自杀，被张胜、常惠二人阻止，后来张胜果然被虞常供出，单于大怒，召集贵族商议，打算杀掉汉使。匈奴左伊秩訾说：“谋杀卫律就要处死，如果谋害单于，又该怎么加重处罚呢？应让他们全部归降。”单于派卫律传话给苏武。苏武对常惠等人说：“如果卑躬屈膝，我们的使命会受到污辱，就算活着，又有何面目再回到我们大汉呢！”说完拔出佩刀刺入自己的身体。卫律大吃一惊，抱住苏武叫医生为他急救，好久才苏醒过来。常惠等痛哭着将苏武抬回驻地。单于很钦佩苏武的气节，早晚都派人去问候，并将张胜逮捕。

几天以后，苏武伤势痊愈，匈奴单于派人劝说苏武投降。审判虞常时，又把苏武叫去，试图威胁苏武投降匈奴。虞常被判斩首以后，又审问张胜。卫律说：“汉朝使节张胜谋杀单于亲信大臣，应判死罪，如果愿意投降单于就可保全性命。”张胜投降了匈奴。

卫律对苏武说：“汉朝通使犯了谋杀罪，你也应当受连坐治罪。”苏武争辩说：“他们的阴谋我从来都没参与，又跟张胜没有亲属关系，不应该牵涉到我。”

卫律举起宝剑，比比画画，欲刺苏武，苏武昂首挺胸，从容不迫。卫律只好用富贵引诱苏武投降，他说：“我也是由汉朝投降匈奴的，单于很看重我，封我为丁灵王，拥有数万下属，牛羊满山，享尽荣华富贵。如果你今日投降匈奴，明日也就有了同样的荣华富贵。要不然，你白白死在草原，有谁知道呢？”

卫律说服不了苏武，单于就派遣李陵去北海劝降苏武。苏武与李陵都为侍中，苏武出使匈奴的第二年，李陵投降匈奴，所以一直不敢访求苏武。在北海，李陵为苏武安排了酒宴和歌舞，李陵趁机对苏武说：“单于听我与你交情一向深厚，所以派我来劝说足下。人生像早晨的露水，何必这样折磨自己！我刚投降时，终日若有所失，几乎要发狂，自己痛心对不起汉廷，加上老母被拘禁在保宫。你此下投降的心情，怎能超过当时我李陵呢？并且皇上年纪大了，法令随时变更，大臣无罪而全家被杀的有十几家，安危不可预料。你还打算为谁守节呢？希望你听从我的劝告，不要再说什么了！”

苏武说：“我苏武父子无功劳和恩德，都是皇帝栽培提拔起来的，官职升到列将，爵位封为通侯，兄弟三人都是皇帝的亲近之臣，常常愿意为朝廷牺牲一切。现在得到牺牲自己以效忠国家的机会，即使受到斧钺和汤镬这样的极刑，我也心甘情愿。大臣效忠君王，就像儿子效忠父亲，儿子为父亲而死，没有什么可恨，希望你不要再说了！”

李陵与苏武共饮了几天，又说：“你一定要听从我的话。”苏武说：“我料定自己已经是死去的人了！单于一定要逼我投降，那么就请结束今天的欢乐，让我死在你面前！”李陵见苏武对朝廷如此真诚，慨然长叹道：“啊，义士！我李陵与卫律的罪恶，上能达天！”说着眼泪直流，浸湿了衣襟，告别苏武而去。

李陵离开北海后，不好意思出面再见苏武，就把几十头牛羊托妻子送给苏武。

后元二年（公元前87年），李陵又一次来到北海，这次是为了告诉苏武武帝去世的消息。苏武很悲痛，冲着南方号啕大哭，连血都哭出来了。

汉武帝死了以后，汉昭帝即位，当时，壶衍轩单于统治匈奴。

连年不断的战争，使汉朝、匈奴都消耗了大量的人力、物力，极大破坏了社会经济，和平、安宁成为汉匈人民的共同愿望。同时，匈奴贵族争权夺利，内部分裂，很不团结，根本无力同汉朝打仗，也希望和好。汉昭帝时期，霍光当政，决定同匈奴和好，以缓和各种社会矛盾，恢复社会经济。

昭帝始元六年（公元前81年），汉匈双方议和，恢复了和亲和正常往来。汉朝多次要求匈奴将苏武等人放回，匈奴不想让苏武回来，就谎称苏武已死。后来，汉朝派使节到匈奴去。常惠就向看守人提出，要求见汉朝使者。夜里，常惠同看守人一起来到汉朝使者驻地，向使者诉说了苏武在匈奴的遭遇和下落，还教给了使者营救苏武的办法。

汉朝使者对匈奴单于说："汉朝天子在上林苑打猎，射到一只从北方飞来的大雁。一封绸子写的信系在雁腿上，信上说苏武没有死，正在北海牧羊，为了汉匈和好，希望将苏武放回。"

匈奴单于听了，大惊失色，看看左右目瞪口呆的大臣，不知道汉朝使者为什么这么清楚苏武的情况。单于见无法隐瞒，只好如实对汉朝使者说："苏武等人确实还活着。"

苏武就要回汉朝了，李陵为他置酒送行，说："现在你还归汉朝，在匈奴扬名，为汉朝立功，你比古书上记载的英雄人物强啊！李陵虽然是笨拙胆怯之人，但是，汉天子如果能宽大一点，不杀我老母，给我个立功赎罪的机会，汉朝的大恩大德我会永远不忘，想不到汉朝竟杀我全家，我还有什么脸面再回汉朝呢？我说这些，无非是让你知道我的心情罢了。"李陵边歌边舞，泣不成声。

匈奴单于召会苏武及随同苏武回来的旧日部属九人。

昭帝始元六年（公元前81年），已年过花甲须发尽白的苏武，手持使节，回到长安。苏武出使匈奴，去时属员100多人，历时19年，其间，死的死、降的降，只有常惠等9人回到长安。

苏武出使匈奴不辱使命，回来后，汉朝廷封他为典属国，赐钱200万、公田两顷、住宅一所。汉宣帝时，封苏武为关内侯，食邑300户，苏武在匈奴生的儿子苏道国也被接回汉朝；后来，还把苏武的像画在未央富麒麟阁，把苏武称为"中兴名臣"。

再攻匈奴，李陵遇险

天汉二年（公元前99年），武帝派出了贰师将军李广利挂帅亲征匈奴。

贰师将军李广利带领三万精兵从酒泉出发，目的地很明确，直捣匈奴右贤王的军事根据地——天山。结果，初生牛犊不怕虎的李广利如尖刀般突入匈奴的腹地，打了右贤王一个措手不及，右贤王哪里料到汉军会突然从天而降，结果惨败。

李广利首度出师就告捷，擒杀敌人共计10000多人，心中难免得意。也就没有继续“宜将剩勇追穷寇”，反而调转军马，准备向武帝邀功了。

因为生擒了大量的匈奴士兵，加之归途漫漫，汉军行进很慢。而就在李广利得意扬扬地往回走时，失利的右贤王很快从失败的阴影中走出来，他迅速组织和结集了大量的兵马追赶汉军，没过多久李广利的大军就被蜂拥而至的匈奴士兵围了个水泄不通。

汉军被包围后，数次突围都宣告失败，只有做困兽之争。眼看粮草告急、防线告急、伤亡告急，李广利急得像热锅上的蚂蚁。就在这个生死存亡的关键时刻，假司赵充国站出来了，说道：“与其被困死在敌人阵中，不如做最后的一搏。属下愿带100敢死队为将军开路，只求将军能活着出去，将军他日若能平定匈奴，家祭无忘告诉属下便是。”

李广利被感动得热泪盈眶，这支敢死队以雷霆之势奋不顾身地杀向敌阵时，匈奴人被他们视死如归的气势和气魄震住了，纷纷溃退。结果，敢死队如同一把利刃一样，硬生生地撕开了匈奴铁桶阵的一个口子。

机不可失，时不再来。李广利不再犹豫，率大军一阵烟地杀出，扬长而去。但是30000精兵却只剩下孤零零的千余人了。武帝虽然对李广利先赢后输表示了遗憾和不解，但碍于李夫人的面子，并没有过多地对李广利追究其他军事责任。相反，听说赵充国的英雄事迹后，武帝觉得这其中可大做文章，为以后反击匈奴做表率作用。

武帝马上召见了赵充国，并封他为中郎将。

损失20000多人，主帅也死里逃生，但对武帝来说，他并没有只派李广利孤军深入。为了保障汉军粮草运输的安全及接应等，武帝在起用李广利的同时，还起用了另一名年轻的小将，他的名字叫李陵。

李陵的祖父是扬名四海、曾令不可一世的匈奴闻之色变的“飞将军”李广。

元狩四年（公元前119年）李广被迫自杀。李广死后的第二年，其堂弟、当朝丞相、乐安侯李蔡因盗取官地，下狱自杀。李广的三个儿子，长子当户、次子李椒都先李广而死，少子李敢曾以校尉随骠骑将军霍去病击匈奴，勇夺左贤王旗鼓，赐爵关内侯，代父职为郎中令。李敢因怨恨大将军卫青逼迫其父自杀，遂伺机将其击伤。卫青或许是对李广之死颇感内疚，所以将此事遮掩起来。但卫青的外甥霍去病却愤恨难消，趁与李敢伴随武帝在甘泉宫围猎之时将他射死。此时霍去病深得武帝宠爱，所以武帝极力掩盖事情真相，只说李敢是在围猎时被鹿撞死的，这样的结果纯属意外。

李敢死后，李氏家族更加衰落。虽然李敢的儿子李禹得宠于卫太子，也颇有些勇力，但没有继承其祖父仗义疏财的优良品质，却是一个好利嗜财的匹夫，不足以当大任。也正是因为这样，李广的大儿子李当户的遗腹子李陵成人之后，这一“没落”之家才又看到了一丝希望。

李陵步入仕途后，任侍中、建章监。由于家世的熏陶，李陵不仅擅长骑射，而且接人待物谦让真诚，名誉远播。武帝认为李陵最有李广遗风，为了考验他的能耐和胆识，曾命他率800骑过居延，深入匈奴之地2000多里查看地形。李陵"来去如风"，进入匈奴境地如入无人之境，归来后武帝龙颜大悦，马上就封他为骑都尉，任务就是教酒泉、张掖的士卒学习骑射，防备匈奴侵扰，保卫国家。

武帝在重用的李广利的同时，也没有忘了名门之后的李陵，于是，他特地将李陵从边郡召回，并亲自在未央宫武台殿召见，任命他为这次的战争押运粮草。

天汉二年（公元前99年）九月，也就是李广利率3万大军出征匈奴后的第四个月，被武帝寄以重任的李陵出遮虏障（今内蒙古额济纳旗东南），至东浚稽山南龙勒水上察看匈奴敌情。与此同时，路博德出西河（今内蒙古准格尔旗西南），与因杅将军公孙敖会师于涿邪山（又名涿涂山，今蒙古满达勒戈壁一带）作为后续部队，名为支援李陵，实为监督。

李陵出兵之后进展顺利，一路风雨无阻，很快抵达东浚稽山下，眼看寻不到匈奴人的影踪，李陵便把军队驻扎在龙勒水（蒙古土拉河）上。随后他做出了一个创举，将沿途所过山川地形绘成地图，命令麾下骑士陈步乐飞报朝廷。

武帝极为重视李陵一军的活动，立即亲自召见。之后陈步乐立即被任为郎官。

然而就在武帝和文武百官举杯相庆时，厄运已经降临到李陵的身上。

原来，李陵在匈奴境内横冲直撞，引起了以且鞮侯单于为首的匈奴人的高度关注。经过冷眼观察了一番后，他们对汉军的敌情已经掌握得八九不离十了。于是且鞮侯单于下手了，和对付李广利的方法一样，他率倾巢而出的匈奴士兵，把李陵的5000步军围了个“严严实实”。

直到这时，李陵才知道，过分自信过分冒险，有时是要付出代价的。但这是一种挑战，同时也是一种机遇。

在挑战和机遇并存的情况下，立下战功是李陵此次深入匈奴的唯一目的。于是乎他在寻找匈奴人未果的情况下，大军驻扎，坚持画完了匈奴境地的全部地形，也就等于了解了匈奴一山一水一草一木，有了这样的“军事路线图”，就可以为打击匈奴的“后来人”留下一份宝贵的财富。因此，面对匈奴的包围，李陵的心里激情澎湃，全然没有一点畏惧的心理。

且鞮侯单于眼看李陵的汉军才区区几千人，相对他数万大军来说简直是小巫见大巫，不值一提，因此，包围李陵后，也并没有马上进行围剿屠杀，而是劝李陵投降。

李陵兵虽然少了点，势力虽然单了点，但信心却一点也不弱，面对匈奴的时候依旧信心满满，眼看李陵敬酒不吃吃罚酒，匈奴人野蛮的本性马上就显露出来了。

面对敌人的进攻，汉军在两山之间的险峻之处布营，用运粮用的车辆设防，然后汉军执盾牌和弓箭手垫后，匈奴铁骑像狂风一般直向汉军阵地扑来，倒了一批又一批匈奴士兵，且鞮侯单于眼看势头不对，这几千汉军的战斗力不容小视，于是采取了另一种办法：只围不攻。

当年他的祖先冒顿单于在白登山对付刘邦就是“只围不攻”，但最终被刘邦用陈平之计成功脱险。此时的且鞮侯单于只围不攻，却是不得已而为之。既然强攻不下，他只好退而等待了。果然，左右贤王带兵的迅速归来，使匈奴士兵的人数达到了8万之众，已是汉军人数16倍有余。

匈奴士兵在一天一天的增多增大，汉军却一天天地减少变弱。眼看这样下去只有死路一条，李陵下达撤退的命令。

生死一线，舍义取生

在李陵下达撤退的命令的时候，恰逢李陵军中有一个叫管敢的军侯，因被校尉凌辱而投降了匈奴。他对单于说："李陵的军队没有援兵来救，并且箭已快用完了，只有李陵将军麾下和成安侯手下各800人排在阵前，派精兵射杀旗手即可破阵了。"他说的成安侯，是韩延年，他的父亲韩千秋曾担任过济南相，进攻南越时战死，武帝便封他为侯，在李陵军中做校尉。单于非常高兴得到这个消息，命骑兵合力攻打汉军，边打边喊："李陵、韩延年快降！"接着切断了汉军的退路，猛烈攻打李陵。李陵处在山谷底，敌人在山坡上从四面射箭，箭如雨下。

汉军坚持南行，未等冲到轩汗山，一天之中50万支箭已全部用光，于是舍弃战车而行。当时，汉军还剩兵士3000多人，赤手空拳的就斩断车轮辐条当武器，军吏们也只有短刀。最后又因被一座大山阻住去路而折入峡谷。单于切断了他们的退路，在险要处滚下垒石，很多士卒被砸死，不能前进。黄昏后，李陵换上平常的衣服，独自一个人走出营帐，拦住左右说："让我一个人去杀掉单于！"李陵过了很久才回来，叹息说："兵败如此，唯求一死！"军吏说："将军威震匈奴，皇上不会让您死，以后可想别的办法回去，对浞野侯那样的人，被匈奴俘获后逃了回去，皇帝尚且以礼相待，何况将军您呢！"李陵说："您别说了，壮士死而后已！"于是他让部下砍断旌旗，掩埋珍宝。又扼腕道："再有几十支箭，我们足以逃跑了，可现在手无寸铁，没有能力再与匈奴作战，天一亮就只有束手就擒了。不如作鸟兽散，还可能有人逃回去奏报皇上。”他令将士们每人拿上一大块冰，二升干粮，约定在边塞遮虏鄣会合，准备夜半时分击鼓突围。但到夜半时，鼓却没有击响。李陵与韩延年一同上马，十多名壮士和他们一道冲出。匈奴发现后率领几千名骑兵追击他们。韩延年战死，李陵长叹：“我无脸面去见陛下呀！”于是下马投降了，他的部下都趁机四散逃命去了，逃回塞内的仅400余人。

李陵兵败的地方离汉边塞只有100多里地，消息很快被人知晓，边塞把情况报告给朝廷。武帝以为李陵战死，就把他母亲和妻子召来，要相面的人来看，相面的人说他们脸上并没有死丧的气色，后来得知李陵已降匈奴，武帝大怒，责问陈步乐，陈步乐因害怕被治罪而自杀。

很久以后，武帝才悔悟到李陵之所以投降是因为没有援兵：“李陵出塞之时，本来诏令强弩都尉接应，只因受了这奸诈老将奏书的影响又改变了诏令，才使得李陵全军覆没。”于是，派使者慰问赏赐了李陵的那些死里逃生的部下。

李陵在匈奴一年后，武帝派因杅将军公孙敖带兵深入匈奴境内接李陵。公孙敖没有完成武帝交给的任务，带兵而回，对武帝说：“听俘虏讲，李陵在帮单于练兵以对付汉军，所以我们接不到他。”武帝听到后，盛怒之下将李陵的全族都处以死刑，陇西一带士人都以李陵不能死节而连累家室为耻。此后，有汉使到匈奴，李陵对使者说：“我为汉朝领步卒五千横扫匈奴，因无救援而败，有哪一条对不起汉朝，而皇帝却杀了我全家？”使者说：“皇上听说李少卿在为匈奴练兵。”李陵说：“那是李绪，不是我。”李绪本来是汉朝的塞外都尉，驻守奚侯城，因匈奴攻城而投降，单于对他礼遇有加，给他的官职比给李陵的还大。李陵痛恨因他为匈奴练兵而使自己全家被诛，便派人刺杀了李绪。为此，大阏氏便想杀掉李陵，单于便把他藏到北方，大阏氏死后才把他接回来。

为了理想，付出代价

李陵投降，武帝愤怒，李陵的家人遭殃，陈步乐自刎，朝中的大小官员的反应也是各有不同。身在朝廷为官，伴君如伴虎，要想升官发财、青云直上，就要学会察言观色，学会溜须拍马。

也正是因为这样，最初，当李陵率军在匈奴如入无人之境、“捷报”如雪花般传来时，群臣纷纷上奏祝贺；而当李陵陷入困境孤军挣扎时，群臣的嘴巴都像被贴上了膏药，三缄其口、不言也不语，因为形势不明朗，言多必失，处于观望状态的他们选择沉默是最明智的选择；最后李陵兵败投降，武帝愤怒，群臣们马上枪口一致对外，纷纷上疏痛斥李陵“叛国叛民”的举动，大有用口水就把李陵淹死之气势。

群臣们的首鼠两端和见风使舵让一个人感到非常愤怒，这个人便是大名鼎鼎的《史记》的作者司马迁。

中元五年（公元前145年），司马迁生于夏阳（今陕西韩城南）龙门。据说司马迁家族自唐虞至周，都是世代相传的历史学家和天文家。司马错是秦惠王时伐蜀的名将，司马昌是秦始皇的铁官，到了司马迁的父亲司马谈，又做汉武帝的太史令，恢复了祖传的史官恒业。

建元元年（公元前140年），司马迁六岁时在故乡读书，他在这“山环水带，嵌镶蜿蜒”的自然环境里成长，既被山川的清淑之气所陶冶，又对民间生活有一定的体验。（“耕牧河山阳，年十岁，则诵古文。”《太

史公自序》）

元光元年（公元前134年），司马迁12岁。他随父亲到京师长安向老博士伏生、大儒孔安国学习；家学渊源既深，复从名师受业，启发诱导，获益不浅。这个时候，正是汉王朝国势强大、经济繁荣、文化兴盛的时候，是年卫青、霍去病大破匈奴，武帝设立乐府……也是司马迁在京城里丰富见闻、热情迸发的时候。

元朔二年（公元前127年），19岁的司马迁开始外出游历："南游江、淮，上会稽，探禹穴，窥九疑，浮于沅、湘，北涉汶、泗，讲业齐、鲁之都，观孔子之遗风，乡射邹、峄，厄困鄱、薛、彭城，过梁楚以归。"回到长安以后，他做了皇帝的近侍郎中，随武帝到过平凉、崆峒，又奉使巴蜀，他到的最南边是昆明。读万卷书，行万里路，奠定了司马迁以后著书立说的坚实基础。

元封三年（公元前108年），司马迁38岁时，正式做了太史令，有机会阅览汉朝宫廷所藏的一切图书、档案以及其他各种史料，他一边整理史料，一边参与改历。

太初元年（公元前104年），司马迁42岁，他以太史令身份，与中大夫孙卿、壶遂及历官邓平、落下闳、天文学家唐都等20余人改革历法。经这批专家通力合作，反复计算、选择，终于在这年五月造成新历，这就是著名的《太初历》。《太初历》改以正月为一岁之首（秦历以十月为一岁之始），一月的日数为29.53天，一年一岁的日数是365.25天，这是当时世界上最先进的历法，也是中国历法史上进行的第一次大改革。此后，他秉父遗志着手准备编写《太史公记》（《史记》）。

但在李陵投降这件事上，这个原本"两耳不闻朝中事，一心只为写《史记》"的司马迁却选择了为李陵申辩，司马迁只是为李陵申述，结果被武帝迁怒而送进了大牢，接下来的事就交给廷尉去办了。

最高司法张汤被送上断头台后，杜周接替了他的位置，坐上了廷尉的宝座，他果然不愧是张汤的接班人，办案不但巧于迎合，而且是两面三刀。

最终杜周为了迎合圣意，没有再做什么调查之类的事，直接把司马迁判了死刑。罪名是：欺君罔上，诬蔑百官，罪有应得，死有余辜。

据汉朝的刑法，死刑有两种减免办法：一是拿50万钱赎罪，二是受“宫刑”。

用钱赎罪很容易理解，“宫刑”却鲜有人知道。在古代“宫”，即“丈夫割其势，女子闭于宫”，就是阉割男子生殖器、破坏女子生殖机能的一种肉刑。“宫刑”又称蚕室、腐刑、阴刑和椓刑，这些不同的名称都反映出这一刑罚的残酷性。所谓蚕室，据唐人颜师古的解释：“凡养蚕者欲其温早成，故为蚕室，蓄火以置之。而新腐刑亦有中风之患，须入密室（也许是最早的无菌室概念），乃得以全，因呼为蚕室耳。”这就是说，一般人在受宫刑以后，因创口极易感染中风，若要保全一命，须留在似蚕室一般的密室中，在不见风与阳光的环境里蹲上百日，创口才能愈合。所谓腐刑，对受害者来说，不但肉体痛苦，而且心灵受辱，从此像一株腐朽之木，有杆但不能结实。所谓阴刑，是指对男子或女子的阴处施刑。至于称为椓刑，见于《尚书·吕刑篇》，“椓”据《说文》释是以棍击伐之意，据马国翰《同耕帖》载，古有椓窍之法，谓用木棍敲击女性下身，以破坏其生育机能。

宫刑简直就让人生不如死，所以很多被判了死罪的人宁愿“死则死尔”，也不愿接受宫刑、痛苦而绝望地苟活于世。春秋的韩非提到过一种非常可怕的治国之道。他说：“太上禁其心，其次禁其言，其次禁其事。”就是说，统治的最佳办法，第一是禁其心，言论比行为重要，而心又比言论重要。

司马迁只是一个小小的太史令，在被判死刑后，家里没钱，拿50万钱赎罪简直是痴人说梦，又没有达官显贵来帮他，实属无依无靠。宫刑既残酷地摧残人体和精神，又极大地侮辱人格，司马迁当然不愿意忍受这样的刑罚，悲痛欲绝的他甚至想到了自杀。可后来他想到：人总有一死，但死的轻重意义是不同的。他觉得自己如果就这样“伏法而死”，就像牛身上少了一根毛，是毫无价值的。他想到了孔子、屈原、左丘明和孙膑等人，想到了他们所受的屈辱以及所取得的骄人成绩。司马迁顿时觉得自己浑身充满了力气，他毅然选择了宫刑。

面对最残酷的刑罚，司马迁痛苦到了极点，但他此时没有怨恨，也没有害怕，他只有一个信念，那就是一定要活下去，一定要把《史记》写完，“是以肠一日而九回，居则忽忽若有所亡，出则不知所往。每念斯耻，汗未尝不发背沾衣也。”正因为还没有完成《史记》，他才忍辱负重地活了下来。

直到太始元年（公元前96年）武帝改元大赦天下时，50岁的司马迁才时来运转——出狱了。出狱后他当了中书令，在别人看来，也许是“尊崇任职”，但是，他还是专心致志写他的书。直到征和二年（公元前91年）全书完成，共得130篇，52万余言。

司马迁从元封三年（公元前108年）被封为太史令后开始阅读、整理史料，准备写作，到太始四年（公元前91年）基本完成全部写作计划，历经16年。这是他用一生的精力、艰苦的劳动，以及忍受了肉体上和精神上的巨大痛苦，用整个生命写成的一部永远闪耀着光辉的伟大著作。

《史记》对后世史学和文学的发展都产生了深远影响。郑樵称《史记》是“六经之后，唯有此作”。鲁迅赞《史记》为“史家之绝唱，无韵之离骚”。赵翼在《廿二史札记》中说：“司马迁参酌古今，发凡起例，创为全史，本纪以序帝王，世家以记侯国，十表以系时事，八书以详制度，列传以志人物，然后一代君臣政事贤否得失，总归于一编之中。自此例一定，历代作史者，遂不能出其范围，信史家之极则也。”

第九章

与民生息，苦心立嗣

武帝晚年杀戮太过，又因巫蛊之祸造成父子相残、太子刘据自杀，种种打击使武帝心灰意懒，对自己过去的所作所为颇有悔意。在登泰山、祀明堂之后，武帝下《轮台罪己诏》："朕即位以来，所为狂悖，使天下愁苦，不可追悔。自今事有伤害百姓，靡费天下者，悉罢之！"以表示承认自己的错误。天下也因此又逐渐归于和谐，为昭宣中兴的盛世奠定了基础。

子叔族诛，江充握权

公孙贺，字子叔，北地义渠人。年轻时为骑兵，多次出征立功。从武帝当太子时起，公孙贺就是舍人，武帝即位，公孙贺升任太仆，公孙贺的夫人君孺，是卫皇后的姐姐，公孙贺因此受宠爱。元光年间，公孙贺被任命为轻骑将军，带兵驻扎在马邑。四年后，出云中；五年后，以车骑将军的身份跟随大将军卫青出征，因战争中立功，被封为南節侯。随后，再次以左将军的身份率兵出襄陵，没有战绩。后来因为宗庙祭祀时献银两助祭的事而获罪，失去侯位。又以浮沮将军身份出征五原之外2000多里，又没有立下战功。八年后，接替石庆担任丞相，封为葛绎侯。起初公孙贺被拜为丞相，不接受丞相官印和绶带，磕头哭泣说："臣本是边远地方的人，靠骑马射箭当上官，实在没有作丞相的才能。"武帝与身边人看见公孙贺很悲哀，被感动地流下了眼泪。武帝说："扶起丞相。"公孙贺不肯起来，武帝因此起身离去，公孙贺不得已才拜受。待他出了朝，身边人问他原因，公孙贺说："主上贤明，我不够称职，恐怕要受到严厉的责罚，从此就危险了。"

公孙贺的儿子公孙敬声，接替父亲担任太仆，父子同居公卿职位。敬声自以为是皇后姐姐的儿子，因此骄横奢侈，不守法度。征和年间，擅自挪用北军军费1900万被揭发，获罪入狱。这时武帝下令追捕阳陵朱安世，然没抓到，公孙贺得知武帝的急迫心情，自动请求追捕朱安世，期望能抓到朱安世而为公孙敬声赎罪，武帝同意了。后来公孙贺真的抓到了朱安世，朱安世是京师大侠，听说公孙贺想用自己来为儿子赎罪，笑着说："丞相要祸及祖宗了。南山上的竹子不够用来书写我揭发你罪过的文辞，斜谷中的树木不够用来做束缚我的桎梏。"朱安世于是从狱中上疏，告敬声与阳石公主私通，以及让巫师祭祀诅咒武帝，并且在上甘泉宫正对朱大路的地方埋下木偶人，上面刻有祭词，其内容中有恶毒的话。案子交给有关部门审讯，一一追究罪过，于是公孙贺父子都死在狱中，全家被诛灭。

闰四月，卫皇后之女诸邑公主、阳石公主及皇后的弟弟卫青之子长平侯卫伉，都因受到了巫蛊的牵连而被处死。武帝与卫皇后及太子的关系蒙上了一层阴影。

征和二年（公元前91年）春天，武帝诏令御史说："前丞相公孙贺倚仗国戚关系，利用自己的权势干坏事，占取好田，为子弟宾客谋利，不顾百姓、戍边官兵缺粮，不考虑解决实际问题而收受贿赂，朕忍耐他已经很久了，终不自动悔改，竟然以边防为借口，让内地各郡压缩其他费用，制作车辆。又借口供给军队用粮，令农民自己送粮到边境，困扰农民，使牲畜疲乏，耗损怀孕的牛马，影响国家的边防。还让下级官吏妄自增收赋税，使百姓流亡。并假称受诏，用奸邪手段逮捕朱安世。案子已经公开了结。现在拜涿郡太守刘屈氂左丞相，分丞相、长史一府为两府，等有适当的贤人后再拜右丞相。"

江充字次倩，是赵国邯郸人，原名江齐。他的妹妹很擅长歌舞鼓瑟，嫁给了赵国王太子刘丹为妻，江齐为此得到了敬肃王的宠信，成为赵王的座上客。

许久之后，王太子怀疑江齐向敬肃王泄露了自己的隐私，于是与江齐反目成仇，让人抓捕江齐不成，就抓了他的父兄，关押审讯后处以斩首弃市。江齐于是隐匿形迹，西逃入关，改名江充。到了京城，他便向武帝控告刘丹与同胞姊妹甚至父王的后宫之人淫乱，还勾结郡国的豪猾奸人，打劫作恶，地方官吏无法管制。江充所上之书被呈给武帝看，武帝大怒，派人诏命郡守发兵包围赵王王宫，收捕王太子刘丹，然后转押在魏郡的诏狱里，令廷尉与郡守联审，执法非常严酷。

赵王彭祖是武帝的异母哥哥，上疏替王太子开罪，说："江充是个受缉捕而逃亡的小臣，现在胡乱玩弄奸诈的手段，让圣上气恼，想借您的威严以报私怨，后果终难逃烹醢之刑，还不知悔悟。我愿意精选赵国的勇猛之士，到边防从军，抗击匈奴，为朝廷效力，以此赎刘丹的罪。"武帝不答应，最后还是废了赵国王太子刘丹。

当初，武帝召见江充于犬台宫，江充请求以平常的穿戴叩见，武帝同意了。江充身穿织丝蝉衣，衣服和装饰都带有一些女人味，丝帽上鸟羽作缨，走动时摇冠飞缨，加上他身材魁梧伟岸，气宇轩昂，使武帝望见就感到他与众不同，对左右人说："燕赵真是奇士很多呵。"

等江充上前拜见，与他谈论一番之后，武帝大为高兴。

江充请求出使匈奴。武帝问他有何打算，他回答："出使应以敌为师，随机应变，事情不好预先打算。"于是武帝任命他为谒者，出使匈奴。出使匈奴归来后，就拜为直指绣衣使者，督捕三辅境内的盗贼，监察豪贵们的越礼过分行为。当时皇亲国戚及近臣中很多人蛮横、奢侈、不守本分。江充一一举报弹劾，还奏请没收这些人的车马，让他们到北军营待命抗击匈奴。武帝准奏后，江充马上便送信给光禄勋中黄门，将那些该去北军营待命的近臣侍中的名字告诉门卫，禁止那些没有经准许的人出入宫廷。于是贵戚子弟惶恐起来，都到武帝那里叩头哀求，表示情愿出钱赎罪。武帝答应了他们的请求，令他们各自按俸禄地位到北军交钱，这次朝廷共得几千万钱。武帝认为江充奉法不阿，忠诚正直。

江充外出，碰上馆陶长公主等人在驰道上坐车行走，就喝问她们为什么那么放肆，公主说："是太后的诏命。"江充说："只有公主可以，随从车骑都不行。"于是就把长公主的随从全部处以处罚，并没收她们的车马。

江充陪伴武帝前往甘泉宫，又遇上皇太子的家臣坐着车马在驰道上行走，江充把他们抓起来交给官府处置。太子得知，派人向江充求情希望宽恕。江充不给情面，仍把这件事上奏给武帝，武帝说："作为人臣应当如此！"对他更加信任，江充因此威震京师。

江充地位显赫，本人又精于权术、手段狠辣，因此在朝廷中得罪了不少人。后来，为保全性命，借口巫蛊作祟，离间皇太子和武帝的关系，终酿成巫蛊之祸。

逼反太子，血染长安

武帝29岁时才有了太子，因此对他非常宠爱。太子刘据长大后，性格仁慈宽厚、温和谨慎，武帝嫌他缺乏才能，不像自己那样精明强干。武帝平日宠爱的王夫人给他生了一个儿子，名叫刘闳；李姬生二子刘旦、刘胥；李夫人生一子刘髆。皇后、太子因皇上对他们的宠爱逐渐减少，常常感到不安。武帝察觉后，对大将军卫青说："我朝有很多事还都处于草创阶段，再加上周围的民族对我国不断侵扰，我若不变更朝中制度，后代就将失去依据准则；若不出师征伐，天下就不能安定。因此，不能不使老百姓们受些劳苦。但若我的后代也像这样做的话，就等于重蹈了秦朝灭亡的覆辙。太子性格稳重好静，一定能安定天下，不会让我担忧。要找一个能够以文治国的君主，有谁还能比太子更强呢？听说皇后和太子有不安的感觉，难道真的如此吗？你可以把朕的意思转告他们。”卫青叩头谢恩，皇后听说后，特意摘掉首饰向武帝谢罪。

太子常劝谏武帝，不要劳师动众征伐周边的少数民族，武帝笑着对他说：“我把劳苦担当起来，把安逸留给你，这不挺好吗？”武帝每次出巡，总是把大事交给太子处理，宫内的事则交给皇后掌管。武帝回来后，他们将所处理决断的事情，挑一些要紧的向他汇报，武帝也没有什么不同的意见，有时连问也不问。武帝用法严酷，任用的多是酷吏，太子为政宽厚，经常命令重审一些案件以便能从轻处理，虽然深得人心，但执法的大臣们都很不高兴。皇后担心时间长了会惹恼武帝，常劝诫太子将案卷留下，听从武帝自己发落，不应该自作主张地加以从宽处理。武帝听说后，赞赏太子的做法，而对皇后却不以为然。群臣中的宽厚长者都归心于太子，而用法严酷的人总诋毁他。当时奸臣结成党羽，所以对太子的赞誉少而诋毁多。

卫青死后，不少大臣因太子不再有外戚做靠山，加上又私下以为武帝更喜欢小儿子刘弗陵，所以争相陷害太子。

武帝很少和儿子们在一起，与皇后也难得见面。一次，太子进宫拜见皇后，过了很长时间才从宫中出来，黄门苏文向武帝报告说：“太子调戏宫女。”于是武帝将太子宫中的宫女增加到200人。后来太子知道了这件事，便非常恨苏文。苏文与小黄门常融、王弼等经常暗中寻找太子的过失，然后再添枝加叶地向武帝报告。对此，皇后切齿痛恨，让太子禀明皇上杀了苏文等人。太子说：“只要我不做错事，又何必怕苏文他们！皇上圣明，不会相信邪恶谗言，用不着担心。”有一次，武帝感到身体有点不舒服，便叫常融去召太子进宫来见，常融回来后对武帝说道：“太子简带喜色。”武帝默然无语。等太子来到，武帝察看他的神色，见他脸上泪迹未干，却强装有说有笑，武帝感到很奇怪，再暗中查问，才得知事情真相，于是便将常融处死。皇后自己也小心防备，远避嫌疑，因此尽管有很长时间不再受武帝宠幸，却仍能使武帝以礼相待。

当时，方士和各类神巫多聚集在京师长安，经常用旁门左道的奇幻邪术来迷惑众人。一些女巫在宫中往来，教宫中美人躲避灾难的办法，在每间屋里都埋上木头人，进行祭祀。当宫女们因互相妒忌争吵时，就轮番告发对方诅咒皇上，大逆不道。武帝大怒，每每处死被告发的人，后宫妃嫔、宫女以及受牵连的大臣共杀了几百人。武帝产生疑心以后，有一次，在白天小睡，梦见有好几千木头人手持棍棒想要袭击他，猛然惊醒，从这以后便经常感到自己身体不舒服，精神恍惚，记忆力大减。江充自以为与太子及皇后有过节，见武帝年纪已大，害怕皇上去世后被太子诛杀，便向皇帝进谗言，称皇上的病是因为有巫蛊作祟造成的。

于是武帝便派江充为使者，负责查处巫蛊案。江充率领胡人巫师到各处掘地寻找木头人，并逮捕了那些用巫术害人，夜间祷祝及自称能见到鬼魂的人；又派人事先在一些地方洒上血污，然后对被捕之人进行审讯，指出他们用邪术在那些染上血污的地方害人，并施以铁钳烧灼之刑，强迫他们认罪。于是百姓们互相诬指对方用巫蛊害人；官吏则常常参劾别人大逆不道，欺君犯上。从京师长安、三辅地区，到各郡、国，因受牵连而死的先后共有几万人。

此时，武帝年事已高，疑心加重，总以为周围的人都在用巫蛊诅咒他。而那些被捕治罪的人，无论有没有巫蛊行为，谁也不敢诉说自己有冤。江充看出武帝心中有疑惧，便指使胡人巫师檀何言称：“宫中有蛊气，不把这蛊气除去，皇上的病就一直不会好。”于是武帝便派江充入宫内，直到宫禁深处，毁坏皇帝的宝座，挖地找蛊；又派按道侯韩说、御史章赣、黄门苏文等协助江充。江充先从武帝平日很少宠幸的妃嫔着手，然后依次搜索，一直搜到皇后宫和太子宫中，宫内各处地面都被翻挖起，以致太子和皇后连放床的地方都没有了。江充扬言："在太子宫中找出的木头人最多，还有写在丝帛上的文字，内容大逆不道，应当奏闻皇上。"太子非常害怕，问少傅石德应该怎样应付这件事。石德害怕因为自己是太子的老师而受牵连被杀，便对太子说："先前公孙贺父子、两位公主以及卫伉等都因犯用巫蛊害人之罪而遭杀身之祸，如今巫师与皇上的使者又从宫中找到证据，不知是巫师放置的呢，还是确实有，反正你是解释不清楚的。不如假传圣旨，把江充等人逮捕下狱，彻底追究其奸谋。况且皇上有病住在甘泉宫，皇后和您派去请安的人都没能见到皇上，皇上是否在世，还不知道呢。而奸臣竟敢如此，难道您忘了秦朝太子扶苏之事了吗！"太子说道："我这做儿子的怎敢擅自诛杀大臣！不如前往甘泉宫请罪，或许还能被免无罪。"太子打算亲自前往甘泉宫，但江充却抓住太子之事紧追不放，太子想不出别的办法，于是按着石德的计策行事。秋季，七月壬午，太子派门客假冒皇帝的使者，逮捕了江充等人。按道侯韩说怀疑使者是假的，不肯接受诏书，太子的门客便将他杀死。太子亲自监杀江充，骂道："你这个赵国的奴才，先前离间你们国王父子，还嫌不够吗！如今又来离间我们父子！"又把江充手下的胡人巫师放火烧死在上林苑中。

太子连夜派舍人无且带着符节进入未央宫长秋门，通过长御女官倚华将一切禀报给皇后，然后调发皇家马厩的马车运载射手，打开武器库拿出武器，又调发长乐宫的卫卒。长安城中一片混乱，纷纷说太子将要起兵谋反。苏文得以逃出长安，来到甘泉宫，向武帝报告说太子很不像话。武帝说道："太子一定是害怕了，又愤恨江充等人，所以发生这样的变故。"

武帝因此派使臣召太子前来。使臣怕入长安后被杀而不敢去传旨，回去报告说："太子已经造反，要杀我，所以我逃了回来。"武帝听了大为恼怒。丞相刘屈氂听到事变消息后，一边派长史乘驿站快马入宫向武帝奏报，一边抽身就逃，连丞相的官印、绶带都丢了。武帝问长史：“丞相是怎么做的？”长史回答说：“丞相封锁消息，没敢发兵。”武帝生气地说：“事情已经闹到这种地步，已无秘密可言！丞相没有周公的遗风，难道周公不能把管叔和蔡叔杀死吗？”于是给丞相颁赐印有玺印的诏书，命令他：“捕杀叛逆者，朕一定赏罚分明，应以牛车作为掩护，不要和叛逆者短兵相接，以免杀伤过多兵卒。坚守城门，绝不能让叛军从长安城逃出！”太子发表告示，向文武百官发出号令说：“皇上因病困居甘泉宫，我怀疑可能有变故，奸臣们想乘机叛乱。”武帝于是从甘泉宫返回，来到长安城西建章宫，颁布征调三辅附近各县的军队的旨意，部署中二千石以下官员，由丞相兼职统管。太子也派使者假传圣旨，赦免关押在长安中都官狱中的囚徒，命少傅石德及门客张光等分别统管；又派长安囚徒如侯持符节把长水和宣曲两地胡人骑兵征调过来，一律全副武装前来会合。侍郎马通受武帝派遣来到长安，听说之后马上追赶上去，将如侯逮捕，并告诉胡人：“如侯带来的符节是假的，不能轻信他的话！”于是将如侯处死，带领胡人骑兵开进长安；又征调船兵楫棹士，由大鸿胪商丘成指挥。当初，汉朝的符节是纯红色，因太子用红色符节，所以在武帝所发的符节上为示区别加上黄缨。

太子来到北军军营南门外，站在车上，召出护北军使者任安，颁与符节，令任安发兵。但任安拜受符节后，却返回营中，闭门不出。太子带人离去，将长安四市的几万市民强行武装起来，到长乐宫西门外，正遇到丞相刘屈氂率领的军队，双方会战五天，死亡几万人，鲜血像水一样流入街边的水沟。民间都说“太子谋反”，所以人们不支持太子，而丞相一边的兵力却不断加强。

最后，太子兵败，南逃到长安城覆盎门，司直田仁率兵守护城门，因觉得太子和皇上是父子，不愿逼迫太急，所以使太子得以逃出城外。丞相刘屈氂要把田仁杀掉，御史大夫暴胜之对丞相说："司直为朝廷二千石大员，理应先行奏请，是不能随便斩杀的！"于是丞相将田仁释放。武帝听说后大发雷霆，将暴胜之逮捕治罪，责问他道："司直放走谋反的人，丞相要杀他，是执行国家的法令，你凭什么要擅加阻止？惶恐不安的暴胜之遂自杀。武帝下诏派宗正刘长、执金吾刘敢携带皇帝下达的谕旨，把皇后的印玺和绶带收回，皇后因而自杀。武帝认为，任安是老臣，看到有战乱之事却作壁上观，看谁取胜就归附谁，对朝廷怀有二心，因而将任安与田仁一同腰斩。因马通擒获如侯，武帝封他为重合侯；长安男子景建跟随马通，擒获石德，封他为德侯；商丘成奋力战斗，擒获张光，封秺侯。因曾经出入宫门，所以太子的众门客一律处死；凡是跟随太子起兵谋反的，全部按谋反罪灭其家族；各级官吏和兵卒凡不是出于本心，而被太子胁迫的，一律被放逐到敦煌郡。因太子逃亡在外，所以开始在长安各城门设置军队把守。

武帝愤怒异常，众臣子十分恐惧，不知如何办才好。壶关三老令狐茂上疏武帝说："我听说，父亲好比是天，母亲好比是地，天地间的万物就好比是儿子，所以只有上天平静，大地安然，万物才能茂盛；只有父慈，母爱，儿子才能孝顺。如今皇太子本是合法继承汉朝的人，即将承万世大业，执行祖宗的重托，论血缘又是皇上的嫡长子。江充本为一介平民，仅仅是市井无赖之徒罢了，陛下对他却加以重用，让他挟至尊之命来谋害皇太子，纠集一批奸邪小人，对皇太子进行欺诈栽赃、逼迫陷害，使陛下与太子的父子间亲情不能相通。太子进则不能面见皇上，退则被乱臣的陷害困扰，独自蒙冤，无处申诉，忍不住愤恨，起而杀死江充，却又害怕皇上降罪，被迫逃亡。作为陛下的儿子，太子私自用父亲的军队，不过是为了救难，使自己免遭别人的陷害罢了，臣认为他绝无险恶之心。《诗经》上有言：'绿蝇往来落篱笆，谦谦君子不信谗。否则谗言无休止，天下必然大乱出。’从前，江充曾以谗言害死赵太子，天下人无不知晓。而今陛下不加细查，就过分地责备太子，发雷霆之怒，为追捕太子而征调大军，还命丞相亲自指挥，致使有智慧的人不敢进言，善辩之士也不能说话，我心中实在感到痛惜。希望陛下舒畅心怀，平心静气，不要苛求自己的亲人，不要对太子的过错耿耿于怀，立即结束对太子的征讨，不要让太子长期流亡在外！我对陛下一片忠心，随时准备献出我短暂的生命，待罪于建章宫外。”奏章递上去，武帝见到后感动万分，但没有公开赦免太子。

国库耗尽，武帝悔悟

太子向东逃到湖县，隐藏在泉鸠里。主人家境贫寒，只能靠织卖草鞋来奉养太子。有一位太子以前相识的人在湖县居住，据说很富有，太子便派人去叫他，因此而走漏了风声，八月辛亥，地方官追捕太子。太子自己估计难以逃脱，便回到屋中，紧闭房门，自缢而死。前来搜捕的兵卒中，山阳男子张富昌用脚踹开房门，新安县令史李寿跑上前去，将太子抱住解下，主人与搜捕太子的人拼斗而死，一同遇害的还有两位皇孙。

对于太子之死，武帝非常伤心。官吏和百姓以巫蛊害人罪相互告发，但经过调查发现多不属实。此时武帝也已知道太子刘据是因被江充逼迫，惶恐不安，才起兵诛杀江充，并无叛国的意图。正好守卫汉高祖祭庙的郎官田千秋又上紧急奏章，为太子鸣冤说：“做儿子的擅自动用父亲的军队，其罪应受鞭打。天子的儿子误杀了人，又有什么罪呢？我梦见一位白发老翁，让我上此奏章。”武帝于是幡然醒悟，召见田千秋，对他说：“我们父子之间的事，一般认为外人难以插手，只有你知道中间的不实之处。这是高祖皇帝的神灵派您来指教我，您应当担任辅佐大臣。”立即任命田千秋为大鸿胪，田千秋虽没有其他的学识、功绩和阅历，只是因为一席话让天子醒悟，几个月的时间就取代宰相封为富平侯，这是史无前例的。

后来汉朝的使者出使匈奴，单于问使者：“听说汉朝新拜丞相，为什么用他呢？”使者说：“因为他上疏谈论非常事变，所以被拜为丞相。”单于说：“如果像这样，丞相的设置不是任用贤士，随便一个男子上疏就能得到啊。”使者返回，把单于的话转述给皇上。武帝认为使者有辱使命，便交给官吏审讯，过了很久，才把他释放。

田千秋为人忠厚有智谋，比前几位丞相都称职。武帝下令将江充满门抄斩，将苏文烧死在横桥之上。对太子动武的人，最初被任命为北地太守，后来也被满门抄斩。武帝顾惜无辜遭害的太子，便特修了一座思子宫，又在湖县建了一座归来望思之台，天下人听说后，都很悲伤。

巫蛊之祸并未因太子刘据的自杀告终，征和三年（公元前90年），内者令郭穰又上告丞相刘屈氂的夫人也从事巫蛊活动诅咒皇帝，并且刘屈氂还与贰师将军李广利一起祈祷祭神，打算立昌邑王刘髆为帝。经过调查验证后，定为大逆不道罪。六月，将刘屈氂游街示众，以腰斩之刑处死，其妻小在华阳街枭首示众，并将李广利妻小也逮捕入狱。李广利当时正率军与匈奴作战，闻讯后，便投降了匈奴。武帝知道后又把李广利的宗族灭掉，巫蛊之祸的影响甚至远及汉朝边地。

巫蛊之祸，不仅仅是一场涉及武帝家族的家庭惨祸，也是封建国家的一场内乱。短时间内，上至皇后、太子、公主及公卿百官，下至兵吏百姓，有数十万人被无辜杀害，当时统治之腐败、政治之黑暗前所未有。作为一代雄主的武帝，其迷信愚昧、猜疑残忍的一面，给家庭和社会都带来了一场灾难。

汉武帝像

武帝在位期间南征北战，汉帝国的疆土得到空前拓展。但由于长年的用兵，军费开支之大和人民负担之重也是前所未有的，武帝即位不久，派严助、朱买臣等招徕东瓯，打击两越，江淮地区百姓劳役因此更繁重；后又派唐蒙、司马相如通西南夷，通道凿山千余里，巴蜀之民疲惫不堪。

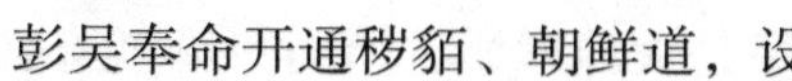

彭吴奉命开通秽貊、朝鲜道，设置沧海郡，燕齐之间人们怨声载道。及马邑之谋后，汉朝征战匈奴，战争不断，各地都要为此负担前所未有的庞大的兵徭费用。如元朔年间，卫青率兵出击匈奴，夺取河南之地，武帝为了修朔方城征发了10万民众，所需漕粮转运遥远，连山东地区都受其劳，费用达数十万至百万巨，国库都因此空虚。以后四年，卫青率10万之众连年打击匈奴，光赏赐有功将士就用掉20多万斤黄金，另外汉军士兵马匹死亡十余万，兵甲漕粮转运也需巨额费用。霍去病后来攻击匈奴获胜，汉军赏赐有功将士，当年费用又为百余万。武帝前后40多年，大小战役不计其数，军费开支耗费巨大。

除了战争费用数额巨大外，武帝还喜欢巡游、大兴土木、寻求神仙和不死之药，此外，武帝迷信鬼神，多次封禅泰山，宫廷的开支也异常庞大。元丰元年（公元前110年），武帝至朔方阅兵，巡行18000里，沿途所用赏赐用帛就多达百万匹。为使方士栾大入海求得仙方，武帝将公主嫁与栾大，仅陪嫁就送了10万斤黄金。所有这些不仅加重了人民的负担，而且把文景以来所积财富耗费殆尽。

武帝时期不断出现天灾人祸，大批农民因水旱蝗等灾而致死或流亡。如元光年间，黄河两次决口，水患遍及数十郡；元鼎年间，山东连年歉收，又有水雹灾荒，饿死数千人，逃亡的越来越多；元封年中，仅关东地区受灾流民就达200万。

流民的存在，使得社会动荡不安，加上地方官吏横行暴虐，农民起义此起彼伏。到天汉二年（公元前99年），武装起义遍及东方各郡，大群的有数千人，他们攻下城池，夺取武库兵器，放出监狱死囚，羞辱、斩杀地方官吏；小股的数以百计，拦截道路，攻略乡里。武帝曾派御史中丞、丞相长史等中央官员到郡县督察镇压，农民起义依然不断发展。武帝又改派光禄大夫范昆、原任九卿的张德，以及暴胜之、王贺、江充等为直指绣衣使者，他们手握生杀大权，对起义者更是大肆屠戮，有时一郡就有10000多人被杀，连给起义者提供过饮食的农民也不放过，受牵连被杀的又有数千人。官吏们以多杀为能事，杀人少的还要受到处分。屠杀政策并不能消弭农民的反抗，起义者又化整为零，在山林川泽中分散活动。

为了督促官吏对起义者的镇压，武帝颁布了严厉的“沉命法”，规定凡不能及时发现起义农民和发现后捕杀不能达到规定指标者，地方各级主管官吏都得处死。这样一来，地方小吏害怕被杀，发现农民起义也不敢上报，郡守、国相担心自己受牵连也不愿他们上报。汉王朝社会危机四伏，农民起义越来越多。

武帝晚年，严重的社会危机和不断的个人挫折，促使他开始认真反省，终于有所醒悟。征和四年（公元前89年）三月，武帝对大臣们说：“朕自即位以来，办了许多昏悖之事，使天下民众忧愁穷苦。自今凡有伤害百姓、浪费天下财物的事情，一律撤除！”不久，武帝便接受田千秋的建议，遣散了候神求仙的方士，表示再不受方士们的蛊惑。

后来，搜粟都尉桑弘羊与丞相、御史奏道："轮台东部有能灌溉的农田五千顷以上，可派屯田士兵前去屯田，设置校尉三人分别掌管，多种五谷；由张掖、酒泉派骑兵下级小吏担任警戒；招募民间强壮有力、敢于远赴边塞的人前往该地，开辟荒地，灌溉良田，逐渐修筑亭燧，城池向西相连，用以威慑西域各国，辅助乌孙。"

与民生息，推代田法

武帝为此奏颁布了著名的"轮台罪己诏"，对过去的征伐深表悔恨。他说："先前有关部门上奏要求把人头税增加三十钱，这是加重老弱孤苦的负担；现在又请求派士卒屯田轮台。先前开陵侯率兵攻打车师时，虽然胜利了，但由于路途遥远缺乏粮食，就有几千士兵饿死道上，何况轮台更在车师以西！早先朕不明智，因匈奴侮辱汉人，又长期扣留汉使者不放，所以就派贰师将军出兵，想以此加强汉使自身的地位和威信。

"古时候，同卿、大夫商讨国家大事，总要求神问卜。如果不吉利，就不能行动。先前，朕曾把军侯弘关于'匈奴人捆缚其马'的奏书交给丞相、御史、二千石大臣、郎官、各位大夫、研究经典的官员等传阅，又向各郡、属国都尉等下达，他们都认为'匈奴人捆缚自己的战马，是最大的不祥'，或认为'匈奴是为向我国显示强大，而凡是力量不足的人，总爱向别人显示自己的强大'。史官、方士、星象家和负责求神问卜的官员也都认为'是吉兆，匈奴必败，时机不可多得'，又说：'遣将北伐，至黼山必胜。卦辞显示，诸将中以派贰师将军前去最吉。'因此，朕亲自将李广利率兵派往融山，并诏令他务必不要深入。如今计谋、卦兆全都与事实相反。重合侯马通曾擒获匈奴探马，奏称‘匈奴人捆缚战马，是为了对汉军进行诅咒’。匈奴人经常说：‘汉朝极为广大，但汉人却不耐饥渴，放走一只狼，就要损失上千只羊。’李广利从前兵败，将士们有的战死，有的被俘，有的四散逃亡，朕每念及此，甚为感伤。如今又奏请要派人远赴轮台屯垦，修筑亭燧，这是使天下人困扰劳苦的举动，而不是优待百姓，这样的建议，朕不忍听！大鸿胪等又提议招募囚犯护送匈奴使者返回，作为奖赏，封他们为侯，让他们刺杀匈奴单于，以发泄我们的怨怼，这事是春秋时五霸不肯做的。况且匈奴得到汉朝归降的人，常常浑身上下严加搜查，又怎能实行此计呢？当务之急，在于严禁官吏对百姓苛刻暴虐，废止擅自增加赋税的法令，全力务农，恢复为国家养马者免除徭役赋税的法令，用以补充战马损失的缺额，不削弱国家军备罢了。各郡、国二千石官员要分别把本地畜养马匹补充边备的计划进呈上来，与呈送户籍、财政簿册的人员一同赴京奏报。”

武帝于是停止出兵，不再征战，封丞相田千秋为富民侯，表明将施政方针转移到休养生息使民众富足上来；又任命赵过为搜粟都尉，推广称为“代田”的精耕细作方法，许多方便灵巧、既省工力又能增产粮食的新农具也得到广泛应用，受到农民们普遍欢迎。

代田法是赵过在关中地区农民精耕细作经验的基础上，总结出的一种连年稳产高产的技术。所谓“代田”，就是“一亩三圳”的耕作方法：把田地翻耕整平后，把圳和垄分别开挖，即分出田间的沟和埂，一亩地中分成六等份，以三份为圳，三份为垄，圳垄相间，故称为“三圳”。垄地宽大，圳宽一尺，深也为一尺。播种时，将种子撒在圳中，这样，幼苗长在沟里，既能减少沟中土壤的水分损失，又能减少对叶面的风吹日照，促进了农作物的茁壮生长。以后再结合中耕除草，逐步将垄土锄下培壅苗根，等到盛夏之际作物长成，垄土全部培于苗根，作物根深秆壮，就能经受风旱的侵袭，获得高产。这种耕作土地的方法比不开圳垄的“漫田”每亩可增产一斛左右，经营好的可以达到二斛。第二年再播种时，则在原来垄处开圳，圳处留垄，相互调换一下位置，照样种植。这样圳垄每年交替更换，轮番使用地力，可以不必休阑而起到休耕的作用，这就是所谓“代田”，这种方法使庄稼获得稳产高产，又能保证地力的恢复，把土地充分利用起来。

为了配合新的耕作方法，赵过还改进了许多农具，并由大农拨派能工巧匠专门制作。为了提高耕牛的犁田效率，赵过还推广了新的牛耕方法——二牛三人的耦耕方法。二牛各挽一犁，二人在后扶犁，一人在前导牛，两犁并耕而进。当时二牛三人之力，可耕种五顷土地，平均每人可耕160亩以上，大大超过了以前一家耕种百亩的水平。另外，赵过还发明了三犁共一牛的耧播新技术，这种方法，只需一牛挽犁，一人执犁，三犁并进，百亩地由一牛一人就能耕种。这种三犁共一牛的犁具也叫耧车、挽耧。

代田法是在大田面积上改进农具和耕作技术以求得增产，而在后来出现的“区田法”则是在小面积上要求精耕细作少种多收，走上了园艺化的道路，两者全面反映了西汉农业生产技术的发展水平。

区田法是汉成帝时农学家氾胜之总结关中农民丰产经验后提出的耕作方法。它把耕地分为上农区、中农区和下农区三部分，上农区掘土方深各六寸为一区，每区相间九寸，一亩地可掘3700个区。耕种时，先把土地深翻，调和土壤，施足底肥，增强其蓄水保肥能力，使作物根系得以充分发育；其次选择良种实行浸种点播密植，不同的作物安排不同的密植程度，盖土薄厚，下种深浅也不相同，以确保通风透光和顺利出芽；最后是加强中耕灌溉，随时松土锄草，保持适当的湿度，合理进行浇灌。这种园田化的耕作技术可以不择地段，不拘作物，通过深耕、足肥、勤灌和精心管理，在较小面积上获得高产。据说有男女两个劳动力的一户小农家庭，只需耕种十亩土地，便足够全家多年的消费了。但这种耕作方法也有它的不足，就是花费工力太大，不能大力推广，无法多种地。所以，在西汉时期，区田法不如代田法影响力大。

司马光说：天下人才辈出。武帝先是喜欢征服四周蛮夷建功立业，朝廷中就有许多勇士，为其开疆拓土，无不如愿。到后来休养生息，重视农业生产，又有赵过等人教导百姓如何耕作，使百姓们获得很大的收益。同一位君王，前后的兴趣爱好迥然不同，而总有人才相应。假如武帝兼有夏禹、商汤、周文王的气度，以复兴商、周时期的太平盛世，难道会没有像夏、商、周三代的辅佐之臣吗！

武帝的罪己诏和各种改正错误的措施，使得残破的农业经济逐渐恢复起来，严重的社会和政治危机开始得到缓和。两年后武帝死去，他所托付的辅佐昭帝的霍光等人，继续实行武帝晚年的与民休息方针，逐渐渡过严重的社会危机，从而开始了“昭宣中兴”的局面。作为一代雄主的汉武帝，功业卓著，独断专行多年，能在垂暮之年主动检讨自己，痛改前非，返回到汉初的休养生息政策上去，实在难能可贵。司马光认为：汉武帝极度奢华，滥刑重敛，在内广建宫殿，对外征伐四夷，迷信神怪，巡游无度，使百姓穷困不堪，群起造反，在很多方面，他的所作所为与秦始皇都相差无几，然而秦朝亡了国，汉朝仍然存在，其原因之一就是“晚而改过，顾托得人”。所以武帝虽然与秦始皇一样行暴政，却不像秦二世落得亡国的下场。

太子初立，重臣辅政

当初，武帝的姑姑馆陶公主刘嫖下嫁给堂邑侯陈午，武帝能被立为太子继承皇位，馆陶公主在其中起了很大作用。公主把她的女儿阿娇嫁给太子做正妃，等到武帝继位之后，正妃就做了皇后。刘嫖自恃援立武帝有功，无休止地请求赏赐、干预国政，武帝对她很不满。

陈皇后骄横嫉妒，独占君宠，但一直没有生育孩子。陈皇后便花巨资想求得儿子，但是终究没有生育，因此也失去了武帝的宠爱。皇太后提醒武帝说："你刚刚做上皇帝，大臣还没有归附，你就先兴建明堂，太皇太后已经很生气了；现在又得罪窦太后，必定会受到重责。妇人性情是容易取悦的，你应该慎之又慎！"武帝于是重又对窦太后、陈皇后母女俩以礼相待。

武帝到霸上举行祓除仪式，返宫途中，去看望他的姐姐平阳公主，看上了平阳公主府中的歌女卫子夫。卫子夫的母亲卫媪，是平阳公主家的奴婢。平阳公主就把卫子夫送入宫中，卫子夫日益受到武帝的宠幸。陈皇后得知后，恼怒万分，武帝对陈皇后则更为恼怒。

陈皇后因为妒忌，想加害卫子夫，让人以巫蛊诅咒卫子夫。武帝元光五年（公元前130年），陈皇后的巫蛊活动被武帝得知，被判"大逆不道"之罪，皇后之位被废掉，然后被处死。武帝元朔元年（公元前128年），卫子夫生子刘据，遂被立为皇后，七年后，刘据被立为太子。武帝

晚年对卫子夫也渐渐疏远，先后获宠的有李夫人、李姬、王夫人和赵婕妤。武帝太始元年（公元前96年），相传武帝渡过黄河北巡，见有青紫气在天空萦绕。武帝便询问随行的方术士是怎么回事，方术士回答说：“这里必有一奇女子。”武帝便派人查访，果然在河间发现一个赵家少女。虽然此女貌若天仙，但自生下之日起，便生有怪病：手蜷曲紧握不开。查访的官吏当即把这一情况报告了武帝。武帝亲往观看，并命人把赵女的拳头扒开，发现她的手中握着一个玉钩。武帝感到十分惊异，便将她带回宫中，从此赵女得宠，武帝专门为她建了一宫，名曰“钩弋宫”，赵女也就被称为钩弋夫人。一年以后，钩弋夫人有孕，怀孕14个月生下一子，这就是刘弗陵。武帝听说远古时期尧的母亲生尧时也是怀孕14个月，因此称钩弋宫门为“尧母门”，并且把钩弋夫人升为婕妤。

刘弗陵的降生与众不同，同时又是武帝老年所得，再加上刘弗陵身材魁梧、面貌俊秀、天资聪颖，和武帝非常相像，所以颇受武帝偏爱。

后来武帝知道了巫蛊之祸的实情，他开始后悔起来，适逢高寝郎田千秋也上疏为太子鸣冤，武帝至此幡然醒悟。他将江充等人满门抄斩，为太子申了冤，却又引来了马何罗行刺武帝未遂事件。马何罗为侍中仆射，在宫中担任侍卫，他与江充关系很好。武帝诛灭江充的宗族、党羽，马何罗兄弟惧怕受到牵连，因此预谋行刺武帝。当时侍中驸马都尉金日磾观察到他们的行动有些反常，于是暗中监视他们，以防有变故。马何罗兄弟也发现了金日磾在注意自己，很长时间未敢动手。后元元年（公元前88年）夏六月，武帝到林光宫避暑。这一天，金日磾身体不适，留在宫中歇息。马何罗、马通和小弟马安成假称奉旨深夜出宫，调动军队，并把皇帝所有使者全都杀了。次日清早，武帝在宫中尚未起床，金日磾正要上厕所，见马何罗从宫外急匆匆进来，感到情况不妙，马上来到武帝休息的大殿内，藏在内门里面。一会儿，马何罗袖藏匕首从东厢房走来，见金日磾在此，脸色骤变，快步奔向武帝的卧室，打算冲进去。谁知慌乱之中，马何罗一头撞在殿内的宝瑟上，金日磾趁势上前把他抱住，高呼："马何罗谋反！"武帝从床上惊起，侍卫们冲上去将马何罗擒获，随后将他和他的党羽都处死。

巫蛊之祸后，选立皇位继承人成了问题。太子死时，其三子一女也同时遇害，只有一个尚在襁褓之中的孙子刘病已，武帝对这个皇曾孙却并不怎么关心。除了太子刘据以外，武帝还有五个儿子，但作为皇位继承人来说，武帝都不大满意，王夫人所生齐怀王刘闳，在太子之前死亡，身后又无子嗣，也就无从考虑。李夫人所生昌邑哀王刘髆，其舅舅贰师将军李广利与丞相刘屈氂曾谋划推立刘髆为帝，被人告发，并且还指控他们从事巫蛊诅咒皇帝，受到武帝的严厉惩罚，刘髆不久也病死了。

燕刺王刘旦和广陵王刘胥为李姬所生。燕王刘旦博览群书，能言善辩，喜欢天文占星术，又好声色犬马等事，招揽各地游士。太子犯事被捕杀之后，刘旦自认为论排行该为太子，因而上疏请求入京宿卫，惹恼武帝，将其使者斩于北门，后刘旦又因藏匿逃犯，武帝因此对他更为厌恶。刘旦的弟弟广陵王刘胥，力能举鼎，敢空手与猛兽搏击，但和他哥哥一样，过失很多，不守法律，所以武帝不愿立他们俩为太子。

当时，钩弋夫人赵婕妤所生的儿子刘弗陵年纪尚小，但却身高体壮，聪明伶俐，武帝常说："这孩子像我。"又觉得他的降生也与众不同，打算立他为太子，可担心他年龄太小，他年轻的母亲会以太后的身份专政乱国，所以很长时间武帝对立太子之事犹豫不决，直到死前不久，才决定让大臣来辅佐少子弗陵为嗣，并除掉其母钩弋夫人。

武帝对群臣进行考察后认为，只有奉车都尉、光禄大夫霍光忠诚可信，能担当此任，于是让人画了一张周公抱着周成王受诸侯朝拜的图送给霍光。没过几天，武帝找了个理由，将钩弋夫人赐死。不久，武帝闲坐时

问左右侍从，外面对钩弋夫人之死有何议论，左右回答：“人们说：既然要立她的儿子为嗣，为何还要把他的母亲杀掉？”武帝说：“对啊，这样的事你们这样愚笨的人是不懂的。古往今来，国家所以出现乱子，都是由于君主年龄小而其母还在壮年，女主纵恣淫乱，专权骄横，无人能约束她。你们没听说过吕后的事情吗？所以我必须先除掉其母。”

后元二年（公元前87年）二月，武帝在盩厔五柞宫病重，霍光哭着问道：“皇上如有不测，帝位可由谁继承？”武帝说：“你还不明白前些天送给你的那幅画的含义吗？由少子继承帝位，由你效法周公来辅政！”霍光叩头谦让说：“我不如金日磾！”金日磾则说：“我是匈奴人，不如霍光，假如这样匈奴就会轻视汉朝。”二月十二日，武帝正式下诏立年仅八岁的刘弗陵为皇太子。次日，任命霍光为大司马、大将军，金日磾为车骑将军，太仆上官桀为左将军，搜粟都尉桑弘羊为御史大夫，四人受遗诏辅佐小皇帝。

霍光，字子孟，是骠骑将军霍去病的弟弟。霍去病是父亲霍中孺到平阳侯家服役时，跟侍女卫少儿的私生子；霍光是霍中孺服役完毕后回家娶妻生的孩子。后来，卫少儿的妹妹卫子夫得到武帝恩宠，立为皇后，霍去病因此而受到皇帝恩宠。长大以后，霍去病才知道自己的父亲是霍中孺。还来不及寻找问候，正好他以骠骑将军身份带兵攻打匈奴，经过河东，河东太守到郊界迎接至平阳客舍，并派小吏迎接霍中孺。霍去病父子相认，返回时，就带着弟弟霍光一起回到长安。当时霍光十多岁，就被任命为郎官，渐渐升到诸曹侍中。霍去病死后，霍光担任奉车都尉兼光禄大夫，武帝外出时就在车旁侍奉，入朝就侍奉左右，出入宫禁20多年，谨小慎微，没有过失，武帝十分信任他。

霍光身高七尺三寸，眉清目秀，皮肤白皙。他为人稳重少言，从容谨慎，秉性极其端正，每次进出宫廷和下殿出门时，停步和行进都有固定的地方，不差分毫。刚刚辅佐幼主之时，政令都由他发布，天下人都盼望他一展风采。宫殿中曾有怪异，一夜之间群臣惊慌失措，霍光叫来尚符玺郎，打算收取玺印，郎官不肯。霍光想把玺印夺过来，郎官按剑说："我的头你可以拿去，可是玺印你拿不到！"霍光认为他做得很对。第二天，霍光请武帝下命令把这个郎官提升二级，老百姓对霍光赞不绝口。

金日磾的两个儿子也都深受武帝宠爱，大儿子叫弄儿，武帝老跟他逗乐子，常陪侍在武帝身边。有一次，弄儿从后面围住武帝脖子，金日磾见后十分生气，便拿眼瞪着他。弄儿一边跑一边哭着说："爹爹生气了。"武帝对金日磾说："别生我弄儿的气！"后来弄儿长大，行为不检点，与宫女在殿下戏闹，正好被金日磾撞到，厌恶他的淫乱行为，于是杀了弄儿。武帝得知后大怒，金日磾叩头告罪，把杀弄儿的原因一一说出。武帝颇为悲伤，以后对金日磾更为尊敬。

金日磾自从在武帝身边起，几十年从不敢直视武帝，武帝赏赐给他的宫女也不敢亲近。武帝要把他的女儿纳入后宫，金日磾不肯，他这样笃厚忠诚，武帝认为不可多得。武帝病重时，嘱托霍光辅佐少主，霍光要让给金日磾，金日磾认为不妥，于是就成为霍光的助手。

上官桀开始受到武帝的信任是因他英勇有力。武帝有一次出巡，遇上大风，御车难行，便命令将车上的盖伞卸下交给了上官桀。风虽然特别大，可上官桀总能跟在身后；后来又下起了大雨，上官桀又赶上前举着盖伞为武帝遮雨，武帝对他的勇力十分欣赏。上官桀后来任未央宫的马厩令。武帝曾卧病在床，病好后去马厩看马，见很多马都瘦了，恼怒万分，对上官桀说："你以为我再也不能见到马了吗？"打算将他交给吏卒治罪。上官桀叩头道："我得知皇帝龙体欠安，日夜忧虑，心思实在是不在马上。"话还没说完，眼泪就流下来了。武帝认为这是上官桀敬爱自己的表现，因此更加亲近他，任命他为侍中，后又升为太仆。这三个人都是武帝平时所信任的大臣，所以把后事托付给他们。二月十四日，武帝死于五柞宫，享年70岁。第二天，太子刘弗陵即皇帝位，即后来的汉昭帝。

后 记

所谓“盛世”，在历史上是指中国社会发展中一些特定的阶段，是国家从大乱走向大治，在较长时间内保持繁荣昌盛的时期。在中国两千多年的封建历史长河中，出现过很多这样的“盛世”阶段，从“文景之治”到“武帝之治”的汉朝盛世、从“贞观之治”到“开元全盛”的大唐盛世以及清代的“ 康乾盛世”等。这些时期，一方面确立了中国传统“盛世”概念的基本内涵，另一方面也都没能避免“盛极而衰”的结局，因而给后人留下了无尽的话题与思索。

纵览历史，各个盛世都具有一个共同的特征，那就是国家统一、经济繁荣、政局稳定、社会安定、国力强大、文化昌盛等。为了更好地反映历史中的这些盛世风华岁月，我们策划编写了本套“盛世风华系列”丛书，丛书选取了中国历史上的“十大盛世”进行编写，主要讲述了那些为中国历史的发展进程起到不可或缺作用的历史事件和人物故事，内容精彩，可读性强。

“盛世风华系列”丛书在编写的过程中参阅了大量文献资料和研究成果。同时，为了全面准确地传递知识，还特选部分精美图片辅助说明，但由于文字图片权源分散或作者不详，无法与诸权利人一一联系。鉴于以上原因，该系列丛书编者为尊重作者权益，我们真诚地期望本书所用资料的权利人与我们取得联系，提供有效的版权证明并领取相关使用费。特此声明并为不周处先此致歉！

邮箱：AAA@sina.com　联系人：若木